知识经济时代
中国高等教育创新问题研究

常丽丽　著

气象出版社
China Meteorological Press

内容简介

高等教育创新是高等教育发展的重要动力，也是高等教育理论和实践中值得重视的问题。本书把我国高等教育创新放在知识经济的时代背景下进行考察，对高等教育创新的背景、高等教育创新的内容、高等教育创新的保障机制进行了研究。在高等教育创新的背景部分主要从时代的要求、高等教育自身的发展、国际高等教育发展趋势以及我国高等教育发展的困境等方面论述了高等教育创新的必要性。高等教育创新的内容主要阐述了高等教育的观念创新、体制创新、教育教学创新和科研创新。高等教育创新的保障机制部分主要论述了实现高等教育创新需要政府、社会和高等学校共同努力。

本书可以作为从事高等教育管理的教育行政管理人员、高校领导以及从事高等教育专业研究与学习的师生的参考书。

图书在版编目（CIP）数据

知识经济时代中国高等教育创新问题研究/常丽丽著.
--北京：气象出版社，2010.6

ISBN 978-7-5029-4995-2

Ⅰ.①知… Ⅱ.①常… Ⅲ. ①高等教育－研究－中国
Ⅳ.①G649.2

中国版本图书馆CIP数据核字(2010)第097212号

Zhishijingji Shidai Zhongguo Gaodengjiaoyu Chuangxin Wenti Yanjiu

知识经济时代中国高等教育创新问题研究

常丽丽 著

出版发行：气象出版社
地　　址：北京市海淀区中关村南大街46号　　邮政编码：100081
总 编 室：010-68407112　　发 行 部：010-68409198
网　　址：http://www.cmp.cma.gov.cn　　E-mail：qxcbs@263.net
责任编辑：张锐锐　　终　　审：黄润恒
封面设计：张　丹　　责任技编：吴庭芳
印　　刷：北京京科印刷有限公司
开　　本：880mm×1230mm　1/32　　印　　张：9.75
字　　数：280千字
版　　次：2010年6月第1版　　印　　次：2010年6月第1次印刷
定　　价：28.00元

前　言

本书以个人的观察角度与理解视野，选择了知识经济时代高等教育的创新问题进行研究。弗莱克斯纳指出："大学像其他社会人类组织一样，处于特定时代总的社会结构之中而不是之外……它是时代的表现"。当前，知识经济初见端倪，知识经济是一个以智力资源的占有、配置，知识的生产、分配、使用为最重要因素的经济时代，这样的时代急切呼唤比以往任何时候都要高的创造力，都要多的创造性人才。因此，未来的高等教育要解决的最重要问题就是如何培养大批创造性人才，这就需要高等教育不断创新，自然产生了高等教育的创新问题。

高等教育创新是一个复杂的问题，需要对其有清醒的认识。比如，什么是高等教育创新；为什么要进行高等教育创新；高等教育怎样创新，需要哪些方面的共同配合等等。这些问题恰恰就是本研究所要探讨的问题。

本书在整理与叙述知识经济特点基础上，参考、借鉴国外高等教育创新的具体措施，正视中国高等教育创新的困境，认为我国高等教育应该从观念、体制、教学、科研等方面进行创新，并提出了高等教育创新的保障体系，期望丰富我国高等教育创新问题的理论研究，并对高等教育创新实践发挥一定的指导作用。

具体而言，本研究包括绪论、中国高等教育创新的背景研究、中国高等教育创新的内容研究和中国高等教育创新的保障体系研究三部分。

绪论，主要阐述选题意义，研究背景，研究的现状与问题，研究的主要内容及研究方法。

第一部分，主要说明中国高等教育创新的背景。该部分具体分析了中国高等教育创新的原因，包括知识经济时代的呼唤、高等教育自身发展需要、世界各国都把高等教育创新作为共同目标，以及目前我国高等教育创新的困境等等。

第二部分，主要阐述中国高等教育创新的内容。这是本研究的主要部分，包括观念创新、体制创新、教学创新与科研创新。高等教育要创新，观念是先导，本研究主要阐述了知识经济背景下，为高等教育提供先导的高等教育价值观、高等教育发展观、高等教育质量观、高等教育人才观。高等教育要创新，体制是关键。本研究在回顾我国高等教育体制改革历史的基础上，阐述了高等教育的宏观管理体制创新、办学体制创新、投资体制创新、招生与就业体制创新、高等学校内部管理体制创新。教学是高等教育创新的核心，本研究在说明高等教育教学目标创新的基础上，论证了高等学校的学科和专业创新、课程体系与教学内容创新、教学手段与方法创新。科研创新是高等教育创新的重要组成部分，本研究主要阐述了科研创新的重要意义、科研创新的内容与途径、科研创新过程中需要处理好的几对关系。

第三部分是中国高等教育创新的保障体系研究。笔者以为，高等教育创新需要政府、社会和高等学校三方面的配合才能取得成功。

由于作者水平有限，书中疏漏缺失之处在所难免，还望大家给予批评指正，不吝赐教，以便今后的研究不断改进和深入。

目　录

绪　论

一、课题的性质和时代历史背景

本研究的基本课题和主要论题领域是我国高等教育通过创新获得发展的问题。发展问题是高等教育永恒的现实课题，而创新是高等教育获得发展的重要途径，将二者统一起来并进行系统研究是有其历史与现实依据的。

纵观现代大学的发展历史，从某种意义上说，就是一部创新的演绎史。最近两百多年来，全球高等教育界先后出现过三次重大创新。19世纪初，德国柏林大学在世界上第一个把科研作为大学的重要功能，开创了教学与科研相结合的先河。柏林大学创始人洪堡提出，大学除了要搞教学，还要搞科研，这是办学理念的一次重大创新，为研究型大学的诞生吹响了前奏曲。19世纪中叶，美国霍普金斯大学在世界上开办了第一个独立的研究生院，把人才培养从本科延伸到研究生，标志着以培养高层次人才和进行高水平研究为主要特征的研究型大学正式问世。20世纪初，美国威斯康星大学最先提出大学要以为社会服务为己任，并付诸实施取得巨大成功。从此，社会服务成为继教学、研究之后大学的重要功能。大学正是在这种不断创新的实践过程中获得了发展。

从现实来看，高等教育总是要面对特定的社会历史条件和时代性要求，不断提出和解决具有特定社会历史意义和时代特点的种种问题。当今世界知识经济初见端倪，各国都对本国高等教育进行改革，积极创新，以求获得不断发展。1998年，英国政府发表《我们竞争的未来：建设知识经济》白皮书，提出了今后十年英国产业发展的总体思路与要求，明确提出建设知识经济的任务与目标，并对教育尤其是高等教育赋予重任，寄予厚望。白皮书把教育尤其是大学在建设知识经济过程中的作用摆在了显著地位。美国是目前世界上走向知识经济的领先国家，大学被看作是知识经济发展的动力源。欧盟称要建设“知识化的欧洲”，日本将“技术立国”改变为“科技创新立国”战略，韩国实行“头脑强国”政策，中国也提出了“科教兴国”的战略。可以说，世界各国都积极赋予教育，尤其是高等教育以重任，以期通过创新促进本国高等教育乃至整个国家的发展。

由此可见，我国高等教育要获得持续发展，必须不断创新。下面笔者将结合社会历史背景和时代环境，来具体分析讨论本课题的性质和实质内涵，阐述其研究的目的和历史意义。

（一）高等教育发展问题是一个历久弥新的话题

高等教育如何获得发展的问题始终都是高等教育研究无法回避的和必须认真面对的重大理论问题与现实实践课题。事实上，无论在任何社会任何历史年代，总是程度不同地存在着如何根据社会发展与时代要求，相应变革高等教育的任务、目标和战略对策的现实问题，并且还要根据当时的社会历史条件，有针对性地提出高等教育如何变革发展的有关理论与实践对策问题。因此，高等教育的改革发展问题总是随着社会环境和时代的变迁而不断发展变化，所以它始终都是一个历久弥新的时代历史课题，总是要不断增添能够体现社会发展进步趋势与战略需要的新的价值需求和崭新内涵，蕴含和孕育产生反映时代形势要求的新鲜论题和精神特质。

从另外一个角度来看，高等教育位居教育阶梯的顶级，担负着培养各种高级专门人才、创新发展科学文化的重大职责和为社会服务的重要使命，对于人类社会文明进步以及国家经济、政治、文化以及科技发展具有全面深刻的支配制约作用和举足轻重的影响。因此，在任何社会和任何历史时代，高等教育作为国家和社会的文化发展战略、教育方针政策的重要组成部分和基本课题，都是需要重视的重大社会现实课题，总是自然而然地受到社会有识之士的深切关注和高度重视。同时，因为它直接关系到人们的切身利益，事关国家民族的前途命运，因而自古以来就是社会各阶层、各不同利益集团普遍关心和特别重视的热门话题与社会热点问题，备受人们的青睐与关注。正因如此，高等教育的发展问题始终都是高等教育无法回避的和必须认真面对的重大理论问题和现实实践课题。

（二）高等教育的创新问题是近年来世界高等教育的热门话题

如果说19世纪末以前主要是现代高等教育的肇始和稳步发展时期，20世纪则是高等教育名副其实的改革发展的世纪。在21世纪，各国之间的竞争越来越表现为人才与技术的竞争。谁拥有了优秀的人才与高精尖的技术，谁就在激烈的国际竞争中处于优势地位。正因如此，各国把高等教育的创新问题放到了前所未有的重要地位。从世界范围来看，不管是发达国家，还是发展中国家，纷纷出台政策措施鼓励高等教育创新，期望通过高等教育的创新促进国家不断发展，社会不断进步，使本民族在激烈的国际竞争中处于优势地位。日本在20世纪80年代就开始进行第三次教育改革，临时教育审议会（以下简称临教审）提出的关于教育改革的报告中提出，教育要培养学生独立思想、创新、活用的能力。美国在《重建本科生教育：美国研究型大学的发展蓝图》的报告中明确提出，要造就一批创造性人才。我国教育部在《面向21世纪教育振兴行动计划》中规定："高等学校要跟踪国际学术发展前沿，成为知识创新和高层次创造性人才培养的基地。"

（三）我国高等教育的最大课题是如何通过创新获得不断发展的问题

众所周知，随着世界高等教育的不断发展，我国高等教育也处于不断变化发展过程中。坦率地讲，在此过程中出现了种种问题。比如，高等教育价值问题、高等教育观念问题、高等教育体制问题、高等教育人才培养模式以及高等学校的专业、课程、教学问题等等。这些问题的出现使人们对我国高等教育的未来发展忧心忡忡，如果这些问题长期得不到解决，我国高等教育的可持续发展必然出现困境。

在对以上问题进行研究的过程中，大家普遍认为，我国高等教育要走出目前的困境，必须创新。通过创新，使高等教育获得新的观念，完善、健全的体制，合理的专业、课程以及高效的教学等等。总之，只有依靠不断的改革与创新，我国高等教育才能获得长足的发展。

二、课题研究意义

“平淡时代的那些心跳已经跟不上风云变幻的现实。当现实中充满了困难，我们必须勇往直前；当情况与以往如此不同时，我们必须重新思索。”①

人类已经进入21世纪，知识经济正在迅速发展，研究知识经济，迎接知识经济的挑战已经成为世界各国探讨的共同课题。知识经济时代的到来及其对高等教育的影响，对高等教育理论研究提出了许多新的课题，也为人们重新认识高等教育的本质、功能以及社会使命提供了新的挑战。从这个意义上说，深入开展知识经济与高等教育问题的研究，对于丰富和发展高等教育理论意义重大。

从另外一个角度说，知识经济时代是人类文明进步的新时代，高等教育在这样的时代举足轻重。发展知识经济，高等教育大有作为。我国要在这样的时代与世界各国竞争，就必须重视高等教育的改革与发展，尤其是探讨中国高等教育如何创新以面对知识经济的挑战问题，自然成为高等教育研究的重点问题，毫无疑问，这一理论的研究也会成为制订高等教育改革与发展政策的重要依据。

三、课题研究现状及存在的主要问题

变革创新是高等教育持续健康发展的直接动因和根本保证。当今社会，科学文化发展日新月异，国际竞争日趋激烈，尤其是知识经济的时代背景引发了人们对高等教育的一系列思考，面对

①詹姆斯·杜德斯达著.21世纪的大学.北京：北京大学出版社，2005，3

知识经济的挑战，高等教育如何创新已经成为研究的热点问题，这也是我国政府和高等教育界必须思考和回答的新课题。

据笔者粗略估计，在我国真正意义上对于高等教育创新的研究不过十年左右的时间。据CNKI中国期刊全文数据库和中国优秀博/硕士论文数据库等统计，自20世纪90年代至今，对高等教育创新的研究有两个年份最具代表意义，分别是1999年和2000年。根据笔者对CNKI整理的研究结果显示：1998年研究高等教育创方面的文章1篇，1999年激增到9篇。2002年研究高等教育创新方面的文章27篇，2003年达到45篇，2004年年中升至56篇。对全国优博/硕士论文数据库整理的结果显示，1999年至2003年关于高等教育创新方面研究的优秀博硕士论文0篇，关于高等教育创新研究的优秀博/硕士论文1999年1篇，2002年达46篇，2003年增至89篇。由此可见，高等教育创新研究热点的兴起与知识经济的到来及我国高等教育创新上升到新的国家战略高度的时代背景相吻合。

通过对检索到的文章进行整理和分析，笔者认为，总体来讲，理论界对知识经济背景下高等教育创新的研究还不够深入，缺乏理论性、系统性研究，正处于界定模糊、关系复杂、步履艰难的境地，对我国高等教育创新难以发挥实质性的指导作用。基于我国高等教育创新研究严重滞后于高等教育发展的事实，笔者认为研究高等教育创新，必须深入研究高等教育创新的基础性、前提性的工作。可惜的是，我国现有的关于高等教育创新的文献中鲜有对高等教育创新进行基础性研究，更没有在界定基本概念和定义的基础上研究高等教育创新。另外，对于高等教育创新方面的激烈争议也不少，但是争议的本身有助于认清存在争议和矛盾的本质，能够推动高等教育创新的更深入的研究和发展。

高等教育创新是一个新的研究领域，需要进行系统性的思考和研究。尤其是知识经济背景下高等教育创新的研究更有现实意义，它将对高等教育的理念、体制、过程等方面产生深刻的影响。

笔者以为，在知识经济背景下，高等教育创新研究在以下几个方面有待于进一步深入：首先，应该对高等教育创新等基本概念进行较为清晰的界定。其次，要研究高等教育创新如何实现，比如：如何变革高等教育观念、如何改革高等教育体制、如何改革高等教育过程、如何构建高等教育创新平台、高等教育创新的内外部环境等问题。第三，结合高等教育发展的时代特征，研究特定的时间阶段尤其是知识经济时代高等教育领域创新的重点问题。

整体来看，知识经济时代的高等教育创新问题是一个复杂的问题，人们可以根据不同的角度、不同的研究学科来分析这一问题，当然，多学科融合、渗透可以对高等教育领域产生较大的原创性贡献。需要注意的是，不同的历史阶段和发展时期，高等教育创新体系研究的侧重点也应该有所不同。

目前情况下，一方面结合我国高等教育创新研究并不深入的实际情况，另一方面结合我国高等教育正在面临的重大课题。笔者认为，以下两个问题的研究在现阶段尤为重要：第一，高等教育创新的基础性工作，比如基本概念的界定。第二，高等教育创新要研究的热点和主要问题，比如高等教育观念创新、高等教育体制创新、高等教育过程创新等热点问题。

四、总体思路和研究方法

根据课题的研究现状以及理论与实践发展的客观现实需要，本书将以我国高等教育如何通过创新获得发展等一系列问题作为研究的主要内容和基本论题。

（一）总体思路

本书主要研究四个方面的内容：

绪论，主要阐述选题意义，研究背景，研究的现状与问题，研究的主要内容及研究方法。

第一部分，中国高等教育创新的背景研究（第一章至第四章），主要从时代对高等教育的要求、高等教育自身发展、国外高等教育创新的状况、我国高等教育创新的困境等方面分析我国高等教育创新的背景。

第二部分，高等教育创新的内容研究（第五章至第八章），该部分为本书的重点内容，主要阐述高等教育的观念创新、高等教育体制创新、高等教育教学创新和高等学校的科研创新。

第三部分，高等教育创新的保障体系研究（第九章），阐述高等教育创新的保障体系及需要处理的各种关系。

（二）研究方法

本课题是一个涉及教育学、管理学、社会学等多学科的综合性研究课题。选择这样的课题进行研究，一方面要避免任何形式的狭隘学科立场和学科门户之见，避免形而上学的僵化思想观念和思维模式的束缚；另一方面，我们要用普遍联系和变化发展的观点作为理论基础和基本研究方法。

根据课题的性质和所包含的主要问题视域，本研究将主要采用以下几种具体的研究方法：历史法、文献法、内容分析法、调查法、比较法。

1. 历史法

要在知识经济时代让高等教育发挥其应有的作用，就要了解高等教育的发展脉络，了解高等教育在不同时期的发展特征，这样才可能做到论从史出，尽量减少或避免主观臆测。本研究采用历史法，遵照历史唯物主义的一般原理，客观地考察各国高等教育的发展历程，对高等教育的历史演进和发展做出分析，从中得出可靠的结论，以便为我国高等教育创新做好理论上的准备。

2. 文献法

本研究涉及的内容很广，包括高等教育史，比较教育学、高等教育管理学等高等教育研究的主要领域。这些领域的研究资料都深埋于文献中，只有通过对这些重要文献的挖掘、整理和分析才会得出有价值的研究成果。所以，本研究首先通过文献检索对国内外有关高等教育创新的研究文献进行了系统的梳理，并进行归纳整理，为研究做好基础的铺垫性工作。

3. 内容分析法

作为理论研究，对文献内容的分析是不可或缺的一环。本文主要把搜索到的文献内容进行系统分析，深度挖掘，归纳总结，得出高等教育创新的情况。

4. 调查法

作为综合研究，要对我国高等教育创新提出有益的建议，就必须建立在对我国高等教育现状的了解之上。本研究在阐述微观层面的课程与教学问题时，采用了问卷法和访谈法，以期了解现状，并分析原因，提出对策。

5. 比较法

通过对国外高等教育创新经验和举措的比较分析，借鉴其中的合理因素，为我国高等教育创新的策略提供指导。

第一部分

高等教育创新的背景研究

第一章　知识经济时代呼唤高等教育创新

第一节　高等教育创新概述

创新是人类文明的源泉。创新对整个人类如此，对一个国家、民族同样如此。江泽民曾经指出："创新是一个民族进步的灵魂，是国家兴旺发达的不竭动力。""一个没有创新能力的民族，难以屹立于世界民族之林。"高等教育正是在创新过程中不断成长和发展起来的。高等教育不仅担负着培养创新人才和提高人类创新能力的重任，其自身也需要不断创新。那么，如何理解高等教育创新的概念？如何应用高等教育创新的理论指导高等学校的创新实践？这些问题必然成为高等教育发展过程中需要关注的重点问题。

就"创新"一词而言，20世纪初，熊比特从论证技术变革对经济非均衡增长以及社会发展非稳定性的影响出发，提出了创新理论。1934年，他在英文版的专著中使用了"innovation"一词，并从经济学的角度界定创新是一种新的生产函数。

二次世界大战后，创新理论逐渐引起了人们的重视，特别是在20世纪60年代后，技术创新作为管理学的一个重要分支，成为企业长期战略的核心。同时，创新也向其他学科领域渗透，创新已不是一个技术词汇，而是经济和社会词汇，甚至有人认为"创新无所不在"。80年代中后期，对于技术创新的系统研究开始在我国受到普遍的关注。90年代中期以后，国内开始大量使用各种创新的复合术语。除了技术创新、管理创新和市场创新之外，还有理论创新、思想创新、观念创新、制度创新、体制创新、机制创新、科技创新、组织创新、文化创新等。

在此期间，教育创新的讨论也逐渐深入。但是，高等教育创新的研究在我国处于初始阶段，尚未构成新的研究领域和完整的理论框架及体系。即使在世界范围内，由于“大学从不研究他们自身”[①]，因此“尽管不少国家的公共政策已经意识到大学在创建知识经济社会中的必要性，但还不清楚如何落实这样的政策”[②]。因此，高等教育创新在理论和实践两个方面都有待突破。

一、高等教育创新的定义

笔者倾向于对高等教育创新广义定义，即对于创新的强度不加以限定，同时放宽创新成功实现的标准。参照厄特巴克(Utterback)、提斯(Teeee)[③] 等对技术创新给出的定义，高等教育创新是将高等教育的新思想或新理论等因素发展成为有用并得到社会承认的成果的一系列活动组合的复杂过程。因此，高等教育创新可以是任何相对于以前状态有着明显区别的高等教育的知识、过程或结果。高等教育创新的产出是创新型人才和新的教学或科研成果、服务、方法。

二、高等教育创新的内涵

高等教育创新的内涵，可以概括为新颖性、价值性和复杂性。新颖性，即高等教育创新要以新思想或新理论为起点，“新”是其主要特征。价值性是指高等教育创新要具有得到社会承认的价值，因为高等教育的重要职能之一是为社会服务，故社会承认是高等教育创新的又一主要方面。复杂性意味着高等学校是一个复杂系统，需要在高等教育创新的复杂过程中实现创新的成功。

---

①亨利·莱文.中国大学的有效资源配置.教育部中外大学校长论坛领导小组.中外大学校长论坛文集.北京:高等教育出版社，2002，378

②克林·卢卡斯.21世纪的大学.教育部中外大学校长论坛领导小组.中外大学校长论坛文集.北京:高等教育出版社，2002，66～89

③张玉岩，张金锁.高等教育创新研究:国内研究进展与文献述评[J].经济师，2005，(11)

三、高等教育创新的特征

高等教育创新的特征主要表现在五个方面。一是普遍性，高等教育系统内各领域的各种创新活动都在我们所说的创新之列。二是阶段性，即高等教育创新的复杂过程是分阶段的，一般来讲有三个阶段，第一阶段主要是产生新思想和新理论，第二阶段主要是新思想和新理论的应用或实践，第三阶段则是创新的成功实现。三是主客体性，即高等教育不仅要在自身系统内实施创新，还要为各方面的创新提供知识和人才。四是系统性，即高等教育创新不仅涉及校内学术与行政管理的各个方面，还要考虑其创新伙伴的行为特征和影响，顾及社会的影响和反映。五是被动性，即惯性对于创新的阻碍。高等学校常常“会以自己的方式变得十分顽固、沾沾自喜、自鸣得意”，一流大学的“核心刚性”往往会阻碍创新。

四、高等教育创新的本质

高等教育创新的内涵和特征，决定了其本质是由一系列创新要素构成的整体系统，它将对高等教育的思想观念、发展战略、组织与管理等产生深远的影响。高等教育创新一方面对高校教学、科研和社会服务等创新平台提出一系列新的要求，要求高等学校在教学、科研和社会服务等方面不断创新，另一方面也要求高等教育观念、高等教育体制等方面加剧变革。因此，在这个意义上，高等教育创新绝对不是将各种创新活动简单地相加，而是一个创新的系统。固然，高等教育的单项创新活动有助于学校竞争力的提高，但只有通过整个系统创新，才能打造和提升高校的核心竞争力，实现可持续发展。

第二节　知识经济的特征

按照马克思主义的历史唯物观，一切社会的特点首先取决于经济发展的特点。20世纪后半期以来，人类社会的发展出现了新的趋势，表现出了新的特征，知识生产在社会发展中的价值越来越大，人类社会进入了被称之为“知识经济”的时代。就我国而言，虽然还没有进入知识经济时代，但是知识经济初见端倪。本节将就知识经济的相关问题展开论述。

一、知识经济的概念

（一）知识的含义

知识是人对客观世界的反映，它源于实践。根据《现代汉语词典》的解释，知识是人们在改造世界的实践中获得的认识和经验的总和。这里所说的“知识”泛指人们通过学习、实践所获得的一切认识成果，具体可划分为四大类：一是事实陈述知识（Know What），一般可以直观感知或以数据反映；二是科学理论型知识（Know Why），一般是由专门的机构和研究人员揭示的规律和原理方面的知识；三是技术方法型知识（Know How），主要指人们行为或行事的技巧、技能和办法；四是社会人文型知识（Know Who），涉及人们日常生活中有关人际关系、制度规则的经验常识。

（二）知识经济的内涵

马克思说：“各种经济时代的区别，不在于生产什么，而在于怎样生产，用什么劳动资料生产。”在原始社会，人类生产中使用的主要是粗制的木器。在农业社会，生产基本上依靠人力、人的经验和技能以及依靠土地资源，以种植业为主。在工业社会，人们用各种机器来代替自身的体力，依靠资金，以制造业为主。二战后，新的科技革命使生产力又有了新的飞跃，以电子计算机为中心的信息技术设备，使人们的潜力在那里得到了充分的发展。在这样的社会，计算机和其他信息技术设备正在取代传统的机器，广泛应用于生产领域的各个方面。

由此可见，知识经济是一种随着人类社会的发展而出现的新的经济形态。知识经济的主要资源是知识，并由此传播、增值。随着时代的不断发展，知识经济必将对包括教育在内的整个社会生产方式、管理方式以及其他方面带来巨大变化。

从理论上来讲，“知识经济”这个概念最早是在20世纪60年代由美国学者马克普鲁等提出的，70年代初托夫勒提出“后工业经济”，1982年奈斯比特提出“信息经济”，1986年福来斯特提出“高技术经济”，1990年联合国经贸组织进一步提出了“知识经济”的概念。1996年，世界经合组织(OECD)发表的“以知识为基础的经济”的年度报告中对这个概念作出明确的界定：知识经济是以知识(智力)资源的占有、配置、生产和使用(消费)为最重要因素的经济①。在目前这个阶段，我们要研究的知识经济首先是一种社会现象；即知识在当今社会的经济活动中越来越占主导地位的现象；其次，本研究中所指称的知识经济，就是以知识资源为基础，其主导产业群为高科技产业（或称知识产业）的一种经济形态。

笔者以为，知识经济是一种新事物，但它的出现代表了人类社会的发展方向，预示着人类社会将进入一个新时代。事实上它正在带来社会经济、政治、文化及人类生活方式的变化，这是人类社会面临的新挑战。

就我国而言，“知识经济”只能说是初露端倪，“除了港澳台三地以外，我国仅有个别发达地区如北京、上海、深圳等已基本完成了工业化，正在迈向知识经济时代，但对于广大欠发达地区特别是中西部地区，离知识经济时代尚有较大的时间距离”②。因此，我国正在面临知识经济的挑战，我国的高等教育同样面临这一挑战。

二、知识经济的特征

如前所述，知识经济是“以知识为基础的经济”的简称，是

①付八军.知识经济与高等教育的相关性探悉.高等教育研究，2005（3）
②谢作栩.知识经济与高等教育的理性思考.现代大学教育，2005（5）

建立在知识和信息的生产、分配和使用之上的经济。这种经济形态，是以现实的经济与科技的发展为基础的，它有以下主要特征：

（1）知识经济是以知识智力资源为第一生产要素的经济

工业经济是物资型经济，以大规模使用和消耗原材料、资源和能源为基础。而知识经济是智力支撑型经济，它是一种以智力资源的占有、生产、储存、分配和使用为最重要因素的经济，智力资源的多寡以及开发和利用程度的高低将决定是否能在知识经济时代获得竞争的优势。虽然知识经济也要利用自然资源，但是它通过知识和智力，对自然资源进行科学合理的配置，开发富有的自然资源以取代已经短缺的自然资源（如土地、石油等）；知识经济也需要资金投入，但更主要的是知识、智力的投入，知识经济中的第一生产要素是作为无形资产的知识，知识成为主要的资产。

（2）知识经济是以高新科技产业为支柱产业的经济

工业经济时代占主导地位的产业是制造业，其特点是机械化、自动化。知识经济以高技术产业为第一产业支柱，其特点是信息化、智能化、高科技化。高新科学技术主要是指二战后涌现出来的现代科学技术群："一般可概括为六大技术领域和十二项标志技术：生物工程领域，其标志技术是基因工程和蛋白质工程；信息技术领域，其标志技术是智能计算机和智能机器人；新材料技术领域，其标志技术是分子设计和超导材料；新能源技术领域，其标志技术是核能聚变技术和太阳能利用技术；空间技术领域，其标志技术是航天飞机和永久太空站。①"高新科学技术的特点在于它能够带来高经济效益，能够向经济、社会各领域广泛渗透，因此，它具有实现产业化的内在趋势。需要说明的是"高科技"不是传统意义上的工业技术的简单创新，按国际科技工业园区的规范，只有高新技术的组分超过70%时，传统技术才转变为高新技术。现代信息技术是当今世界高新技术的主导和灵魂。知

①赵弘，郭继丰.知识经济呼唤中国.北京：改革出版社，1998，133

识经济最突出的标志是信息产业创造的价值在国民生产总值中所占的比重较高、增长较快，信息产业劳动者数量占社会劳动者数量的比例较大，在产品的价值构成中信息总成分所占比重放大。

（3）知识经济是以知识创新和技术创新为内在动力和基本要求的经济

现代高科技发展日新月异，不断变化是未来社会发展的主要趋势。只有创新才能跟上高科技发展变化的趋势，才能不断适应变化并在变化中取胜。知识经济的投入方式，最重要的是创新活动。创新是知识生产特别是科学知识生产的基本方式，不断的知识创新是知识经济的活力所在。因此，创新在知识经济时代的重要意义怎样评价都不会过高。在知识经济时代，如果缺乏创新能力，社会将失去发展的根基，唯有全面创新，才能赢得和保持优势。人是一切知识、经济产生的核心，在知识经济越来越成为决定生产力发展的核心力量的前提下，人的因素日益成为一个国家走向成功的关键。

（4）知识经济是一种促进人与自然协调、可持续发展的经济

如前所述，靠知识致富，把知识作为资本来发展经济，是知识经济的一个重要特征。而知识是取之不尽、用之不竭的。从这一意义上说，知识经济是一种可持续发展的经济。从另一角度来看，由于知识经济时代产生在多种自然资源近于枯竭、环境危机日益加剧的时代，它把科学与技术融为一体，反映了人类对自然界与人类社会的科学、全面的认识。要发展经济，就必须科学、合理、综合、高效地利用现有的资源，同时开发尚未利用的富有自然资源来取代已经消耗的稀缺自然资源，就必须依靠知识，依靠科技的发展。

（5）知识经济是一种网络化、信息化和全球经济一体化条件下的经济

知识经济是与网络化、信息化和全球化紧密联系的一种经济方式。在知识经济时代，由于计算机技术的数字化和国际互联网

建设的加快，知识的创造、储存、学习和使用方式都出现了重大变革，人们凭借信息技术手段直接作用于生产与服务过程，也可以通过网络迅速传播，使知识的作用得到加倍放大。与计算机技术的广泛运用相适应，形成于资本主义时代的开放化经济，由于计算机技术的开放化特点，使全球经济的联系更加密切。

（6）知识经济是一种以知识决策为导向的经济，知识成为人们生活的必需品。

在知识经济形态中，人类活动中的每一个环节，以及贯穿于系统的各个方面的信息，都需要运用科学的理论和方法才能取得最佳的效益。不仅如此，整个社会生活的各方面，也都比以往更加强调科学决策。知识生产通过对自然和科学史的研究，提供给当代人最佳的科研生产关系，对社会科学能力的发展起加速作用。或者通过科学的社会研究，调节科学研究领域内的社会建制和上层建筑，作用于科研领域内先进的、切合实际的生产关系。

第三节 知识经济中的高等教育

知识经济形态正在形成，知识经济时代正向我们走来。在把知识和技术看作影响经济增长的重要因素的时代，高等教育将居于何种位置？与其他经济形态的社会相比，高等教育将会出现哪些新特征？本节将就相关问题展开论述。

一、知识经济中高等教育的地位与作用

现代知识经济理论认为，知识是提高劳动生产率和实现经济增长的主要驱动力，“科学技术是第一生产力”。在知识经济时代，高等教育将成为新的经济增长的源泉。因为高等教育实施的重要机构——大学拥有人才、科技、知识、信息和创新等优势，又集教学、科研和社会服务三项基本功能于一身。大学既是传授知识、培养人才、交流成果的场所，也是进行知识创新、发展科

学、开发技术和产品、哺育企业、培育新的经济增长点的场所。这一切表明，高等教育已经逐步从经济社会的边缘走进经济社会乃至整个社会的中心，成为培育新的经济增长点的重要依托。知识经济时代将由“资本积累”的生产方式向“知识积累和创新”的生产方式转移，因此，高等教育将成为未来世纪新的经济增长和国力增强的支撑点。具体而言，知识经济时代高等教育的地位与作用表现在以下几个方面：

（一）高等教育是知识经济时代的“思想库”

珀金曾说：“以知识为基础的社会既依赖于知识的进步，也依赖于知识分子的再生产，正如工业社会依赖于资本的不断投入和有技术的管理人员和工人的再生产”。在知识经济时代，社会发展与进步对知识以及创造、传播知识和培养人才的教育机构，尤其是高等教育机构——大学的依赖程度大大提高了，“以知识为基础的经济”和“以知识活动为基础的教育”从来没有像现在这样如此紧密地、自然地结合在一起①。

就智能而言，它是人类社会最根本、最深层次的动力源，是形成社会生产力发展的重要源泉。在知识经济中，高智商头脑是不断产生新意念并善于把各种资源有效结合起来的头脑，这样的头脑只在创造性人才的身上体现，而创造性的高层次专门人才要靠高等教育来培养，在这个意义上，高等教育应在整个知识经济社会中起决策咨询的智囊作用，为经济和社会发展提供技术服务和智力支持，使高等教育成为社会经济发展的思想库。

同时，在知识经济时代，科技在为更多的人带来更好的物质生活条件的同时，也给个人已经形成的行为模式带来巨大的冲击。使人们在利用科技的同时，有一种被科技所反制的危机感，其负面影响至今尚未得到充分评估，但已经受到关注。人们希望发扬人文精神，以形成强有力的思想引导，防止人类的发展单纯被科技所左右而失去方向。这样的思想只能是在借助于人类已有

①别敦荣.发展知识经济必须提高大学学术生产力.现代大学教育，2007 (5)

的全部思想精华，以解决当前的种种问题中产生。大学具有人文资源和文化环境的优势，并致力于整理和保存人类优秀的思想遗产。从这种意义上讲，大学已经是一个思想库。但我们需要的绝不只是死的思想资料库，而是一个充满生机的，不断孕育新思想的活的思想库。没有任何其他机构比大学更能胜任提供新思想，批判旧传统和引导社会发展的重任。

（二）高等教育是知识经济发展的人才库和知识库

知识是人发现的，也要靠人来开发利用。知识经济所突显出来的，表层上是科学和技术，背后则是人的精神力量。可以说知识经济是以人才为中心的经济。我国的现代化发展战略需要大学成为人才库。一方面大学本身要拥有一个德才兼备的高水平的人才群体，既有一批高科技人才，又有自然科学、技术科学、社会科学、经济科学、管理科学、思维科学等各个学科、各种类型的人才与之配套，形成合理的人才结构。这些人才既能胜任应用研究和技术开发，又能胜任基础研究、前沿研究以及战略研究，并且能对整个经济的发展、社会的进步起主导作用。另一方面，在知识经济时代，最核心的竞争力是创新能力。产品与生产方式要不断创新，相应的，经济体制的运行机制，以至思想观念、思维方式，都要不断创新。因此，高水平的人才应当具有很强的创新意识和创新能力以及道德修养、理想信念、意志情感等方面的高素质。大学要成为培养高水平人才的摇篮，需要在全面素质的基础上，着重发展大学教师和学生的创新精神和创新能力。

同时，高等教育应成为社会经济发展的知识库。在人们震惊于科技知识的进步对社会经济的发展的巨大贡献而展望知识经济时代时，已经有人担心知识本身会成为发展的瓶颈。一旦知识的传播与开发、利用能力不足，整个社会、经济发展都有可能陷入停滞。在市场竞争中，能够源源不断地获得新知识，并将其转化为新思路、新技术、新工艺、新产品、新管理方式等的国家和企业将处于有利地位。因此，不论全人类，还是一个国家、一个企业，都需要知识库作为稳定可靠的新知识来源。这归根到底是一个知识生产能力问题。大学作为主要的知识生产机构，理应责无旁贷地担负起源源不断地提供新知识的历史使命。

（三）高等教育是知识经济的“发动机”

在知识经济时代，知识性劳动将是绝大多数人谋生的基本手段，知识将成为人们最基本的消费品，知识的占有量将是人们富裕程度的基本标准。每一个社会成员自身的生存能力、发展能力，都将最终取决于他获取知识和运用知识的能力。当然，这些能力并非是人们与生俱来的，联合国教科文组织在一份研究报告中曾经指出，劳动生产率的提高与劳动者的受教育程度有着十分明显的关系。不同文化程度的人提高劳动生产率的能力分别是：小学43%，中学108%，大学300%。如果说知识经济发展的基础是更多、更新、更高水平的知识以及创造、传播和使用这些知识的人才，那么，高等教育就是知识经济发展的主要依靠力量，是知识经济发展的动力之源。正如美国芝加哥大学卡斯特斯教授在1992年的一次世界高等教育与发展的国际会议上所指出的，大学是知识经济发展的动力源。他认为，如果说知识信息是新的世界经济中的电流，那么，大学就是产生这种电流的“发电机”之一。

（四）高等教育是知识产业的孵化器

把知识当作一种战略资源，新知识(包括基础科学知识)本身就有经济价值。国外许多大型高科技企业不惜斥巨资资助和直接从事应用研究以至基础研究，原因正在于此。如在美国，著名的硅谷就是依托大学发展起来的。硅谷位于美国加利福尼亚州北部，介于帕洛阿尔托和圣何塞之间，长48千米，宽16千米。在该区内，拥有斯坦福大学等8所大学、9所专科学校。硅谷首先是以斯坦福大学的人才、技术、知识资源为依托，以斯坦福科学园为基础发展起来的。有人断言：没有斯坦福大学，就没有斯坦福科学园；没有斯坦福科学园，就没有硅谷；斯坦福科学园的形成与发展是硅谷诞生和发展的重要组成部分。在斯坦福大学及其科学园的推动和带领下，到20世纪80年代，硅谷的发展达到了鼎盛时期，每年创造4万多个就业机会，成为美国同期经济发展最快也最为发达的地区。

我国虽然刚刚出现“知识经济的端倪”，但在高新技术产业开发区内外，也不难看到“大学的影子”，北大、清华、东大、上海交大等大学的高新技术企业，已成为我国高新技术产业发展中一道亮丽的风景线。特别是近几年来，北京中关村科技园海淀试验区的统计数据一再显示，该区前20位企业中不少是大学兴办的高新技术企业。截至1997年底，大学已在试验区兴办数百家企业，形成近300项产品的批量生产能力。大学自办的高新技术产业已经出现了方正、紫光等上规模、上档次的企业集团。方正微机已成为国产计算机的重要品牌，国内市场占有率不断提高。大学企业的销售额不断提高，1997年，方正集团公司销售额达到了57亿元，方正电子公司销售额达到了31亿元。清华同方销售额达到5.8亿元，清华紫光销售额达到4.8亿元。

二、知识经济中高等教育的特征

（一）知识经济中的高等教育是开放的高等教育

传统的高等教育在高等院校中进行，各高校的教风、校风形成了独具特色的校园环境，但这种环境也是相对封闭的环境。知识经济时代是全球化的时代，适应这样的经济发展与社会的时代要求，知识经济中的高等教育是开放的高等教育。在这样的时代，各国高等教育的合作与交流日益广泛、频繁，学生可以自由地到他国或通过互联网学习他国高等学校的课程。同时，适应知识经济时代的要求，在培养目标上，培养学生的全球意识将成为重要的内容。

联合国教科文组织的文件强调：“全世界高等院校相互支持和建立真正的伙伴关系这一原则，对促进人们了解全球性问题，了解解决这些问题的民主管理和熟练管理人员的作用以及为什么要与不同文化和价值观的人生活在一起等问题而在各领域开展教育与培训，是十分重要的。”[①]“作为具有多种文化和广泛参与国际活动的机构，高等学校能够提供一个充满活力的，而且具有国际性和全球特色的教学环境。”[②]

总之，在知识经济时代，高等教育不仅要走出校门，而且要走出国门，面对国际大环境。这样的高等教育是在开放的环境中进行，是一种开放的高等教育。开放的高等教育无疑有利于认识世界、了解世界，与世界高等教育接轨。同时，应该认识到开放的高等教育、高等教育全球化将使世界各国之间高等教育的竞争进一步加剧，这一竞争毫无疑问是人才，尤其是创新型人才的竞争和教育资源的竞争。

（二）知识经济中的高等教育是培养创新人才的高等教育

“教育是知识创新、传播和应用的主要基地，也是培养创新精神和创新人才的重要摇篮。无论在培养高素质的劳动者和专业人才方面，还是在提高创新能力和提供知识、技术创新成果方面，教育都具有独特的重要意义。”[③]然而在我国，基础教育应试倾向严重，对学生创新意识、创新能力的形成极为不利。高等教育中文理分科严格，专业划分过细。同时，传统高等教育的特点是灌输式的、训练式的，在高等学校只要掌握了既定的知识技能就能应付社会的要求，受用终生，创新虽然需要但并不主要。然而在知识经济时代，这种教育已经不合时宜。因为发展知识经济的关键是拥有大批的高素质人才。哈佛大学荣誉校长Rudenstine在中外大学校长论坛上说：“地球上最稀缺的资源是经过人文教育和创新性培训的智力资源。当智力资源对社会的发展比其他资源所起的作用更重要时，智力资源的稀缺性就会表现得尤其明

①联合国教科文组织.21世纪的高等教育：展望和行动世界宣言.教育参考资料.1999，3

②联合国教科文组织.关于高等教育的变革与发展的政策性文件（1995年）.教育参考资料.1999（7～8）

③王英杰，刘宝存.国际视野中的大学创新教育.太原：山西教育出版社，2005，2

显。”因此，培养和造就大批掌握高科技和现代管理知识、具有良好人文精神的创新能力的人才，是提升国家创新能力，保证知识转变为直接生产力、促使知识经济发展的根本。当今和未来综合国力的竞争归根到底是人才的竞争，而大学是培养创新人才的摇篮。

针对高等教育在培养创新人才中的重要地位，全国人大1998年通过的《中华人民共和国高等教育法》规定："高等教育的任务是培养具有创新精神和实践能力的高级专门人才，发展科学技术文化，促进社会主义现代化建设。"[①] 教育部在1998年12月制定的《面向21世纪教育振兴行动计划》更明确规定："高等学校要跟踪国际学术发展前沿，成为知识创新和高层次创造性人才培养的基地。"[②] 可见，培养具有创新精神和实践能力的高级专门人才是21世纪高等教育的根本任务。知识经济以创新为重要特征，这就要求在知识经济时代高等教育以培养创新人才为其首要目标。

（三）知识经济中的高等教育是产学研结合的高等教育

知识经济时代的高科技，与以往单纯追求学术目标的科学，以及单纯追求应用效果的技术有所不同。高科技模糊了科学和技术之间的界限，融合了科学与技术的特性，知识经济时代的高科技具备三个特点：不以探索系统知识为目标，而以解决社会应用中存在的实际问题，追求社会应用效果为目的；从科学到技术的周期大大缩短；科技成果直接而迅速地向经济、政治、文化、军事等各个领域广泛而深入地渗透，产生改变人们观念、人类生活甚至社会结构的变革性影响。在知识经济时代，如果说知识是经济的电流，那么教育就是发电机。教学、 科研与生产劳动相结合，将成为高等教育的重要特征，也是知识转化为生产力的根本途径。在知识经济社会里，高等教育必须在发展科学文化的同时，在经济建设的主战场上发挥特殊的重要作用，把高素质的人

①教育部人事司.高等教育法规概论.北京：北京师范大学出版社.1999，359
②教育部编.面向21世纪教育振兴行动计划学习参考资料.北京：北京师范大学出版社，1999，7

才输送到经济建设的主战场上去。以高新科学技术为依托，以市场经济为导向，以产品为龙头，以效益为根本，集中力量建成若干个重点产、学、研一体化的规模效益型企业。

高等院校是高科技的摇篮，也是高科技发展的动力源泉。高科技产业无形资产比例高，美国一些高科技产业的无形资产比例达总资产的60%以上，这为高校实行产学研结合创造了十分有利的条件。世界上高科技工业园区依托高等院校建设已成定势。知识经济中的高等教育不同于以往的象牙塔中的高等教育，它是产学研结合的高等教育，这是高等教育发展中的一个重要趋势。

（四）知识经济时代的高等教育是形式多样的高等教育

在农业社会和工业社会，高等教育在其实施的重要机构——大学、学院进行，有专业的教师、固定的学生人数、一定的修业年限和稳定的教学计划。在知识经济时代，由于接受高等教育成为越来越多人的需求，高等教育呈现多样化发展的趋势。人们可以通过不同的形式——函授、自学辅导、夜大、远程教育等等来实现自己接受高等教育的理想。随着信息技术的不断发展，教育教学手段的迅速更新，知识经济时代的高等教育将越来越向多形式、多途径发展，接受高等教育将变得更加灵活。现在已经开始并正在为人们广泛关注的建立在计算机技术与网络系统基础上的教学，可望在不久的将来成为人们接受高等教育的重要途径之一。虚拟大学、网上大学等等，使人们不出家门就可以上世界一流大学。每个人可以根据自己的兴趣爱好学习自己想学的专业。高等教育借助于网络，真正实现了无国界、无校园限制的扩展。也正是由于形式的多样化，对许多人来说，接受高等教育也并不是一次性的而成为一个渐进的过程。

（五）知识经济时代的高等教育是普及化的高等教育

在知识经济社会，随着科学知识和技术的进步，使得人们迫切需要不断更新理论概念和技术。任何一个生活在这个时代的人，教育与学习都成为人们生活的重要组成部分。《学会生存》

中指出："如果我们承认，教育现在是，而且将来也越来越是每个人的需要，那么我们不仅必须发展、丰富、增加中小学和大学，而且我们还必须超越学校教育的范围，把教育的功能扩充到整个社会的各个方面。"[①] 在这样的时代，高等教育将不再是少数精英人物独享的特权，不再是人们不可企及的梦想，而是成为每个人人生经历中必不可少的组成部分。正如1998年10月首次高等教育大会指出的："高等教育界的根本使命是促进社会的可持续发展与进步，为学习者提供终身学习的机会，通过研究、创造和传播知识，促进社会发展。"[②] 因此，知识经济时代的高等教育必将是人人可以享有的、普及化的高等教育。

三、知识经济对高等教育提出新要求

在以知识为基础的新的经济形态正在迅速形成的时期，谁具备了持续不断的知识创新能力，谁就能在未来的发展中处于领先地位。因此，国家的综合能力和国防竞争能力将越来越取决于教育发展、科技进步和知识创新水平。可以预见，未来高等教育对社会经济、政治、科技、文化的影响作用将更加突出，人们把渴求知识、人才、智慧、信息的目光更加集中地投向大学。正如菲利普•G•阿特巴赫所说："在过去不到一个世纪的时间里，大学已经从一个虽小但精英荟萃的、完成优先教育使命的机构，变成了以知识为基础的社会的火车头。"[③] 面对时代的挑战，中国的高等教育则应义不容辞地挑起科教兴国的重担，为实现中华民族的伟大复兴作出贡献。

笔者认为，知识经济对高等教育提出了许多新的要求，要求高等教育不断创新，以适应知识经济时代的需要。创新的若干领域中，主要包括观念创新、体制创新和教学科研创新。其中，观

①联合国教科文组织国际教育发展委员会.学会生存——教育世界的今天和明天.北京：教育科学出版社，2002，201

②唐玉光，房剑森.高等教育改革论.南宁：广西师范大学出版社，2002，308

③[美]菲利普·G·阿特巴赫.比较高等教育：知识、大学与发展.北京：人民教育出版社，2001，1

念创新是先导，体制创新是关键，教学科研创新是核心。因此，必须分析和探讨知识经济对高等教育观念、体制和教学科研的影响，才有可能提出适合我国国情的高等教育的改革与发展对策。

（一）高等教育观念

随着知识经济时代的到来，人们将进入一个高度综合、全面创新的社会。知识经济的本质特征内在地决定了教育在知识经济发展中处于关键地位、发挥重要作用。高等教育将由社会的边缘被推向社会的中心，成为社会发展的“轴心机构”和支撑因素，这种转变自然为高等教育的跨越式发展提供了难得的机遇。同时，应当看到，从工业经济形态向知识经济形态的转变，作为一场深刻的全面的系统的经济社会变革，也必将对工业经济时期形成的(也是现实的)高等教育观念提出严峻的挑战。众所周知，农业经济时代人们希望得到土地，工业经济时代人们梦想拥有资本，知识经济时代人们渴望获得知识。因此，知识经济时代高等教育观念不同于甚至高于农业经济时代和工业经济时代的教育观。也就是说，知识经济内在地要求实现高等教育观念的根本转变和全面创新，以确定新的高等教育观念。因此，高等教育只有以观念的全面创新为先导，加大改革力度，加快发展步伐，进行整体创新，才能培养出知识经济时代所需要的高素质的创新型人才。

同时，在这样一个时代，知识的价值大幅度提高，劳动智能化、信息化、经济全球化，现代信息技术在高等教育中的应用，市场机制向研究和教育领域的渗透等强有力地冲击高等教育，在高等教育系统内外都形成了变革的力量。高等教育的时空界限被突破，学生接受教育活动与职业活动相互交织、相互影响，高等教育功能向新的领域拓展……这些现实的、迅猛的变革激化了思想观念的冲突。现实的高等教育的发展需要重新认识高等教育的性质，并在此基础上调整价值观、质量观和发展观。本研究中，笔者将对高等教育的价值观、发展观、质量观、人才观展开论述。

（二）高等教育体制

英国比较教育家萨德勒曾经提出："校外的事情甚至比校内的事情更加重要，校外的事情制约并且说明校内的事情。"[①]这句话至少表达了如下一种观点：教育并不是孤立的，它作为社会这个大系统的一部分，必然要受到诸如政治、经济等要素的制约和影响。马克思也曾指出，"一切社会变迁和政治变革的终极原因，不应当在人们的头脑中，在人们对永恒的真理和正义的日益增进的认识中去寻求，而应当在生产方式和交换方式的变更中去寻找。"[②]这是辩证唯物主义的基本观点。笔者以为，经济状况对我国高等教育体制改革起着决定性作用。因此，知识经济的发展必将使社会体制，特别是经济体制和科技体制发生新的变革，这是生产力的发展对生产关系提出的必然要求。高等教育与社会的密切关系决定它的体制是与整个社会包括经济与科技体制相互关联的，知识经济的发展必然要求高等教育体制创新。

同时，我国高等教育体制在适应计划经济向市场经济转变的过程中正在进行全面的改革。随着高等教育事业的快速发展和改革的不断深化，一些深层次的矛盾和问题日益显露出来。一方面，作为教育和办学主体的高等学校仍然没有真正从重重束缚下彻底解放出来，成为影响进一步提高教育质量、学术水平和办学效益的突出问题。另一方面，由于政府对教育投入的增量将主要用于基础教育和一流大学的建设，对大部分高校而言，其发展应主要依靠体制创新。北京大学青年经济学家张维迎曾在《财富》论坛"世界强"的讨论中谈到"国际竞争的核心不是资金和人才的竞争，资金和人才都是可以国际流动的，也不是技术的竞争，而是制度的竞争。从中国长远来看，应该学习的是制度改造。"笔者认为，这一观点对于我国高等教育同样具有重要的借鉴意义。大学之大，在于兼容并蓄，思想自由；大学之大，不在大

---

①吴文侃，杨汉清．比较教育学．北京：人民教育出版社，1989，27

②马克思恩格斯选集．人民出版社．1972（3），307

楼，而在大师。在著名的大学里，人才辈出，大师云集，这主要是一种制度文明的产物，而不是急功近利的政策能够速成催生出来的。从这个意义上说，知识经济时代的高等教育需要进行体制创新。

适应知识经济时代的体制创新，必须在宏观行政管理体制、办学体制、投资体制、招生与就业体制、高等学校内部管理体制等方面进行全面创新。

（三）高等教育教学过程

从世界高等教育的历史发展进程看，高等教育已越来越从社会的边缘走向社会的中心，服务社会，成为经济和社会发展的助推器，已经被视为当代高等教育的基本职能之一。在知识经济时代，摆在高等教育的主体部门——高等学校面前的一个重要课题，就是积极探索，大胆尝试，不断改革，立足于时代的需要，培养出一大批具有创新能力的优秀人才。正如江泽民同志所深刻阐述的："要迎接科学技术突飞猛进和知识经济迅速兴起的挑战，最重要的就是坚持创新。创新是一个民族的灵魂，创新是一个国家兴旺发达的不竭动力。创新的关键在人才，人才的成长靠教育。"①

然而，现实情况不容乐观。我国的中小学升学，犹如"千军万马过独木桥"。按照传统的思想，许多家长也历来把孩子能读上大学作为唯一的奋斗目标。为了达到这一奋斗目标，越来越多的课外作业，越来越厚的辅导资料，越来越难的考试测验，越来越激烈的升学竞争，结果使中国的学生越来越没有自主创新的能力。所以与西方国家相比，中国高等教育所培养的人才最主要的欠缺恐怕是发散性求异型思维能力不高，创新能力不强。当然，也有人才培养模式的原因。现代大学的人才培养模式是在工业化时期形成并发展起来的，深受工业化生产的批量化、标准化和劳动分工的精细化、专门化的影响。大学以狭窄的学科、专业组成

①江泽民.在新西伯利亚科学城会见科技界人士时的讲话.人民日报.1998—11—24，1

院系，为学生制定相同的学习标准和学习进度，大批量、标准化地“生产”出一批批学生。为了提高效率和标准化程度，大班讲授成为最主要的教学方式，注重专业教育知识传授，但是对人的个性、特别是人的创造性重视不够，已不能满足知识经济发展的需要。

因此，在知识经济时代，必须对高等教育教学进行改革，更新教学观念，完善教学内容，选择恰当的教学方法与教学手段，加强师生对话，加强实践环节，才有可能培养出适应时代要求的具有创新精神和实践能力的高级专门人才。

（四）高等学校科学研究

我国的现代化事业在工业化还远没有完成的时候，迎来了知识经济时代。一个科学技术实实在在成为第一生产力的时代，我们不仅要发挥科学技术在经济活动中的作用，而且要大力提高科学技术本身的生产力，使我国的知识创新系统具有很高的生产能力和竞争能力。高等院校拥有一支力量雄厚的研究队伍，充分发挥其潜力，使之在我国现代事业中发挥应有的作用，是一个重要的课题。然而目前高等学校科研存在着一些问题，比如，过分重科研、轻教学的倾向，有些高校忽视了大学的基本任务，在政策导向上将天平倾向了科研，无形中将科研与教学对立起来。再如，科研功利化倾向。许多高校在认识了科研对于高校发展的积极促进作用后，为鼓励教师参与科研，即将科研成果与教师的职称升迁挂钩，结果导致部分高校中的教学科研人员功利化倾向越来越严重，这些都严重影响了我国科研事业的发展。因此，为使这些状况发生根本性的转变，必须进行高等学校科研创新。

综上所述，在知识经济时代，要实现高等教育的创新，必须从观念、体制、教育教学和科学研究等方面着手。只有先进的观念、完善的体制、科学的教育教学、积极的科学研究才有可能构建出适合知识经济时代要求的、符合我国国情的高等教育。

第二章 创新：高等教育自身不断发展的要求

第一节 创新：高等教育职能与时俱进的原动力

高等教育职能，即高等教育对某些特定社会任务所承担的义不容辞的职责以及由此而产生的相应的功能，是由其性质与社会分工所确定的。它不但反映高等教育的本质特征，更反映社会的时代特征。

随着时代的不断发展，高等教育总是被赋予新的职能，也就是说，随着人类社会的进步，高等教育及其主要实施机构——高等学校总是在对自身的目的、任务、职能不断地进行反思与调整。任何一个国家高等教育的进步、改革都必须克服自身的“遗传惰性”，任何一项大学新职能的确定总要伴随着长时间的、剧烈的“阵痛”。不论传统大学多么清高，它们都不可能游离于社会之外，社会的发展变化制约和影响着大学的发展变化。社会渐进的过程将促使高等教育逐步地、细微地进行调整；社会质的变化将引起高等教育内部和外部的全面变革，进而引起其职能的变化。然而，就像德鲁克所说，“我们的学校和大学的基本建设规划仍然可以追溯至300年以前。现在，我们所有层次上都需要新的思维和方法，在某些情况下则需要全新的思维和方法。……迄今为止，我们中间还没有人像17世纪伟大的捷克教育改革者夸美纽斯或耶稣教会教育家那样，发展出了当时的‘现代’学校和‘现代’大学。”①

---

①彼得·德鲁克.社会的管理.上海：上海财经大学出版社，2003，104～105

在知识经济时代，知识处于政治、经济的中心位置并起支配作用；知识决定并制约经济、文化、科技以及产业结构的发展方向和水平，并成为一种产业。在这样新的时代背景下，高等教育职能也随之发生相应的变化。与知识的传递、创新、运用相对应的分别是高等教育的教学、研究和社会服务三大职能，而这些职能都在原来的基础上被赋予新的内涵，产生新的超越。高等教育的地位将空前上升，高等教育将由社会的边缘走向社会的中心。由为经济服务转变为经济发展的要素，主导经济与社会发展，成为社会发展的动力源。

一、教学职能

教学职能是高等教育进行文化传播使社会文化得以延续的最根本职能，是大学最早也是最基本的社会职能。高等学校的起源，可以追溯至古希腊的“学园”，甚至更早。在我国，则可追溯至“稷下学宫”或西汉的“太学”。无论是古希腊的“学园”，还是我国的“稷下学宫”、“太学”，一直到西欧的中世纪大学，教学一直是高等学校的最基本职能。当然，当时的教学是为了知识的生产和知识的传播不致中断。露丝•海霍教授谈到这点时说：“大学是历代所积累的知识的存放中心，那里培养学者纯粹是为了传播学问。”[①]可见，在农业经济社会中，大学主要承担教学的职能。当工业革命的浪潮汹涌澎湃时，发展社会生产力成为国家发展的焦点所在。此时大学所谓纯粹的传播知识的教学乃至研究功能必然随着社会的需要而变化，此时的知识教学职能退居研究、服务职能之后，出现教学职能弱化的趋势。尽管如此，它仍然发挥着制约研究和服务职能的基础性作用。

知识经济社会将赋予高等教育教学职能以新的内涵。可以说，知识经济时代的高等教育教学职能超越了农业社会“唯教学是瞻”，不顾社会需要的偏执，又摆脱了工业经济社会过分注重

①张应强.高等教育现代化的反思与构建.哈尔滨：黑龙江教育出版社，2000，68

高等教育的社会功能而弱化教学的基础性功能的弊端。在知识经济社会中，高等教育机构将成为一个与社会发展有密切相关的、能主动地影响社会进步和发展的社会中心机构。正如亚伯拉罕•弗莱斯科纳所说：“大学像其他人类组织——如教会、政府、慈善组织一样，处于特定时代总的社会结构之中而不是之外；相反，它是时代的表现，是对现在和未来都会产生影响的一种力量。”①初见端倪的知识经济时代必将对高等教育的教学功能作出全新的诠释。

知识经济社会经济发展的核心原则就是：“人创造力的发挥成为经济增长的根本源泉。”在这样的时代，知识的创造与转换将比知识的选择、保存、传授更加重要，经济的发展主要取决于智力资源的占有和配置，知识成为经济发展的决定因素，经济的增长有赖于人创新素质的提高和创造力的培养，也意味着社会经济的发展对全体社会成员的素质提出了更高的要求 ，要求人们有不断创新的意识与能力。然而，创新素质的提高和创造力的培养都有赖于高等教育教学职能的发挥。

目前，我国高等教育的主要实施机构——大学正在积极倡导素质教育，素质教育不只是传授专业知识和技能，更重视人的其他方面素质的提高和培养，尤其是文化素质。素质教育的本质主要是培养人的创新能力和创造力。因为在知识经济社会里，科学知识的迅速增长以及社会结构的迅速变革，都要求社会成员具有极强的适应性和创新能力，这样才能创造出新的知识，以满足社会的不断需求，实现经济的持续发展。在新的历史背景下，大学作为人才培养的摇篮，不仅要源源不断地为社会培养和造就数以千万计的高级专门人才，将社会巨大的人口压力转化为人才资源，而且要聚合大学优势，利用大学本身具有能激发创新思维的独特人文环境、大跨度的学科间交叉渗透、基础雄厚的人才聚集、自由宽松的学术研究、交流活跃的国际合作、流转通畅的信

①亚伯拉罕·弗莱斯科纳.现代大学论——英美德大学研究.杭州：浙江教育出版社，2001，1

息网络，使高校在创新型人才的培养中发挥不可替代的重要功能，成为培养具有创新精神、创新意识和创新能力的高层次人才的主要基地。

总之，知识经济时代是一个依靠知识与智慧生存的社会，需要具有创造能力的劳动者。因此，高等教育作为人类社会化过程中的重要环节，教育模式也必须是一种创造性的教育，这样才能培养出具有完善的人格魅力和无穷创造力的高素质人才，以适应并促进知识经济的形成与发展。正是在这个意义上，我们说，通过教学培养创造性人才成为知识经济赋予高等教育的重要使命。教学这一重要职能在任何时候都不会消失。正如亚伯拉罕•弗莱斯科纳所说："保存知识和观念过去和现在都被视为大学的任务，有时甚至被视为其唯一的任务，现在偶尔也会被看作是最重要的任务。无论如何，大学总是将其当作自己的一项职能；不管大学如何变化，任何重建工作都不会剥夺大学的这一职能。"①

二、研究职能

高等教育的主要实施机构之一——大学的第二个基本职能是科学研究，即创造、整合与生产知识。众所周知，早期大学只传授知识，而不生产知识，其研究职能最早出现于19世纪德国的柏林大学，其创始人洪堡强调人的发展是教育的真正目的。大学要实现这个目的，就要通过研究进行教学。大学教育的主要任务是引导学生从事研究，大学生的任务主要是在研究中学习。柏林大学的创办充分体现了洪堡"通过研究进行教学"、"教学与科研相统一"的原则。于是，科学研究正式进入大学的课堂。但在当时，科研不是一种独立的社会职能。后来，许多大学在教学任务之外，还承担一定的科研任务。自此，高等教育的研究职能出于适应社会的需要，得到了全面提升，出现了以研究为主、教学为辅的研究型大学。对此，美国学者S•维布伦早在20世纪初就

①亚伯拉罕·弗莱斯科纳.现代大学论——英美德大学研究.杭州：浙江教育出版社，2001，5

指出：“大学已被认为是现代文化的主要研究机构，毫无疑问，担负探求知识的责任是大学唯一的义务。”[①] 而加州大学伯克莱分校前校长田长霖则明确指出，伯克莱加州大学提倡科研第一，教学第二。这样，现代大学就既传递知识又生产知识。“这一从传统高校职能中经过分化而产生的职能使科学原理的探索、抽象知识的生产、观念产品的制造，摆脱了教师个体传统的“手工作坊”时代，而成为固定的岗位、独立的部门和专门人员自觉从事的一种劳动形式。”[②] 它为现代智力资本的有机构成提供了最可靠而又最实用的知识信息，从而使智力资本建立在以人力为前提、以知识为内核的坚实基础之上。

在知识经济社会，随着跨学科的多科性知识逐渐成为知识创造的主流，要求知识创造者具备多学科的知识储备，能熟练掌握相关学科的基础理论，只有在此基础上所进行的知识创造才具有生命力和丰富的底蕴。高等学校为培养科学人才，必然集中大量的掌握科学理论与方法的科学家；高等学校学科门类齐全，又有先进的科学仪器设备、丰富的文献资料、广泛的信息资源，加以经常的学术活动与相对比较安静的学园环境，这就为开展科学研究，特别是基础理论研究提供了良好的物质的和精神的条件。

就中国大学的科学研究而言，首先应注重科学知识的创新，提高国家的知识储量和丰裕度，扩大知识生产的拥有权。否则，依附于发达国家的知识成果，也就不会发展中国的知识经济，更谈不上参与国际间的科技竞争，这是面对知识经济需仔细审慎的事情。目前，高等学校参与科研的在职人员大约有24万，如果把参与科研(自然科学)的研究生统计在内，就差不多有65万人的科研队伍。如果仅从SCI收录的论文上来讲，高校发表的论文大概占全国发表的各种论文的70%。从科研经费角度讲，高校科研人员从企业合作中得到的横向科研经费逐年增多，与国家其他科研队伍相比高校占据了重要位置。但需要指出的是，社会及国家相

①Veblen T.The Higher Learning in America, D.W. Huebslch, 1919, 15
②张振刚.中国研究型大学知识创新的战略研究.北京：高等教育出版社，2003，92

关部门对高等学校科研力量重视与支持仍嫌不够。从1998年到2002年，国家拨付给大学的科研经费占国家财政在科研经费方面的拨款总额，最高的一年仅占有9.6%。高校用不到10%的经费比例完成了60%~70%的任务，获得50%以上的国家科技奖励，应该说投入产出效率是很高的。这说明高校已经成为我国科研创新的主力军。据国家知识产权局统计，截至2003年底，全国高校共申请专利43 866件。2003年全国高校当年共申请专利10 216件，比上一年(2002年为5 973件)增长71%；全国高校当年共获授权专利3 389件，比上一年(2002年为1 710件)增长98%。2004年前6个月，全国高校申请专利6 259件，比上一年同期(2003年为4 668件)增长34%；全国高校获授权专利2 143件，比上一年同期(2003年为1 128件)增长90%。由此看出，高等学校已经成为我国高新技术的生长点与辐射源。

三、服务职能

培养人才、发展科学，从广义上讲，都是为社会服务。但现代高等学校，还通过各种形式，随时为社会提供直接的服务。一般而言，高等教育的服务职能是面向社会服务的功能体现，是指高等教育以直接满足社会的现实需要为目的，以培养专业人才职能和发展知识职能为依托，有目的、有计划地向社会提供有学术性质的服务。

服务职能最先出现于美国高等教育领域。100多年来，在美国高等教育发展的进程中，出现了威斯康星大学、康乃尔大学、斯坦福大学等研究型大学，它们在不同的历史条件下履行了“服务”的职能。1862年，美国国会通过了“莫里尔法案”，法案规定联邦提供给各州一定的土地，将这些土地的收益用于建立一批州立大学，并要求这些大学开设有关农业和工业等方面的实用学科。以威斯康星大学为代表，它建立了推广教学中心，向农民传授农业科学知识，为当地经济、文化发展提供咨询等，形成了

"直接有利于促进农业，使工业效率更高，有利于政府"的办学思想——威斯康星思想。威斯康星思想突破了大学的围墙，使大学与社会的联系越来越多，形式越来越多样，从而建立起大学与社会一体化关系。从此开始了具有三项职能的现代大学新模式。

高等教育服务社会功能的核心，就是知识的整合、传播和应用。在知识经济社会，知识是一种过程，知识的生命周期是有限的。大学不仅要成为知识创新的主体，还应有效地扮演传播知识、服务社会的角色。日内瓦大学教授、德国国家信息技术研究中心研究员Dennis Tsichritzis认为，"在新的世纪必须重新考虑教授和学生的角色，转变教育思想，对大学进行重构，以适应社会发展的需要。教育和知识传播的全球化将是大学再造的动因，大学不仅是知识的创造者，还是知识的输入者；不仅是知识的传播者，还将是服务的提供者。"① 美国高等教育家克拉克•科尔也指出："现代大学已成为在若干意义上的多元机构：它由若干个目标，若干个权力中心，为若干种顾客服务，它不崇拜一个上帝，没有明显的顾客，而是为多种市场服务和关心大众"②。

总之，高等教育的第三职能主要是解决高等教育与社会的关系问题。这是大学从社会边缘走向社会中心、从被动走向主动、从封闭走向开放的过程，是大学从保守的"象牙塔"走向现代社会生活的过程。这一过程最突出的表现是把最先进的知识和最高水平的人才变成先进的生产力。在这个意义上，大学将是先进生产力和"新型资本"的培育基地。知识经济比其他经济形态更要求教育直接地介入经济，大学，尤其是研究型大学不仅创造和产生知识，还要将自己的科研成果直接运用于生产实际，实现高新技术的产业化。大学服务社会的过程既是将知识物化的过程，也是参与社会决策、改造社会的过程。

在某种意义上说，大学的第三个职能并不是一个途径和手段

①张振刚.中国研究型大学知识创新的战略研究.高等教育出版社，2003，96
②克拉克·科尔.大学的功用.南昌：江西教育出版社，1993，96

的问题，而是大学的基本性质问题和方向问题。因此，它不仅是如何将知识、人才转化为直接生产力的问题，而且是使大学中的教师、学生找到如何处理他们与社会之间的关系的一个问题。任何一个人都是社会中的人，不可能脱离社会，因此，作为大学中的教师、学生应该参与社会，做社会的主人；服务社会，做人民的公仆；促进社会进步，作科学的探索者。

从现实来看，高等教育的社会服务功能也相当丰富。首先是教学服务，包括委托培养、推广教育及举办技术人才培训等。知识经济时代是一个充满知识和需求知识的社会，更是一个科学技术不断发展、知识量不断增加的社会，这就使得一个即使接受完大学教育甚至获得最高学位的人所掌握的知识也是远远不够用的，因此，有必要在人的一生中不断地补充更新知识。因此，为了满足知识社会中不同行业、不同部门的人员对知识的需求，大学必须向社会开放，向成人开放，加强与社会、与地区的紧密联系，以满足社会各界对知识的渴求。这样，不仅突破了传统的大学教育理念，也是知识经济时代大学职能的进一步拓展与加强。可以预见，随着知识经济的兴起，这种向成人服务、向社会服务的职能将更加广泛和深入。其次是科技服务，包括成果转让、技术咨询等。大学要积极而广泛地促进科技成果的转化，加强社会服务职能，积极寻求与社会领域的密切合作，把大学中丰富的“智力资本”迅速转移到社会急需的企业和部门，促进高新技术产业的发展，并使中国的基础产业向现代化迈进。比如北大的方正集团、清华的同方有限公司等等。这样，就使得知识经济中大学社会服务职能在内涵上发生了巨大变化，这种变化正是知识经济带来的必然结果。在知识经济时代，高等学校的社会服务功能既注重了知识向社会的转移，更注重了自身的效益和发展，使得大学与社会的融合更深、更广了。再如，浙江大学在组织人文社会科学研究工作中，为浙江省的经济和社会发展开展了形式多样的研究和服务工作，归纳起来主要有下列几种方式：（1）为政府部门或企事业单位研究发展战略，制订发展规划；（2）鼓励有关应用性学科的教师兼任各种社会职务，如担任经济顾问、法律顾问乃至企业的管理顾问等；（3）建设了一批面向社会，提供有偿咨询服务的经济实体，如经济事务所、会计事务所、律师事务所、广告事务所、公关事务所等；（4）通过与地方政府及实际工作部门签订合作协议，联合开展有关研究，进一步推进该校为地方社会经济发展服务的进程。

另外，有学者指出，大学要成为国际文化交流与合作研究的枢纽，国际合作将成为高等学校的第四职能。知识经济时代，随着信息高速公路的广泛开通，信息的国际网络化的实现，跨国界、跨民族、跨文化的高等教育交流与合作，将成为世界各国大学在经济和科技日趋国际化的历史潮流中应当和能够履行的重要职能。可见，知识经济时代的社会是开放的社会，未来高等教育应在国际合作与交流方面发挥更大的作用。所以，联合国教科文组织强调：“必须将合作看成是高等学校与高等教育系统的任务之一。”[①] 阿特巴赫也指出:“作为创造和传播知识的复杂过程的最重要的机构，大学不仅是许多基础学科的发祥地，而且已经成为世界范围内交流知识的各类杂志、书籍和数据库的复杂系统的摇篮。”[②]“全世界高等院校相互支持和建立真正的伙伴关系这一原则对于在各领域开展的教育与培训是十分重要的。多种语言的运用、促进知识与科学合作的教师和学生交流计划以及高校之间的联系，应成为高等教育制度的一个组成部分。”[③]同时，随着高科技的发展，特别是知识经济即将到来，高等教育究竟肩负怎样的历史使命，大学在适应社会拓展职能的同时又面临怎样的挑战；由于知识本身具有增值功能，大学是否会成为一方“首富”等问题，仍然值得人们思考。

①联合国教科文组织.高等教育改革与发展优先行动框架.教育参考资料.1999 (3)
②[美]菲利普 · G · 阿特巴赫.比较高等教育：知识、大学与发展.北京：人民教育出版社，1
③方明，古成久.现代大学制度论.合肥：安徽大学出版社，2007，57

第二节　创新：高等教育在国家创新体系建设中发挥生力军作用的必然选择

国家创新体系又称国家知识创新系统，是任何一个国家经济发展的重要基础。在即将到来的知识经济时代，一个国家要想在激烈的国际竞争中处于优势地位，必须构建国家创新体系，并充分发挥高等教育在其中的生力军作用。就高等教育自身而言，它不仅与国家创新体系有着直接的关系，而且自身也是其中的重要组成部分。所以，探讨知识经济背景下的高等教育必须研究国家创新体系，必须研究高等教育在国家创新体系中的地位与作用。

一、国家创新体系的概念

国家创新体系并非属于新鲜事物，学者们早在20世纪70、80年代就曾进行过相关的探讨，但当时并未能对其形成清醒的认识，只是当时代不断发展，知识经济正昂首阔步地向我们走来时，国家创新体系才为更多的人所关注，成为人们研究的热点话题。

国家创新体系概念的首创者弗里曼认为："国家创新体系是由公共部门和私营部门中的各种机构组成的网络，这些机构的活动和相互作用促进了新技术的开发、引进、改进和扩散。"

1988年，美国学者理查德•纳尔逊在《作为演化过程中的技术变革》一书中研究了美国的国家创新体系，认为创新是大学、企业、政府等有关机构的复合体制。1993年，纳尔逊主编了《国家创新体系：比较研究》一书，对15个国家的国家创新体系进行了比较分析。在该书中，他认为，国家创新体系是"一组机构，他们的相互作用和相互影响决定着国家范围内企业的创新表现。"

1996年，联合国经济合作与发展组织在《以知识为基础的经济》报告中指出"创新是由不同参与者和机构的共同体大量互动作用的结合，把这些看成一个整体就称作国家创新体系……从本质上看，创新体系是由存在于企业、政府和学术界的关于科技发展方面的相互关系与交流所形成的。在这个系统中，相互之间的互动作用直接影响着企业的创新成效和整个经济体系。”次年，又在其专门的研究报告《国家创新体系》中介绍了五种具有代表性的国家创新体系的定义，其中最具有代表性的是“国家创新体系是这样一组专门的机构，它们分别地和联合地推进新技术的发展和扩散，向政府提供形成和执行关于创新的政策架构，是创造、储存和转移知识、技能和新技术的相互联系的机构体系。”

20世纪90年代，国家创新体系引起了我国学者的关注，他们结合国内实际情况对国家创新体系进行研究，提出了很多有价值的观点。我国学者冯之浚将其定义为“是指一个国家内各有关部门和机构间相互作用而形成的推动创新的网络，是由经济和科技的组织机构组成的创新推动网络。”① 朱国仁先生认为“国家创新体系是指一个国家的所有的有关新知识的生产、传播和应用等的机构所组成的相互关联的系统。”②

综合上述定义及其他界定，我们不难看出国家创新体系有以下几个方面的特点：

第一，国家创新体系是就一个国家或在国家层次上而言的，它包括了各种各样的新知识的创新活动。

第二，国家创新体系不是自发产生的，而是一个能动的创造性活动。

第三，国家创新体系包括了各种各样的与知识的生产、传播和应用相关的机构。也就是说，它不但包括纯粹的各种研究与开发机构，也包括教育尤其是高等教育、企业及其他事业机构或部门；它不仅包括经济和科技方面的机构和系统，也包括经济和科技以外的社会机构和系统。它是由上述各种机构相互联系、相互

①冯之浚.国家创新系统的理论与政策.经济科学出版社，1999，1～2

②朱国仁.挑战与创新：构建新经济时代的中国高等教育.南京：南京师范大学出版社，2001，62

作用、有机构成的一个系统。当然，各种有关机构、系统之间不一定有具体的直接的联系机制，但它们之间的联系却是客观存在的。也就是说，国家创新体系是一个开放的系统。

第四，国家创新体系是由相互关联的科学基础创新、技术开发创新和产品应用创新等一系列子创新体系或创新体系的环节系统组成的，亦即它是由各种相对独立、相对完善的子创新系统组成的。

国家创新体系作为客观存在，以知识的创新为核心，是一个国家整体创新能力的体现。同时，应该注意到，它要受到诸如制度因素、环境因素、资源因素和人才因素等各种因素的制约。国家创新体系如同一辆能够高速运行的汽车，是由诸多系统和成千上万个零件组成的一个有机合作整体，对它的建设仅限于“发动机”等主要系统的研究是不够的，必须对其进行全面的、科学的、整体设计。所以，在探讨国家创新体系问题时，不能局限于各种具体的创新机构及其联系，还必须看到与整个国家创新体系相关的各种制约因素，要看到各种制约因素在创新活动过程中可能发生的作用。因此，我们在研究知识经济时代的创新活动时，要全面分析国家创新体系及其子创新体系的各种问题，尤其不能忽视各种制约因素的作用，要把各种制约因素纳入国家创新总系统中去加以考虑。

二、国家创新体系的形成

作为一种理论，国家创新体系理论只是近年才逐步形成和发展起来的。但是，作为一种社会现象，它早已经存在着并一直在发挥着作用，只不过其内容、大小和完善程度以及所作用的范围不同而已。从其存在和发展的过程来看，它发展变化的趋势是随着社会知识化程度的不断提高，它的内容越来越丰富、体系越来越完善、范围越来越广泛、影响和作用也越来越重要。实际上，从一定意义上说，人类社会发展的历史就是一部不断创造的历史，人类历史上的每一次进步、每一点前进，都是人类创造性发挥的结果。国家创新体系就是在人类创造性活动的基础上逐步形成和发展起来的。当然，由于其自身发展程度的限制以及其他方面的原因，人们对它的认识也有一个过程。所以，只有当知识经济奏响人类社会进步主旋律时，人们才开始有意识地关注它、研究它，并自觉地完善它，发挥它的作用。

尽管如此，从严格意义上说，国家创新体系仍然应该是现代社会或工业经济时代的产物。在工业经济时代，现代科学产生并不断地、迅速地向前发展，大机器生产对技术的要求不断提高，也使科学与技术不断地相互融合，成为生产力发展的重要因素，并共同推动经济与社会的不断发展。知识的价值被逐步认同，并日益受到重视，世界各国尤其是发达的资本主义国家都开始自觉地把科技发展作为促进国家发展的重要途径，而许多发展中国家在学习发达国家时，一方面引进它们先进的设备与科学技术，另一方面注重通过发展自己的教育，尤其是高等教育和科技事业以改变落后的状况并力争赶上先进国家的发展水平。也正是因为认识到了知识的价值，世界各国才由重视运用知识，进而发展到探讨如何更快地发展知识。于是，建立有效的知识创新体制，增进各种有关知识的生产、传播与应用机构的联系，并使其发挥更大的作用，就成了当今世界各国共同努力的方向。

目前世界各国普遍推行的产学合作、产学研结合、“教学、科研、生产一体化”等措施，实际上就是在加强创新体系建设，也就是在促进国家创新体系作用的充分发挥。众所周知，当今世界，国家间的竞争本质上就是科学技术的竞争，创新能力的竞争，亦即知识、人才与体制的竞争。知识是力量，人才是基础，体制是保证，三者相互联系，构成国家创新体系的基本要素。这也就是在知识经济大潮的冲击下，世界各国全力壮大和完善本国科技创新体系的重要原因。

就当今的状况而言，世界各国创新体系的发展情况不尽一致。国内外学者曾对此进行过专门的研究。我国学者曾国屏等主编的《世界各国创新系统知识的生产、扩散与利用》一书认为，各个国家由于规模不同、经济发展的阶段与历史文化传统不同，其创新体系的模式也是不同的。也就是说，世界上不存在完全一样的国家创新体系。但无论什么样的国家创新体系，其基本的要素及主体都是一样的，只是各要素、主体所承担的任务、资源的配置、地位及作用发挥的情况不同而已。因此，建立科学完善的国家创新体系必须做到要素健全、主体明晰，各要素之间关系明确。当然，这为世界各国在相互学习的同时选择适合自己的发展模式提供了理论依据。

笔者以为，国家创新体系既是知识创新体系又是知识转化体系。人们在谈论和研究国家创新体系的时候，往往会过多地强调其创新的性质，而忽视了它的促进知识转化的性质。事实上，作为一个完整的体系，作为知识经济发展的基础，国家创新体系的各组成部分子系统之间的关系，直接地具体表现为知识的转化关系。因此，国家创新体系不仅是知识创新的体系，而且其本身就是一种知识转化的体系。转化是国家创新体系的基本功能，也是国家创新体系各系统相互联系的基本动因。在这一意义上，创新与转化是国家创新体系相互关联的两个功能，这两个功能应相互增强，并得到充分发挥。

三、高等教育在国家创新体系中的地位与作用

众所周知，国家创新体系是经济和社会可持续发展的基础和引擎，是培养和造就高素质人才的摇篮，是综合国力和国际竞争力的支柱和后盾。国家创新体系主要功能是知识创新、技术创新、知识传播和知识应用，具体包括创新活动的执行、创新资源(人力、财力和信息资源等)的配置、创新制度的建立和相关基础设施建设等，它们是国家创新体系的基础任务。目前绝大多数的创

新活动都发生在为数不多的西方工业国家，尤其是在经济合作与发展组织国家之中。这样严峻的现实要求我们更加迅速、高效地建设我国的国家创新体系。要实现这一目标，必须关注高等教育在国家创新体系中的地位与作用。

（一）高等教育在国家创新体系中的地位

1. 高等教育是国家创新体系的基础

如前所述，知识经济是建立在知识的创造、传播和应用基础之上的经济形态，国家创新体系是知识经济发展的重要保证，而高等教育是国家创新体系构建的重要条件，这是由高等教育的职能决定的。

首先，高等教育要培养适应社会需要的高级专门人才，而人才是国家创新体系的核心。在这个意义上，高等教育为国家创新体系提供人才支持。在即将到来的知识经济社会，各行各业的人都要接受高等教育，受教育成为人的重要需要，经过教育，蕴藏在个人身上的素质会大幅度提高，主要包括人的科学文化知识、科学素养、创造力等方面。而这些方面无不与接受教育的程度与质量相关。高等教育领域是高科技文化知识的密集地，高等院校将科学文化知识不断积累传递和发展，劳动者在这里可以系统掌握人类社会发展的成果。科学素质同接受高等教育的程度直接对应，在高等教育阶段，人们能够详细了解科学的特点及其与技术、社会之间的相互作用，充分发展自身的知识理解力和技能，在即将到来的知识经济社会中成功地行使职能。创造力的培养与全部教育过程密切相关，而高等教育将进一步发掘学生的创造潜能，深化学生的创造意识，对学生进行技术创新给予理论指导。在即将到来的知识经济时代，从事科学创新的人、从事技术创新的人，以及大部分进行产品创新的人（知识工人）都要靠高等教育来培养。所以，离开高等教育就不可能有国家创新体系。可见，高等教育是为国家创新体系提供人才基础。

其次，高等教育是国家创新体系的知识基础，高等教育具有知识创造的功能，而知识是国家创新体系的基本要素，国家创新体系的作用就是进行知识的创造与转化。① 高等教育系统同时又是各国基础研究的主要基地，世界主要国家基础研究任务的一半是由高等教育系统或高等学校承担的，如法国高校承担本国70%的基础研究项目，美国和日本的高校承担着各自国家60%的基础研究项目，德国为70%左右，英国为67%。可以说，高等教育系统是国家基础研究领域原始性创新主要基地。江泽民同志曾经深刻地指出："原始性创新孕育着科学素质的变化和发展，是一个民族对人类文明进步做出贡献的重要体现，也是当今世界科技竞争的制高点"。许多事实证明，高等教育已经成为基础研究和高技术前沿领域原始性创新最具活力的主要生产基地，而在基础研究和高技术前沿领域上的突破以及由此带来的代表未来产业发展方向的原始性创新成果，已成为决定国际产业分工地位的基础条件，成为提高国家竞争力取之不尽、用之不竭的力量源泉。可见，基础研究是基础知识和科学产生的基础，没有基础知识和科学生产，技术和产品的创新就无从谈起。在这个意义上，高等教育是国家创新体系的知识基础。

最后，高等教育还承担为社会服务的功能。高等学校作为文化科学的中心，在社会文化、科学技术、卫生保健中居于领先地位，能够担负起对社会，特别是对当地各方面工作起指导、咨询作用；还可以采取各种方式同社会进行广泛的联系，尽可能帮助解决社会在发展中遇到的种种理论和实际问题。如与生产单位联合搞科研，进行技术指导，担任企业顾问等等，当然，高等教育的社会服务也包括为国家创新体系服务。此外，高等教育对国家创新体系中的转化也具有直接的促进作用。科学通过教育能够转化为人的智力和能力，技术通过培训可以转化为人的技能和技巧，从而使科学和技术的价值得到充分地实现。如以斯坦福

①朱国仁.挑战与创新：构建新经济时代的中国高等教育.南京：南京师范大学出版社，2001，70

大学、伯克利大学为主导发展起来的美国的“硅谷”科学工业园区；以哈佛大学和麻省理工学院为核心的波士顿科研中心和以北卡罗来纳大学、北卡罗来纳州立大学和杜克大学为三个顶点构成的北卡罗来纳的“科技研究三角园区”等等。这些以高等教育为依托所建立起来的工业园区就很好地实现了科学技术的转化，这也是国家创新体系中的转化，毫无疑问推动了当地经济的发展。所以，离开高等教育，离开了高等教育的社会服务功能，国家创新体系的功能和作用就会受到很大的限制。

总之，国家创新体系的发展、国家创新体系功能与作用的发挥，是与高等教育密不可分的，高等教育是国家创新体系的基础。当今世界各国都把发展知识经济、建立和健全国家创新体系与大力发展高等教育更有机地结合起来，就是因为高校无论是在人才培养、知识创新还是发展高科技产业上都有着得天独厚的优势，是促进经济发展和国家创新体系的支柱性力量。

2. 高等教育是国家创新体系的重要组成部分

众所周知，创新，可以说是知识经济的灵魂。对于我国来说，在加速工业化进程的同时，必须建立起面向知识经济时代的国家创新体系。要建立国家创新体系，必须重视高等教育，因为实际上，一个国家的高等教育就是该国国家创新体系的重要组成部分。

在国家创新体系的构成要素中，科学创新体系、技术创新体系和产业产品创新体系都与高等教育或高等院校有着直接的和密切的关系。从理论上讲，高等教育应该主要属于科学创新的范围。因为在创新能力上，高等教育具有巨大的优势和潜力：学科门类比较齐全，容易通过学科交叉形成新的知识生长点；各类人才比较集中，拥有开展自主创新的团队和实力；学术氛围相对比较宽松，能够在广泛的学术领域自由驰骋；科研设施比较先进，具备开展学术研究、自主创新的物质条件。正因如此，世界各国的高等教育系统在现实中就是各国基础研究或科学创新的主要承担者。从我国来看，到1995年，高等学校的研究与开发经费占全国同类经费总数的13.7%；“八五”期间，高等学校共获国家自然科学奖88项，占获奖总数的1/2左右；获国家发明奖274项，占获奖总数的1/3左右；获国家科技进步奖550项，占获奖总数的1/4左右①。

当然，高等教育在创新方面实际所发挥的作用远远超出了科学创新的范围，但从高等教育的本质功能——教育与培养人才来说，科学研究或科学创新与高等教育培养人才的功能更具有内在的联系。正如阿特巴赫所说：“在19世纪大学通过其基础性研究已经成为新知识最重要的创造者。”②巴伯也曾指出：“（理论研究、科学教育、应用研究）一般有三种不同类型的社会组织中的科学家来执行：大专院校、工业研究集团及政府研究集团。大学主要执行前两种功能，即发展新的概念体系和培训他人来发展新的概念体系。”③直至今日，德国现代大学的奠基者洪堡提出的研究与教学相统一的办学思想仍然被广泛推崇。从高等教育发展的历史来看，高等教育对科学创新的直接贡献也是十分突出的。仅以诺贝尔奖金获得者的情况来看，有人统计，从1901年到1996年，获得诺贝尔奖金人数较多的机构都是世界上著名的大学，其中排名在前11位的大学分别是哈佛大学、剑桥大学、普朗克大学、伦敦大学、芝加哥大学、加利福尼亚技术学院、麻省理工学院、斯坦福大学、加州大学伯克莱分校、普林斯顿大学、牛津大学。获奖人数中，在大学工作的学者约占总人数的一半④。由此可见，高等教育对国家创新体系的巨大作用。在科学发展史上，大学一直扮演着主要的角色，在未来，随着知识经济的进一步发展，这一角色的地位将更加巩固。因为世界各国高等教育的规模

①路甬祥.创新与未来——面向知识经济时代的国家创新体系.北京：科学出版社，1998,168
②[美]菲利普·G·阿特巴赫.比较高等教育：知识、大学与发展.北京：人民教育出版社，2001，1
③巴伯.科学与社会秩序.三联书店，120
④朱国仁.挑战与创新：构建新经济时代的中国高等教育.南京：南京师范大学出版社，2001，71

必然会随着知识经济的发展而逐步扩大，科学创新能力也必然会随之而增强。

（二）高等教育在国家创新体系中的地位

1. 高等教育的主要实施机构——高等学校是知识创新、原始创新的动力源。

高等教育的重要实施机构——高等学校是现代社会的重要机构。任何技术上的发现的基本原理都来源于基础研究，基础研究对认识和改造世界、对经济发展和社会进步具有巨大的推动作用。大学厚重的学术基础和浓郁的创新氛围有利于原始创新。大学与企业主要追求经济活用性、短期性目标有所不同，更加注重探索未知、真理，汇聚人才、发展学科、开展科研及学科交叉和跨学科研究，催生新学科、新思想和新成果；先进水平的国际学术交流，具有宽广的国际视野和信息源，是创新的肥沃土壤，大学宽松而浓郁的学术氛围，有利于创新思想的诞生和孕育，具有其他组织不具备的先天优势。正如阿特巴赫所说："他们不仅提供以科技为基础的经济所需要的教育，而且是许多领域里的研究与发明的重要中心。"①

纵观近代教育、科技发展的历史，在诺贝尔科学奖中，大学的获奖者占了获奖总人次的 3/4左右，在《Nature》和《Science》上发表的论文中，大学作为第一作者单位发表的论文占同期论文总数的2/3 左右②。从我国的情况来看，高等学校参与科研的在职人员大约有24万，如果把参与科研(自然科学)的研究生统计在内，就差不多有65万人的科研队伍。如果仅从SCI收录的论文来讲，高校发表的论文大概占全国发表的各种论文的70%。2000年，我国高等学校共出版科技专著5347部，发表学术论文28.4万篇，其中在国外学术刊物上发表2.57万篇，在全国性学术刊物上发表17.7万篇；获得国家自然科学奖12项，国家发明奖16项，国家科技进

①[美] 菲利普·G·阿特巴赫.比较高等教育：知识、大学与发展.北京：人民教育出版社，2001，240
②周文斌.自主创新能力是大学发展的核心竞争力.中国高等教育，2006，5

步奖117项，国务院各部门科技进步奖548项，省市自治区科技进步奖2716项；鉴定成果数7013项，其中达到国际水平1966项，国内首创1607项，国内先进2761项；专利申请3448项，获专利授权1952项①。近现代科学技术的发展也表明，很多重大的科学发现与技术发明产生于高等学校，这些发现和发明再转化为生产力或被生产部门采用后，对经济和社会的发展产生了重大的影响。在即将到来的知识经济时代，技术和产品的知识含量愈来愈高，因而智力密集度相对较高的高等学校的作用也越来越大。知识创新主要依靠基础研究，高等学校作为基础研究的主力军，成为知识创新的重要基地。

2. 高等学校是培养创新人才的摇篮

人是整个社会生活中最活跃的因素，迎接知识经济的挑战，建设创新型国家，人才的需求至关重要。国家创新体系的一个重要作用就是培养和造就高素质高层次的创新人才，高等学校作为创新活动的一个行为主体，凭借其众多的学科、资深的学者、精良的设备、宽松的环境等众多优势，能够也应当肩负起为国家创新体系建设输送后备人才的重任。

许多世界著名大学就是首先通过培养出色的政治家、企业家、理论家、社会活动家、教育家，为国家做出杰出贡献的。如哈佛大学共培养出6位美国总统、33位诺贝尔奖获得者和32位普利策奖获得者。剑桥大学曾经造就了80位诺贝尔奖得主、3任英国首相以及凯恩思、罗素、李约瑟、印度前总理尼赫吉夫•甘地、马来西亚前总理拉赫曼、新加坡总理李光耀等一批国际著名学者和政治家。牛津大毕业生中有29位英国首相，21人获得了诺贝尔奖。

《中华人民共和国高等教育法》中明确指出，高等教育的任务是培养具有创新精神和实践能力的高级专门人才，发展科学文化技术，促进社会主义现代化建设。教育部在1998年12月制定的《面向21世纪教育行动计划》明确规定："高等学校要跟踪国

---

①李志仁等.高等教育与国家创新体系建设.郑州：大象出版社，2005，234

际学术发展前沿，成为知识创新和高层次创造性人才培养的基地。”[①]改革开放以来，我国高等教育事业取得了长足的进展。近年来，随着高等教育大众化时代的到来，我国高等教育毛入学率逐年提高，使更多的青年有可能接受高等教育。这些受过高等教育的青年走向工作岗位，在国家各行各业发挥举足轻重的作用。从高校内部来看，许多学校组织学生参加各种科技发明比赛、创业大赛等，有的学校还鼓励研究生保留学籍，进行创业，研究生参加导师课题早成惯例。这些措施使学生受到了科研文化的熏陶，掌握了科研方法，提高了科技素养和科研能力，培养了学生的创新精神和创新意识，为其成长为知识经济时代的高素质高层次创新人才打下了良好的基础。

3. 高等学校是高新技术生产和科技成果转化的强大生力军

高等学校作为知识经济时代知识创新的主要生产者和创造者，直接作用于现实社会的结果，一方面是充分发挥其人文学科发达和学科交叉渗透的优势，通过智力集成和创新思维对国家、地方、社会重大问题进行研究分析，提出对策，成为先进文化的重要发源地；另一方面，富有创新意识和活力的研究型大学着眼于国民经济和社会生活的重大科技问题，凝聚知识，创新技术，日益成为经济增长和社会发展的发动机。从现实来看，美国的“硅谷”科技工业园区就是以斯坦福和伯克里两所大学发展起来的。1995年，在这个方圆几十平方千米的山谷中，收入高达850亿美元，而其中62%的收入是与那些与上述两所大学有关的人和技术创造的。与美国“硅谷”同样享有盛誉的北卡罗来纳“科学研究三角区”是由三所著名大学北卡罗来纳大学、北卡罗米纳州立大学和杜克大学构成的。美国的波士顿科研中心则是以著名的哈佛大学和麻省理工学院为基础构成的。这些依托于著名高校和研究机构发展起来的高新技术产业区，通过其高新技术成果的转化，有力地推动和引领了本国科技创新的发展，成为知识经济时代大

①教育部编.面向21世纪教育振兴行动计划学习参考资料.北京：北京师范大学出版社.1999，7

学现实生产力的示范区。

就我国而言，高等学校同样是高新技术生产的重要力量。从过去到现在，我国高等学校不但是人才培养中心和教学中心，也是生产新知识，发展新科技的重要中心，新知识、新技术的培养基地。“九五”期间，全国高等学校共获得国家自然科学奖250项，占授奖总数的50%，获得国家技术发明奖1022项，占授奖总数的34%，获得国家科技进步奖2100项，占授奖总数的26%。高等学校每年发表的国内外科技论文占我国发表论文总数的60%以上。可见，高等学校已成为高新技术生产的强大生力军。

同时，高等学校的校办科技产业是科研成果转化为生产力的一个重要途径。近几年高等学校科技产业迅速发展壮大，涌现出了北大方正、清华同方等优秀校办企业。2000年，全国共有高校科技企业2097家，实现销售收入368.12亿元，利润总额35.43亿元，净利润28.03亿元，上缴税金18.79亿元。高校在沪深两市控股的上市公司有25家，在海外上市4家[①]。高等学校的科技产业发展，必然会带动国家高新技术产业发展，培育新的国民经济增长点，推动传统产业及技术的高新技术化，促进行业和地方经济的发展，对我国经济和社会的发展产生深远影响。

4. 高等学校是创新行为主体的联系纽带

企业、科研机构、高等学校、政府部门是国家创新体系中创新活动的行为主体，高等学校与科学研究、生产劳动的紧密结合，使高等教育成为这些机构的联系纽带。

知识经济时代，生产劳动的智力含量不断提升，科学技术成为生产发展的基础和生产力的决定因素。这种情况下，大力推进高等学校与科学研究和生产劳动相结合，已成为世界各国的共识。我国《高等教育法》第十二条规定：“国家鼓励高等学校之间、高等学校与科学研究机构以及企事业组织之间开展协作，实行优势互补，提高教育资源的使用效率”。

---

①李志仁等.高等教育与国家创新体系建设.郑州：大象出版社，2005，235

产学研结合的形式多种多样，如高等学校、科研机构、生产单位合作建立联合体，高等学校承接企业的科研任务，高校同企业协作从事科研开发，高校向企业转让科研成果、提供咨询或技术指导等等。例如，北京大学已形成的信息基因工程、制药、精细化工等为骨干，知识含量高，规模效益好的大型支柱产业群。在八五期间，不但为学校提供办学经费1.3亿元，并出资建立多项奖学金，而且把创新知识直接纳入教学内容，促进了教育质量的提高。华东理工大学与上海太平洋集团公司正式签约，共同组建“上海华理环保发展有限公司”，重点开发和生产用于治理汽车尾气污染的高科技产品。武汉水利电力大学董事会成立，华中水利电力集团公司当场与武汉水利电力大学签订了科技合作协议书，由集团公司投资1018万元，学校投资人力和技术共同开发3项重点科研项目。以上以科研力量雄厚的大学为中心的校企结合模式，真正做到产学研三位一体，既出人才、出知识、出技术、出产品，又促进了教学，大大缩短了创新知识从创造到传播、应用的周期，加速了知识经济发展，也加速了高校教学改革的发展。

产学研结合使产业界在新技术产业方面获得了重要的智力资源，给产业界带来了生命活力；也使高等学校从中获得很大的好处，如增加了高校的经济实力，增强了自我生存、自我发展的能力，使高校走出了象牙塔，直接推动了高校的教学改革。产学研结合有利于缩短科研与开发的周期，及时将科研成果转化为现实生产力；有利于交流学术信息、活跃思想、促进学术繁荣。

第三节　创新：高等教育改革与发展的灵魂

创新，是知识经济时代社会发展的助推器，没有创新，知识经济时代的人类社会将寸步难行。正是在这个意义上，江泽民反复强调，创新是一个民族进步的灵魂，是国家兴旺发达的动力。在即将到来的知识经济时代，“我们必须把增强民族创新能力提高到关系中华民族兴衰存亡的高度来认识。教育在培育民族创新精神和培养创新人才方面，肩负着特殊的使命。”① 就高等教育自身而言，要取得发展和进步，也必须建立在不断创新的基础上，没有创新，高等教育事业就不能发展，也不可能走向不断繁荣。“大学是西方世界中仅次于基督教堂的第二古老机构，几个世纪以来，它生生不息，且迄至今日依旧焕发出勃勃的生机与活力。”② 究其原因，“作为独特的机构，它既继承了作为类的存在所秉持的一以贯之的传统，从而免于为其他机构所代替；同时，又能通过内部的调整，与外部环境保持不断的交流与沟通，进而在不断的冲突整合中再获新的功能并勃发新的生命力。”②也就是说，高等教育是在不断驱动创新中得到了发展。关于这一点，无论从高等教育的过去、现在还是未来，都能够得到足够的验证。

一、创新对于高等教育的重要意义——历史的视角

（一）从西方高等教育发展史看创新在高等教育中的意义

创新是高等教育延续、发展和不断壮大的保证。这一点首先可以从西方高等教育的发展过程中得到证明。

1. 中世纪的大学

众所周知，西方是现代高等教育的发源地，大学最早便产生

---

①阎立钦.创新教育：面向21世纪我国教育改革的抉择.北京：教育科学出版社，1998，8

②谢安邦.比较高等教育.南宁：广西师范大学出版社，2002，27

于中世纪的欧洲。“毫不夸张地说，世界上所有的大学都起源于欧洲中世纪大学模式。”[①]早期中世纪欧洲的大学雏形是“学者行会”，是由当时聚集在城市的学者为了避免外界干扰而模仿当时的各类工商行会，自愿组织起来的共同体。如雅克所言：“作为中世纪的知识分子，是精神的手工劳动者，随着12世纪城市的繁荣而出现，而今在大规模的社团中组织起来，这些社团运动在城镇基层运动中发展到顶峰。教师和学生的团体，将是严格意义上的大学。”[②]当时最为著名的教师和学生团体，也就是学者行会有两个，一是由意大利玻洛尼亚城从事法律研究的学生组成，人称“学生行会”。由于学生们来自欧洲各地，没有公民权，因而组成行会来保护他们在城市生活中的利益。二是在巴黎出现的由研究神学的学者和教师组成的，人称“教师行会”。教师通过行会组合起来，旨在增进知识并保护他们管理大学生活的权利。学者行会的出现，使学术研究和知识增长成为一种集体活动，而不是像以前那样只是学者个人的活动。按照组织学的观点，这种以共同目的而联合起来的共同体就是组织。组织形成的同时需要相应的制度的保护和维系。由于行会所具有的天然保护自身利益的倾向，使其一开始就按照行会内部的利益和规律活动，行会的自治性和学者学术活动的自由性得到了充分的保障。这样，人们在传授和探求知识的过程中更加精益求精，并不断提高学术水平。正如伯顿所说：“正是这种组织形式使中世纪大学获得了力量、持久性和一定的自主性。”[③]这样，大学自治和学术自由也就成为高等教育的一大传统。

中世纪大学是一个纯粹追求知识和学问的机构，保存、传播和传授知识，是其唯一或全部目的。当时的大学虽然也为世俗政府和教会组织培养人才，但培养人才并非其直接目的，而是为了

①[美]菲利普·阿特巴赫.比较高等教育：知识、大学与发展.北京，人民教育出版社，2001，2

②雅克·勒戈弗.中世纪的知识分子.北京：商务印刷馆，1996，58

③[美]伯顿·克拉克.高等教育新论.杭州：浙江教育出版社，2001，29

知识的生产和知识的传播不致中断。露丝•海霍教授在谈到这点时说："大学是历代所积累的知识的储放中心，那里培养学者纯粹是为了传播学问。"①"以思想和传授其思想为职业"，"把个人的思想天地同在教学传播这种思想结合起来"②是中世纪学者的追求。正如这一时期的代表人物阿伯拉所讲："持续不断地、经常地质问，乃是获得智慧的第一把钥匙"，"为了怀疑，我们才能探讨；为了探讨，才能发展真理。"③大学不注重知识的应用，只关心知识促进心智和健全德性功能，与社会生活保持着相当的距离，是脱离社会现实生活的"象牙塔"。正像美国学者布鲁贝克所说，那种悠扬的、慢节奏的教会的钟声就是大学生活的一种写照。也就是说，当时的大学精美高贵，是进行理性批判的场所，是人类高贵知识和高深学问的象征。同时，又由于其封闭保守，缺少变革精神，因此，大学也往往代表着相对保守者的角色。

与这种脱离社会的存在目的与生存方式相适应，大学反对世俗权力和教会力量对大学的干涉，主张大学自治和学术自由。"既然高深学问需要超出一般的、复杂的甚至是神秘的知识，那么，自然只有学者能够深刻理解它的复杂性。因而，在知识问题上，应该让专家单独解决这一领域中的问题。他们应该是一个自治的团体。"④学术自由是学术研究和知识生产传播的生命线，人为设置学术"禁区"，会扼杀学术的生命，不利于知识的生产和传播。因此，如果大学自治和学术自由受到外界力量的不合理干预时，学者行会往往采取相应的手段进行抵抗和抵制，比如，"举校迁移"、"停止工作"等都是常用的维护大学自治和学术自由的方式。

虽然中世纪大学在产生时就具备了非常可贵的大学品质，但

---

①张应强.高等教育现代化的反思与建构.哈尔滨：黑龙江教育出版社，2000，68
②[美]伯顿·克拉克.高等教育系统——学术组织的跨国研究.杭州：杭州大学出版社，1994，4
③潘后杰.欧洲中世纪大学兴起的原因、特点及其意义.四川师范大学学报（社科版），1993（3）
④布鲁贝.高等教育哲学.杭州：浙江教育出版社，2001，31

是，当时的大学是非常简陋的，既没有固定的校舍、固定的组织形式、稳定的师资和生源、固定的经费，也没有如同现今的教育制度，规模较小，与社会生活缺乏联系，对现实社会生活产生不了多大的影响。因此，中世纪大学虽具有了大学教育的本质和雏形，但是职能单一，影响力小，社会地位低。总之，处于社会的边缘，甚至因为大学对社会的疏远而使其成为社会发展和高等教育自身发展的桎梏。

2. 文艺复兴与大学教育的世俗化

进入14、15世纪后，西方开始了伟大的文艺复兴运动。这是一个伟大的时代。恩格斯曾指出，“在这个伟大的时代里，西方特别是欧洲的社会、经济、政治、文化、科学等方面发生了全面的转折。封建贵族势力被打垮了，民族国家形成了，手工业过渡到工场手工业的基础出现了，无产阶级走上了历史舞台，艺术空前繁荣，新闻学诞生，巨人出现了。这是一个人类从来没有经历过的最伟大的、进步的变革时代。”[①]这场变革后，世俗文化战胜了封建贵族文化，科学代替了宗教，先进的生产力取代了落后的生产力，最为重要的是“它把人从宗教的枷锁中解放出来，使人性的自由不再屈从于神性的奴役”。[②]面对如此之大的社会变革，大学出现了前所未有的内部思想观念和组织上的冲突。一方面，先进的生产力要求大学面向社会，变革传统的教育观念、教育目标、课程和教育方式，另一方面，大学根深蒂固的传统又阻碍着大学对外部社会变化的适应，斯密就把当时的牛津大学和剑桥大学称为“已经摧毁的体系的陈腐偏见的庇护所。”[③]到文艺复兴后期，近代资本主义大工业发展突飞猛进，近代生产和科学技术的迅速发展提出了普及教育和大力发展高等教育的要求。大学不得不向社会敞开了自己的胸怀，以积极变革和革新的精神自觉地调整发展目标和价值取向，以迎接新的世界。总而言之，文艺复兴

①张应强.高等教育现代化的反思与构建.哈尔滨：黑龙江教育出版社，2000，73
②谢安邦.比较高等教育.南宁：广西师范大学出版社，2002（27），37
③谢安邦.比较高等教育.南宁：广西师范大学出版社，2002（27），36

作为欧洲历史上具有空前意义的思想文化运动，对包括大学教育在内的整个欧洲社会发生了深远的影响，对高等教育的影响主要表现在以下几个方面：

从培养目标来看，中世纪大学主要是培养神职人员，文艺复兴以后，伴随着宗教文化的衰落，大学的培养目标发生了转移。“绅士”、“宫廷人物”等未来社会的统治者和精英人物成为大学教育的主要培养目标。在这一目标的指引下，欧洲各国纷纷对传统的中世纪大学进行了改造。如英国在神学教育之外，提出了旨在培养学者和绅士的自由教育目标，就绅士的培养目标而言，“注重的是道德的和社会的内涵而不是知识的多寡”①；德国则通过设置新的世俗大学或对传统大学进行改造，使大学面向贵族阶层。整个欧洲基本上形成了神学教育与世俗教育并驾齐驱的大学教育体系。

从课程设置来看，中世纪早期的知识性质都是神学性的，中世纪大学作为研究高深学问、传播高深知识的学者行会，必然与神学发生密切联系。但是，在文艺复兴形势下，世俗力量及其要求开始膨胀，神学知识不再是一种“统治性”知识，而关于自然、社会的知识和学问，特别是关于古代希腊、罗马文化知识占据大学的主导地位。比如，当时牛津大学的《学生指导》开宗明义地指出，大学是为牧师和绅士提供“自由教育的场所，大学的课程设置必须以古典人文主义为核心内容。”②哈勒大学和哥根廷大学首次废弃了中世纪的经院主义课程，使哲学脱离了神学成为独立的课程。这样，大学的学科或课程结构发生了显著变化，主要表现为统领各学科、位于各学科之首的神学地位下降，为哲学取代，关于自然、社会的知识和学问进入大学课程领域。

从教育对象来看，世俗城市阶级子弟开始进入大学学习和接受教育，而在此之前，则基本上是贵族子弟。绅士、小商人、小

①亚伯拉罕弗.现代大学论.杭州：浙江教育出版社，196
②黄福涛.欧洲高等教育近代化——近代法、英、德高等教育制度的形成.厦门：厦门大学出版社，1998，43

业主、自由民的子弟进入大学，其接受教育的目的、受教育的心理等与过去已经不一样了，他们是想通过教育来提高或巩固他们的社会地位以及谋求某种利益，当然，也有些人是为接受教育本身而进大学学习的。正如休至克尼所指出的“1520—1570 年期间的某段时间里，绅士阶级子弟开始大量进入牛津、剑桥。大学不再仅仅是教会的教育机关。它们开始至少是部分地适应世俗统治阶级对教育的需要”。[①]

与之密切相关，大学的职能发生了变化。在中世纪，大学作为一种学者行会，是把研究高深学问放在第一位的，尽管也有教学活动，但并不是一种专门培养人才的机构，更类似于独立于大学之外的研究机构。但是，文艺复兴时期，大学的职能有了质的变化，正如休至克尼所说，“1500—1600年期间大学经历了一次社会职能的变化，它们从从事特定专业训练的机构转变为社会统治的工具作用的机构。”[①]在这时，培养人才在大学职能中占据了主要地位，并且成为大学自身追求的一种目的。[②]也就是说，当时为世俗生活培养人才，培养适应社会的人才，造就具有充满人性和文化素养的“绅士”、“统治者”成为大学的首要目标。在高举理性、民主和自由的旗帜下，人们不再将宗教教义奉为最高权威的教条，开始怀疑它的科学性。于是，科学研究便成为人们诉诸外部行动的理性自觉。反映在大学的培养目标上，过去教育唯一培养的是对宗教绝对信仰和敬重的、皈依于上帝的驯服的人，而现在则培养具有理性、批判和判断的人。

3. 18—19世纪中叶欧洲大学的改革与创新

文艺复兴把人从宗教枷锁中解放出来，为信仰与理性的分离创造了条件。人的理性一旦摆脱了神学的束缚，就能按照自己固有的内在逻辑运行。自哥白尼的著作发表后，欧洲在科学领域取得了辉煌的成就，极大地开阔了人们的视野，并影响了整个近

①[美]伯顿·克拉克.高等教育新论.杭州：浙江教育出版社，2001，33
②张应强.高等教育现代化的反思与构建.哈尔滨：黑龙江教育出版社，2000，81

代文化形态的形成。正如罗素所言："近代世界与前个世纪的区别，几乎每一点都能归属于科学，科学在17世纪得到了极为奇伟壮丽的成功。"①

然而，在科学革命之初，科学家是单独工作的。随着科学革命的深入和科学的发展，必然产生建立科学研究共同体的要求。但是，很长一段时间以来，英、法等老牌资本主义国家，由于其天然具有保守性，大学也一直保存着中世纪高等教育的遗风，注重教学，重视人文教育或博雅教育，热衷于知识的保存与传播，似乎与科学共同体的建立并无多大缘分。这样，由于它不能随着形势的变化适时地改变高等教育的传统观念与模式，反而越发落后于时代的需要。

"在科学技术迅速发展面前处于休眠状态的大学，一旦条件成熟，必将发生革命性的变革。"② 这一变革的先行者和功绩最为卓著者当属德国。德国，作为后起的资本主义国家，敢于革新，从18世纪到19世纪初经历了三次极有影响的大学改革运动，使该国高等教育走上了另外一条道路。第一次改革运动的代表是哈勒大学、哥根廷大学等。这些大学在改革中突破了旧的传统束缚，首次在大学中为科学研究和教育赢得了一定的地位。第二次大学改革运动受功利主义思潮的影响而兴起，发起者主要是政府人员，他们主张加强政府在大学管理中的地位和作用，由政府委任教授，并向大学提供财力上的支持。③ 19世纪初，新人文主义思潮逐渐在德国思想界占据了支配地位。洪堡根据新人文主义的精神和理想创办了柏林大学，把世界高等教育推入了洪堡时代。在柏林大学创建的过程中，认为教育的最终目的是培养完全的人，即个性和谐、全面发展的人。在办学思想上强调发展科学是大学的重要职能，在组织结构上建立起以研究所和讲座为中心的、与新的学科发展趋势相一致的教学科研体制，确立了教学与科研并重

①罗素.西方哲学史（下卷）.北京：商务印刷馆，1991，43
②唐玉光，房间森.高等教育改革论.南宁：广西师范大学出版社，7
③贺国庆.德国和美国大学发展史.北京：人民教育出版社，1998，19～33

的模式。从此以后，科学研究职能成为大学的又一重要职能。总之，德国大学大刀阔斧的改革为19世纪后世界高等教育的发展指出了新的方向，成为影响整个世界高等教育发展走向的典范。继德国之后，世界各国的高等教育几乎都十分重视科学研究了。

4. 19世纪中叶到二战前世界高等教育在创新中进一步发展

18世纪末至19世纪，工业革命发生了。伴随着工业革命的不断发展，时代对科技本身和科技人才提出了更高的要求。谁来满足这一要求？虽然当时以柏林大学为代表的新大学已经进行了彻底的改革，大学确立了科学研究的职能。但是为工业发展服务的实用技术型教学，由于与强调无功利目的的纯科学研究的大学观冲突，遭到了大学的排斥。为满足工业性实用技术的要求，只有设立技术学院来满足这一要求。在这一时期，走在世界前列的是美国。经过这一时期的改革，大学完成了由“象牙塔”向“社会驿站”的转变。

美国是世界上高等教育最具创新力的国家。先是在19世纪中后期引进了德国的大学科研与教学并重，以德国为师，由于在效仿的同时又善于创新，美国高等教育的学术水平蒸蒸日上。到19世纪末期，为适应资本主义经济发展，主动将大学与工商业、工农业经济发展联系起来，培养应用型专门人才，并在此基础上开辟了大学为社会直接提供服务的新方向。围绕这一方向，形成了一系列旨在提供社会服务的新名词，如众所周知的“赠地学院”、“威斯康星精神”等等。赠地学院是大学第一次以主动的姿态，直接投入地方社会经济和文化建设，开拓了高等教育的第三大职能——为社会服务，而这一思想的首倡者和实践者威斯康星大学为此做出了巨大的贡献。从此，美国大学向着实用化、职业化方向迈进，培养了大批实用技术人才，大大促进了美国经济和社会的发展。也正是以此为标志，世界高等教育完成了由传统向现代的过渡。

综上所述，世界高等教育正是在不断创新中得到了长足的发展。放眼世界，德国、日本和美国等新兴资本主义国家，之所以能够后来居上，与其善于创新，善于挑战传统分不开。可见，正是大学所具有的与时俱进的品性和创新品性，才使大学与社会现实发展及其需要保持同步，也才促进了高等教育自身及社会的发展。试想，如果没有高等教育思想观念的创新、体制机制的创新、培养目标和职能的创新，高等教育就只能僵化一团，就不能获得任何意义上的进步，也就不能承担起促进社会变革和发展新人的使命。与中世纪高等教育或大学相比，现代高等教育所具有的一切特性，如组织机构的复杂性、职能的多样性、目标的多重性、管理的现代性等等，都是高等教育自身不断创新的结果。当然，高等教育之所以能够创新，均来源于高等教育外部（主要是社会）和内部变革的需要，从这一意义上讲，社会发展变化及其需要是促进高等教育更新变革，促进高等教育持续创新的巨大动力源泉。

（二）从我国高等教育发展的历史谈创新对高等教育发展的重要意义

中国的近现代高等教育是伴随着中国追求社会现代化的历程产生和发展起来的。一个世纪以来，从晚清提出“兴学图强”口号，经民国强调向西方学习，到中华人民共和国高等教育体系基本确立，再到新世纪确立“科教兴国”战略思想，走过了一条从向西方学习、借鉴外国经验到自主探索中国高等教育发展道路的历史轨迹。这个过程及其结果，是高等教育不断创新的产物。

中国有着五千年悠久灿烂文化的历史。但是，古代中国并没有产生过严格意义上的高等教育，中国的近代高等教育是学习西方的产物。19世纪60年代，中国在西方列强的侵略下一步步走向半殖民地半封建社会的深渊。为“自强求富”，晚清比较开明的洋务派在中国纷纷开办西式工厂，引进西式生产技术制造车船舰炮等，一时引发了中国民族工商业的发展。高等教育就是为适应这种民族工商业发展需要建立起来的。当时洋务派创办新式学堂，学习西方技术，培养懂西文、会西艺人才的洋务学堂，提出了“废科举、兴学堂”的主张，对传统的封建教育进行一定程度的改造。与传统封建社会的培养目标与教学内容相比，这无疑是一个创新，尽管非常有限。

20世纪初，新学制的颁布，标志着中国现代高等教育基本成型。但是，中国现代高等教育不是直接在旧高等教育的躯体上滋生出来，而是一个全新的创生过程。特别是进入20世纪以后，出现的一批高等教育家蔡元培、胡适、蒋梦麟等等。他们大胆向西方学习。尤其是蔡元培领导的北京大学改革无论是在当时还是现在都具有积极的意义。北京大学校长蔡元培先生吸取了以往的经验和教训，特别强调向西方学习，主要是向德国学习，提出了自己的大学教育思想和主张，即“思想自由、兼容并包”，“囊括大典、网罗众家”，成为指导中国近代高等教育发展的主导思想。应该说它抓住了高等教育的根本，也正因为如此，在国民革命时期，中国高等教育发展在整体上是健康的，那个时期高等教育尽管规模小，但学术质量却得到了加强，而蔡元培的大学思想正体现了创新精神。

新中国建立后，我国高等教育在政治挂帅的大环境下，全面学习和借鉴苏联高等教育的经验，以俄为师，对旧中国的高等学校和高等教育制度进行改造，逐步建立了新中国的高等教育。但是，在从社会主义革命向社会主义建设转变的过程中，突出了高等教育的大众性、民主性、生产性、政治性，强调了高等教育要为无产阶级政治服务的功能，完全服务于“以阶级斗争为纲”的政治要求。但是，却忽视了现代高等教育的本质与规律，忽视了高等教育具有重要的经济功能和发展文化的功能。在十年“文化大革命”的政治运动中，高等教育成了重灾区，几乎将高等教育完全摧毁。“文化大革命”结束后，党的十一届三中全会召开，高等教育走上了发展的正确轨道。邓小平同志高瞻远瞩，提出了教育要“三个面向”，把教育置于经济和社会发展的重要战略地位，教育必须为社会主义现代化建设服务，社会主义现代化建设必须依靠教育。此后，我国教育进行全面改革，并陆续出台了一系列教育法律法规以及关于发展和改革教育的重要文件。这些措施对推动高等教育的发展和改革，促进高等教育的规模、结构、效益和质量的协调发展起到了积极的作用。历史证明，一个国家，什么时候坚持了创新的思路，什么时候高等教育就得以顺利、迅速和健康地发展；什么时候保守封闭、固步自封，什么时候高等教育就会走向衰退。

上述论点，不仅可以从我国高等教育整体历史发展变迁轨迹中可见一斑，而且从新中国成立以来，特别是改革开放以来我国高等学校发展个案中得到证明。华中科技大学（原华中工学院）在过去还是一所名不见经传的学校，但近年来却发展迅速，办学水平和质量都有相当大的提升，被称为南方的“小清华”。与清华大学、浙江大学一起并列为我国三大理工科重点名校。之所以如此，也在于不断创新的结果。老校长朱九思先生早年就十分重视学校的发展，为学校发展积极准备力量。当年，当知识分子还处于“老九”的地位，在那个“知识越多越反动”的年代，被“解放”不久的朱九思先生就顶着巨大的压力，冒着被再次打倒的危险，大胆从各地网罗英才。这样一次“广积人”的活动，大大加强了该校的师资力量。为学校后来的发展奠定了雄厚的师资基础。在“文化大革命”结束、全国拨乱反正后，许多人还等待观望时，朱先生又提出“面向世界、进入世界”的口号，大抓国际学术交流工作。此后，华中理工大学本着与时俱进、紧跟时代的精神，先后提出了“高等教育综合化”、“文化素质教育”、“高等教育科技产业化”以及“高等教育国际化”等许多办学理念和办学思路，在全国高校中起到了先行者和引路人的角色，从而引起了国内外学者的广泛关注，其教育教学质量、科研水平一直全国领先。像这样的例子，还有很多，比如南京大学、厦门大学等等。这些大学就是由于勇于创新，才得以迅速、健康、和谐发展。可见，创新无论在哪个历史时期，无论在哪个国家，对于高等教育的发展都起着举足轻重的作用。

二、从现实社会发展变革的需要看创新对于高等教育发展的重要性

应该看到，中国高等教育通过百年来的发展和改革，取得了举世瞩目的伟大成就，为我国高等教育今后的发展以及为社会经济政治科技文化的进一步发展奠定了良好的基础。目前，我国高等教育总体规模不断扩大，基本上形成了多层次、多类型、多形式的学科门类齐全、结构较为合理的完整的高等教育体系。然而，从目前的情况来看，我国高等教育也面临着相当严峻的挑战，主要来自以下几个方面：

首先，国际竞争不断加剧。在冷战结束之后，世界格局发生了重大变化，世界上主要国家都在调整国家目标，力图在激烈的竞争中立于不败之地。美国极力维护自己在世界上的超级大国地位，日本、德国也努力跻身于世界政治大国行列，英、法等国希望摆脱美国的影响在世界事务中获得更多发言权，中国希望通过振兴在世界上有所作为。可见，冷战虽然结束了，可国际竞争却增强了。各国为了实现国家目标，在新的竞争中取得有利地位，纷纷把高等教育作为国家整体战略的一部分，加紧培养创新人才。

其次，经济全球化进程进一步加快。《学会生存》中指出："如果我们认为，彻底检修教育的时机已经到来，教育正面临着严峻的挑战，教育必须整个地重新加以仔细考虑，那么，国际团结与世界合作的必要性就比过去任何时候都更为明显了。"①"如果说人类生活的空间已真的扩大到全球范围，那么教育也就应该培养视野广阔的世界观。"② 我国已经正式加入了WTO，成为世界经济联合国中的一员。我们的经济活动规则要按照国际共同的

①联合国教科文组织.学会生存——教育世界的今天和明天.北京：教育科学出版社，2002，19

②拉塞克·维迪努.从现在到2000年教育内容的全球展望.北京：教育科学出版社，101～102

规则行事。高等教育也是教育服务条款中承诺的一个内容，更为重要的是，高等教育要为经济建设服务，为经济建设培养人才，经济的全球化就不能不深刻影响到高等教育。高等教育必须全面了解和把握经济全球化的脉络，以此来重新规划、构建高等教育的办学观念、指导思想、教育体制和机制，重新布局高等教育结构，重新审视和构建课程体系，考虑高等教育发展的思路和方法，这就要求高等教育不断创新以适应经济全球化的挑战。

第三，科学技术日新月异。二战以后，以电子计算机技术、激光技术、航天技术为标志的新技术革命在美国兴起，科学技术的发展呈现出新的趋势：一是科学技术发展速度加快，新技术、新知识不断涌现，知识总量急剧增加，出现了所谓知识爆炸的局面；二是科学技术的发展呈现出既高度分化又高度综合的趋势；三是科学技术向现实生产力的转化越来越快。在科学技术发展的推动之下，在发达国家已经出现了知识经济社会的端倪。知识经济在本质上是创新型经济，知识的每一进步都会引起社会产业结构、行业结构和就业结构的变化。在科学技术日新月异并且向社会生产、生活广泛渗透的条件下，高等教育的目标、模式、课程、方法都要发生相应的甚至是超前的变革，否则就不能适应科技变革的需要。在这个意义上，高等教育的变革与创新具有重要意义。

第四，市场经济发展的内在要求。目前，我国市场经济还处在进一步完善时期，对高等教育提出了新的要求和挑战。事实上，我国离真正意义上的市场经济还有一段路程，至少我们目前还只是初步确立目标和方向，我们的具体步骤和策略还不到位，在许多方面，特别是我们的工作思路和方法仍然是过去计划经济时代形成的，与市场经济不相适应。在高等教育领域，仍然有许多计划经济的影子和痕迹，不适应市场经济的条件和要求。主要表现在：市场在高等教育资源配置中的基础地位还没有得到根本确立；没有理顺政府、高等学校和社会三者之间关系；高等学校还没有真正做到面向社会自主办学；政府仍然习惯于按照行政命令的工作方式进行指挥；政策、制度、法律等市场经济所需要的环境还不配套和健全等等。因此，高等教育面向市场经济任重而道远。总之，高等教育必须按照市场经济的要求，不断地调整自身发展的思路、模式和道路，不断创新，才能不断发展。

第五，建设小康社会依赖于高等教育创新。进入21世纪，我国进入了全面建设小康社会，加快推进现代化建设的新的发展阶段。“小康”不仅是一个经济指标，而且还包含着政治和文化教育上的目标和任务。当前，我国人民生活总体上达到小康水平。但是，现在的小康水平还是低水平的、不全面的、发展很不平衡的小康，人民日益增长的物质文化需要同落后的社会生产之间的矛盾仍然是我国社会的主要矛盾。与此相适应，现在的人力资源开发还只是低水平的、不全面的、发展很不平衡的人力资源开发。经济日益增长的人力资本需求同人力资源开发不全面之间还存在突出的矛盾。人民全面发展的教育需求同教育发展不全面之间还存在突出的矛盾。低水平表现在我国还不是人力资源强国，人均人力资本存量还很低，教育质量还不能完全满足经济、社会以及个人发展的需求；不全面表现在我国的终身教育体系和国民教育体系还有待建立和完善；不平衡表现在人力资源开发还存在重大的结构性不平衡，包括严重的城乡不平衡、地区不平衡等等。

鉴于此，我们必须抓住21世纪的前20年，这是一个可以大有作为的重要战略机遇期。我们将在这20年中集中力量全面建设惠及十几亿人口的更高水平的小康社会，使经济更加发展、民主更加健全、科教更加进步、文化更加繁荣、社会更加和谐、人民生活更加殷实。

这一目标对高等教育发展带来重大的机遇和挑战。我国如果能够在全面建设小康社会的历史机遇期中全面强化人力资本投资，全面建设学习型社会，提高人的能力，就有可能把我国从人口大国转变为人力资源大国，使得我国人力资源总量更加充足、结构更加合理、质量更加提高、体系更加完善，人民学习能力和就业能力更加发展。而这一目标的实现，需要高等教育创新。

第三章　创新：世界高等教育改革的共同目标

在即将到来的知识经济时代，各国之间综合国力竞争日趋激烈，世界各国都面临着新的发展机遇和严峻挑战。在这样的新形势下，各国不约而同地放眼全球，着眼未来，对教育进行新的战略思考，把教育置于优先发展的战略位置，更加注重教育在国家经济和社会发展中的基础性、先导性的重要作用。一国教育系统中的最高层次——高等教育承担着传承文明、培养人才和社会服务的重要职能，在整个教育事业发展中处于“龙头地位”。作为国民教育体系中的一个重要组成部分，高等教育发展状况是一个国家国民教育发展水平的重要标志，也是国家综合国力的重要标志，其教学水平和科研水平决定着社会生产力的高低和国家未来发展的潜能。为了应对知识经济时代的挑战，满足社会发展对高等教育的要求，各国普遍进行了高等教育的重要变革，将高等教育的改革和发展作为一项重要的战略加以重视，以求在未来的国际竞争中立于不败之地。放眼审视世界各国高等教育的变革，对于我国高等教育的创新和发展具有重要意义。

第一节　美国

翻开世界历史，在数千年的人类文明演进过程中，美国的历史实在太单薄了。尽管近几百年才有它的踪迹，但这短暂的历史却给人们留下了深刻的印象。因为年轻的美国成为世界超级大国的速度人们甚至来不及对它作深层的思考。笔者以为，美国高等教育的历史是由其特殊的历史现实发展而来的，本章不可能展开美国高等教育的全部历史，但是关注一下美国高等教育的创新，尤其是为迎接知识经济的创新，对我国当前的高等教育改革是有积极意义的。为论述方便，本节以历史为线索，将美国高等教育划分为二战以前的创立、二战后到20世纪80年代的发展、80年代以后的创新三个阶段。

一、创立阶段的革新

美国是一个移民国家，高等教育产生较晚，殖民地时期的学院大都是模仿欧洲大学的产物，大部分具有宗教倾向，以培养少量英才为目标，具体而言是为了培养有良好教养的绅士和世俗领导人，学院在性质上没有什么特色。18世纪末19世纪初，美国高等教育大大扩张，但是其基本方向没有变，当时学院提供的课程范围狭窄，并专注于古典学科和语言。19世纪20年代，人们感到高等教育质量下降，到50年代，学员中注册的学生数量在全国总人口中所占比重下降了，绝对数量也减少了。这种状况使得许多有识之士对高等教育提出了尖锐地批评："我们生活在一个不同的时代，但是州立大学却没能跟上这样的时代。这个时代需要工程师去建公路、铁路和矿山，此外还要进行科学种田。"① 总之，当时的美国高等教育置身于社会之外，迫切需要改革。南北战争的爆发吹响了美国高等教育改革的号角，美国现代高等教育制度在此次改革中建立起来了。这次改革主要表现在以下几个方面：

（一）通过立法，促进高等教育为经济发展服务

19世纪中叶，美国开始向工业化社会迈进，工农业发展急需大量的实用型人才。1861年，美国国会通过了《莫雷尔法案》，并于次年生效。该法案规定联邦向各州提供土地，以资助各州农业和工艺教育的发展。向各州拨赠的土地面积依各州拥有的国会议员人数而定，每名议员赠地3万英亩。按照法案的要求，多数州相继建立了农业和机械工程学院，也有的州对老大学进行改造，

①王英杰.美国高等教育的发展与改革.北京：人民教育出版社，1993，8

在其中开设农业和机械工程教育。所有这些学院在历史上通称为“赠地学院”。《莫雷尔法案》的颁布和赠地学院的产生，不仅改变了美国高等教育的结构，形成了完整的高等教育体系，而且赋予了高等学校一项新的职能——为社会服务。在履行大学这一职能的过程中，最具意义的是康乃尔大学的建立和威斯康星思想的提出。

康乃尔大学是赠地学院运动中诞生的一所著名大学，其办学思想是大学向所有的人开放，向所有学科开放。正如康乃尔所言：“是建立一所任何人都能受到任何一种学科教育的学校”，“学院将向社会的工业和生产阶级提供最好的设施，以使他们获得实用知识和精神文化”，“学院将使科学直接服务于农业和其他生产行业”[①]可见，康乃尔大学体现了一种新的高等教育理念，即自由的、民主的、实用的教育理念。同时，它也抛弃了“象牙塔”的观念，使高等教育走向了广阔的社会生活，与社会的发展，特别是与工农业的发展建立起密切关系。

伴随着进入20 世纪以后美国社会和经济的发展，人们对高等学校的“服务职能”有了更高的要求。威斯康星大学适应时代要求，紧步康乃尔大学之后，在发展大学的社会服务功能方面更加突出，形成了富有特色的“威斯康星思想”。威斯康星大学明确地提出了大学的基本任务：把学生培养成有知识、能工作的公民；进行科学研究，发展新知识、新文化、新科技；传播知识给广大民众，并帮助解决社会生产、生活中的各种问题。为落实其办学思想，威斯康星大学专门设立一个知识推广部，提供函授、学术讲座、辩论与公开研讨、信息与福利四个项目；同时发动大学教授服务于州政府，参与决策与管理；发动大学教师巡回农村、工厂，直接指导工农业生产。可见，威斯康星思想的核心，是把大学的知识与技术优势推向社会，让大学教师与学生直接参与当地工农业生产，实现大学与社区、社会的一体化。正如威斯

①王英杰.美国高等教育的发展与改革.北京：人民教育出版社，1993，10

康星大学范海斯校长所说，大学要“帮助把知识传播给广大民众”，“服务应该成为大学的唯一理想”。总之，“威斯康星计划”使得根据《莫雷尔法案》创办的高等学校“服务职能”更臻完善了。

1914 年，美国国会又通过了《史密斯—来沃法》，拨款支持高等学校在人民中传播有关农业和家庭的实用信息，并且鼓励对这些信息的利用。据伊利诺伊大学的统计，该大学每年都要发出十万封信，回答农民的各种问题。此后，美国高等学校的服务又逐渐延伸到其他方面，从制造业到服务业，涵盖了社会生活的各行各业，建立了技术推广服务计划，为企业提供咨询服务；建立科学(或工业) 园区；与企业签订科研合同；建立大学—企业联合研究中心等许多新的服务形式。

总之，服务职能的增加给美国高等教育带来了一场革命，使得美国传统高等教育制度发生了重大的变化。首先，它打破了美国高等教育的封闭体制，在高等学校和社会之间建立了有机联系，使得为社会服务和为国家发展服务成为高等学校的主要职能。正是由于这一职能的建立，使大学最终走出了“象牙塔”，与社会之间建立起密切的联系，成为联系科学技术与工农业之间的社会驿站。其次，它确立了应用科学研究以及与工农业发展密切相关的农业和工艺学科在高等学校中的地位，使得美国高等学校成为应用科学的圣殿，使得美国对立即有用知识的传统尊重制度化。同时，还使高等学校内部结构发生变化，大学开始向综合化方向发展。第三，高等学校不再是上层社会的特权领域，向中产阶级、工人和农民的子女打开了大门，从而缓解了社会矛盾，使得高等教育成为维系社会生产关系的“安全阀门”。第四，建立了有益于高等教育发展的良好外部环境。政府依赖高等学校解决诸如贫困、医疗和教育等社会问题，企业求助于高等学校提高生产率和开发新产品，民众视高等学校为个人更新知识和提高技能的场所。这样高等学校就从社会的边缘走向社会的中心，得到社会方方面面的支持。第五，促使高等学校引入新的教学方法。由于应用科学的引入，学生们必须走出校门去观察自然、动物和植物，去考察工业、社会制度及其机构，自己动手设计和到车间实习，从而根本上改变了被动消极的传统教学方法。

总之，美国高等学校在20 世纪不断推进其服务职能，终于形成了教学、科研和服务三位一体的高等学校职能，也就是说把知识的创造、传播和应用有机地统一了起来，高等学校通过服务帮助美国创造了农业奇迹，促进了美国工业化的迅速实现。在今天则帮助推动了美国高技术工业的建立和飞速发展。与此同时，美国高等学校还通过服务实现了自身的完善和发展，不仅争取到了企业和社会的大力资助，增加了高等学校的办学经费，而且还促进了高等学校科研的发展和教育质量的提高。

（二）加强教学与科研的结合

美国初期的学院仅从事培养本科生的教学活动。19世纪以后，经济的发展对科研和高级人才提出新的要求。哈佛大学和密芝根大学开始开展研究生教育，但是规模很小。美国研究生教育的发展更多的是受到了德国的影响①。当时想要继续深造的年轻人纷纷到德国学习。据统计，在第一次世界大战前100年间留学德国的美国学子就达万名②。这一数字在20世纪以前足以令人瞠目。大批的留学生回国后，不仅成为各学科领域特别是自然科学领域教学和研究的骨干力量，而且成为美国高等教育改革与创新的有利策划者与倡导者。

实际上，19世纪后期，美国许多传统大学的改革都不同程度地受到德国模式的影响，如1867年建立的霍普金斯大学。这是仿照德国模式的一所研究型大学，其目标是“最自由的促进有益知识的发展……鼓励科研……提高学者的水平。”③其校长在就职演说中说：“霍普金斯大学要慷慨地促进一切有用知识的发展；鼓

①王英杰.美国高等教育的发展与改革.北京：人民教育出版社，1993，16
②贺国庆.德国和美国大学发展史.北京：人民教育出版社，1998，115
③贺国庆.德国和美国大学发展史.北京：人民教育出版社，1998，17

励研究；促进青年人的个人成长，促进那些依靠其能力而献身科学进步的学者们的成长。”[①]之后，哥伦比亚大学、芝加哥大学等大学都相继开展了研究生教育，向教学科研型大学发展。这些大学在美国的建立，完善了美国高等教育层次，结束了美国依靠其他国家培养高级人才的局面。这些大学采纳了德国大学“教与学的自由”的原则，并延伸和发展了这一原则，从而确立了科学研究在大学中的地位。同时，也学习了德国大学的教学方法，用讲授课和研讨课取代了美国学院中传统的背诵法。由于大学科学研究和研究生教育的发展，国家经济的发展越来越依赖于大学，也正是在大学发展的过程中，美国的经济获得了飞速发展。

美国在学习德国的过程中，并没有全盘照抄，而是结合自己国家的实际情况进行创新，建立了有美国特色的现代高等教育制度。比如，坚持高等学校自治，但并没有像德国那样把教师作为公务员，而是各校自由竞争雇用教师。

（三）建立初级学院

19世纪末20世纪初，公立学校运动使美国中等教育得到了较快发展。由于需要更多的中学毕业生能受到更高水平的教育，也由于四年制大学年限长、费用高，不宜于吸收更多的高中生。为满足广大民众对高等教育的需求，促进高等教育的多样化、多层次，初级学院应运而生。美国的两年制初级学院最初出现于芝加哥大学。1892 年任芝加哥大学校长的哈伯提出，把大学一、二年级和三、四年级分为两部分，使“那些天生不适合的学生在二年级结束时，可以自然地、不失体面地停止学习”(William L. Deegan etc. ，1985)。这一时期，初级学院的使命是为那些在学术上、经济上或心理上未做好到大学学习准备的高中毕业生提供学习机会，同时选拔其中的优秀者输送到大学高年级。到1918 年全美已有46所独立设置的初级学院[②]。此时的初级学院虽然还处在萌芽阶段，但意义却是深远的。它加速了美国高等教育规模的扩大，完

①菲利普·阿特巴赫.比较高等教育.北京：文化教育出版社，1985，32
②王天一.外国教育史.北京：北京师范大学出版社，1995，87

善了高等教育体系，形成了由大学、学院和两年制学院构成的三级高等教育结构和由副学士、学士、硕士和博士构成的完整的四级学位制度，更重要的是它满足了社区经济发展对高等教育人才的需求。

（四）进行课程改革，适应经济发展

为适应时代发展的需要，美国大力进行课程改革。改革过程中的一个重要举措就是开设课程选修制。19世纪20年代，选修课只出现在美国的个别学院。40年代后，哈佛大学试行选修制。60年代，艾略特出任哈佛大学校长，强调要以选修制来改造哈佛大学，以选修课来冲击古来的经典学科，把新兴学科和应用学科引入哈佛大学。之后，他为选修制奋斗了40年，使其在美国高校中生根发芽，大大改变了美国高等教育的面貌。选修制的建立，使高等学校的学生构成发生了很大的变化，同时也解放了教师，对教师的职能产生了深刻的影响，此外，他还改变了学校的教学组织，打破了班级建制。更主要的是，选修制加强了高校与社会之间的联系，促进了美国经济的迅速发展。

二、二战后至20世纪80年代的发展

二战后，世界大国的竞争由热战转入冷战。各国都加强军备，充实经济实力，争取经济和军事上的优势。要实现这一目的，发展高等教育意义重大。1945年至20世纪80年代末，美国大力发展高等教育，积极创新，主要表现在：

（一）增强联邦政府的职能

在美国，联邦政府真正有效地干预高等教育始于1862年通过的《莫雷尔法案》，但坦率地讲，直至二次大战前联邦政府对高等教育的干预还是不系统的、不连贯的、非制度化的。

二次大战中，罗斯福总统聘请曾任麻省理工学院副院长、具有远见卓识的科学家布什出任联邦科研及开发办公室主任。布什极力主张组织科学家并提供必要的资源，由这些科学家在自己工

作的机构进行科学研究，政府提供经济资助，资助应以科研合同的形式提供，合同的签订以竞争为基础，通过同行专家组来进行评审。罗斯福总统接受了布什的建议，大学科研经费激增，成果辈出，大学科研为打赢这场战争起了重大作用。

二战结束后至20世纪80年代，美国大力发展高等教育，联邦政府更是加大了干预高等教育的力度。比如，1944 年通过《军人权利法》，规定由政府支付一定的学杂费和生活津贴，并为复员军人设置奖学金，使大量复员军人进入高等学校，高等教育的入学人数很快达到人口总数的10%。1947年，又发表《为美国民主服务的高等教育》报告，提出发展社区学院、扩大成人教育和消除高等教育机会均等障碍的建议。1958年，苏联人造卫星上天，震动了美国朝野，为克服危机，联邦政府通过了《国防教育法》，大力向高等教育拨款，向大学生提供奖学金，广泛资助自然科学、数学和外语教学。1964年，又通过《高等教育法》，为学生提供奖助学金和学习贷款，实现了高等教育的大众化。20世纪70 年代中期以后，美国开始进入了不稳定发展时期，政府赤字居高不下，对高等学校拨款产生很大影响，联邦政府又开始制定法规要求高等学校建立完善的会计制度，对政府、公众和社会负起责任来。

可见，二次大战以后是美国联邦政府对高等教育加强干预的时期，在干预的过程中，联邦政府的干预机制也逐渐完善。总体而言，美国联邦政府通过立法拨款和科研拨款实现干预目标，并且在国家处于危机时加强干预，进入20世纪80 年代后更直接提出了“国家在危险中——迫切需要教育改革”。这样就使公众产生危机感，统一全国人民的认识，尊重知识，重视教育，从而支持联邦政府拿出更多的经费来发展教育。我们看到，通过联邦政府的不断干预，逐渐实现了美国高等教育的民主化与大众化。按照马丁特罗的观点，美国高等教育在20世纪50年代就进入了大众化阶段；80年代末进入了普及化阶段①。美国高等教育如此迅速的、

①王一兵.历史机遇与教育决策.高等教育研究.1999，5

大规模的发展与美国联邦政府促进高等教育发展的机制，即以市场竞争为基础，政府在适当的时机以合理的形式进行干预密不可分。

（二）重视科学研究，扶持研究型大学的发展

美国是世界上科技最发达的国家，在当今主要科学技术领域，美国居于领先地位。这种优势地位的获得，与其历史上对科学研究的重视是分不开的。美国向来把知识的生产视为是比知识的转换和应用更为重要的工作，在大学里，科研比教学有着更高的地位，而且往往受政府资助，因而美国研究型大学发展较快，学术水平也较高。如果说今天西方主要工业化国家都有一两所世界一流大学的话，那么美国这种大学则更多些，严格地说也有十几所。这些大学对国家、社会、经济和科学技术的发展起着重大战略作用。它们的发展和改革影响着整个高等教育制度的发展与改革，它们是国家培养高级人才的战略基地和国家的主要创新基地。据统计，美国的主要学术刊物中，40% 的论文是由12 所著名研究型大学的教师撰写的。据CBD(Commerce Business Daily) 调查，1978 年，全世界取得研究成果最多的44 所大学的前20 名中，有16所是美国的主要研究型大学。20世纪以来，美国在重视科学研究，扶持研究型大学发展方面的创新主要有:

1. 把主要研究型大学办成国家基础科学研究中心。如前所述，1876年，霍普金斯大学创建以后，美国许多大学先后成立了研究生院，在培养高层次人才的过程中，广泛开展科学研究，成为美国基础研究的基地。“由于高等学校承担了基础研究工作，美国便没有了像一些欧洲国家那样的独立于大学之外的科学院体制，大学成了国际基础研究的中心，政府和公众依靠大学来促进国家科学的发展。”[①]同时，美国人也“习惯于依赖研究型大学解决其问题——国防、空间探索、疾病、保健以及当前的工业生产率和创新问题”，相信“知识的传播与创造是同等重要的，这两

①朱国仁.挑战与创新——构建新经济时代的中国高等教育.南京：南京师范大学出版社，2001，88

项工作由同一批人在同一地点承担，就可以完成得更好”(Robert M.Ro senzw eig，1982)。因此，美国把从事基础科研的国家实验室几乎都设在主要研究型大学，并由这些大学来管理。在美国的科学研究中，高等院校的科学研究占有重要地位，承担着全国60%以上的基础研究任务。

2. 联邦政府大力扶持研究型大学。在美国，联邦政府的科研经费在划拨时，坚持一条重要的原则——“卓越质量原则”。由于主要研究型大学集中了最优秀的学者，自然就获得联邦最大量的支持。有材料研究表明：1939—1940年，美国研究型大学获得的科研经费是2 730万美元；1949—1950年增至22 530万美元；1959—1960年更有102 240万美元；1969—1979年是290 150万美元；1974—1975年是421 770万美元[①]。此外，联邦制定了税收优惠政策，鼓励基金会、企业和个人捐资给大学。自然，这些捐资也主要为研究型大学所获得。例如，斯坦福大学仅百年校庆就获得了11 亿美元的捐资。由于有了充足的经费保证，以及大量的一流科学家，使美国主要研究型大学不断在科研和高级人才培养上作出重大贡献，支撑着美国整个科学技术的大厦。反过来说，也正是由于它们不断作出重大贡献，经费才滚滚而来。

据统计，美国研究型大学只有126所，占高等学校总数的3%，但他们所授予的博士学位占56%。同时，他们所获得的科研经费、所取得的研究成果占到了美国的绝大多数。其中，排名前20位的大学科研经费是42.33亿美元，占到了总研究经费的69%[②]。在这些研究型大学中，截至20世纪80年代末，美国获得诺贝尔奖者有120多人，其中90%是大学教授和专家。直至今天，这100多所研究型大学对美国科学与技术的发展仍然发挥着巨大的作用。显然，重视科学研究，扶持研究型大学发展是美国高等教育创新与发展的“秘密武器”，也是美国科学技术与高等教育共同进步的成功经验。

---

①王英杰.美国高等教育的发展与改革.人民教育出版社，1993，56
②王英杰.美国高等教育的发展与改革.人民教育出版社，1993，134

（三）继续完善大学层次结构

1. 初级学院的发展：第二次世界大战以后，尤其是20世纪60年代以来现代化生产和科学技术迅速发展，经济结构的调整，以及大众接受高等教育的需求，向传统的以四年制本科学院为主体的高等教育结构提出了挑战，刺激高等教育系统进行大刀阔斧的改革，改革的一个方向是加速发展公立的两年制学院——社区学院，大量培养技术工人、初中级技术人员和服务业所需的各种人才。在这一方向的指引下，美国社区学院如雨后春笋般发展起来。据统计，20世纪的前20年，美国的初级学院（现大多发展演变为社区学院）只有200所，二战后由于政策的指引，在60年代后期，平均每周就有一所新的社区学院建立。到1970年，全美国已经有两年制社区学院1000所，截至1980年底，增至1230所，且遍设于50个州。这些社区学院既不像传统大学那样周期长、学费高，又能使学生学习中学中学不到的知识与技术；更为重要的是它灵活、多样，能在专业设置、培养计划、开放原则等方面满足社区经济不断发展的需要。正因如此，美国社区学院吸引了大量过去不可能有机会步入大学校门的青年接受高等教育，为美国高等教育的大众化和普及化作出了极大的贡献。这样，大力发展社区学院取得了“一石二鸟”之功效，既满足了经济发展对专业人员和技术人员的需要，又适应了高等教育民主化的时代潮流。正如当代美国著名的高等教育学家克尔所指出的:“……社区学院运动开创了向学习社会的伟大转变，在这样的社会中，每个人只要愿意，就能在几乎任何地方学习几乎任何科目。……美国正在成为首先普及中等后教育的国家。”因此，二战后至20世纪70、80年代是社区学院蓬勃发展的时代，是打破障碍使多数美国人有机会接受中等后教育的时代，是社区学院调整目标、在高等教育结构中确立自己的地位的时代。

2. 研究生教育的发展

在美国历史上，1876年以科学研究为特色的约翰霍普金斯大学的创立，1862年耶鲁大学第一次自然科学博士学位的授予，意味着美国大学科研工作和高级科研人员培养的开始。“1910年，美国研究型大学的基本结构已牢固确立。尽管这些巨型的多元大学在1950—1970年间确实经历了最具戏剧性的扩张，但他们的方向和结构起源于20世纪初。”①1954 年，瓦尔福尔在对美国人力资源做了调查研究的基础上，发表了题为“美国的专业人才资源”的报告，呼吁大力发展研究生教育，要求大学尽快扩大和加强研究生院。1958 年《国防教育法》的通过为研究生教育的大发展提供了物质保证，至1965年，43% 的研究生都获得了一定数额的奖学金。到20世纪70年代，可授予硕士与博士学位的大学已经达到740所，比1940年几乎翻了一番。1975 年在校研究生达到126 万人，比1950 年增加4倍以上，特别是在主要的研究型大学，研究生数量有了极大的发展，在许多大学超过了在校生总数50%。

哈佛大学前校长卜西对这段时期美国研究生教育的发展作出了评价:“这段时期美国高等教育的盛名更多地是在于研究生教育(包括博士后培养)、科研和科研训练而非在本科生教育方面的进步所酿成的”，“美国研究生院的伟大时代终于到来了，美国在20世纪60年代培养出的受过高等训练的学者多于20世纪前60年培养的总和。研究生院终于超过了本科学院成为美国高等教育的主要机构。”

经过这一阶段的大规模调整，美国高等教育多层次和多样化的结构终于建立起来，学生构成趋于合理。到1975 年，研究生与二年制学院学生占在校大学生总数的46% ，这个比例基本上适应了美国经济结构的转化和生产方式的变化对人才的需求。同时，这样的高等教育结构也满足了美国人民对高等教育不断扩大的需求，几乎人人都有机会进入这个结构并在其中实现自己的潜力。

①阿特巴赫.比较高等教育：知识、大学与发展.北京：人民教育出版社， 2001，83

正如美国著名高等教育学家阿特巴赫所说："随着高等教育的扩充，传统的高等教育机构诸如大学得到了发展。此外，为了服务于更多的人，以及为越来越多的不同类型的顾客提供多样化的教育和培训，必须增加新型的院校，大学仍然处于扩充后的高等教育的中心。其他形式的中学后教育不但提供了扩大的入学机会还提供了多样性"(Philip G. Altbach，1994)。

（四）加强大学与社会的联系

第二次世界大战以后，为适应社会发展的需要，美国加强了大学与社会的联系，强化了高等教育为社会服务的职能。首先，加强与企业的协作，建立科技产业，发展科技园区。硅谷就是一个很好的例证。科技园区的建立，使高等教育成为社会经济发展过程中的主要力量，为高校实现社会化迈出了重要的一步。其次，依靠知识优势，广泛开展咨询服务。咨询服务是美国高等教育为社会服务的重要内容。在美国，高校教师与研究人员应邀到社会有关部门担任顾问参与这些部门的具体事务并提供经常性咨询；还有的学校组织教师向社会提供技术或管理上的咨询。这些举措大大加强了高等学校对社会的服务，正如布鲁贝克所说："随着20世纪的进展，越来越多的人谈到大学提供实际服务的问题。大学越来越经常地被喻为'服务站'。不仅如此，政府和企业规划中，大学也名列前茅"[①]。

三、知识经济时代美国高等教育的创新

回首历史，美国高等教育由于不断创新，其突飞猛进的发展给人留下了难以磨灭的印象，对世界高等教育产生了深远的影响。从某种意义上可以说，在高等教育领域，20 世纪是美国的世纪。展望未来，美国的野心是使21 世纪仍然成为美国的世纪。在面向未来的知识经济时代，美国仍然在继续大力推进高等教育的改革与创新，具体体现在以下几个方面：

①布鲁贝克.高等教育哲学.杭州：浙江教育出版社，1987，16

（一）实施科教兴国与可持续发展战略

实施科教兴国与可持续发展战略是发达国家迈向知识经济的共识。1985年，美国科学促进会就提出了著名的《2061计划》，这是一个有关全国改革科学教育，意在用一代人的时间全面提高美国国民的科学素养，持续到2061年的计划。美国前总统于1998年2月在美国科学年会上发表讲话指出，保持美国科技优势是美国全社会的任务和职责，应增加对基础研究和应用研究科研经费的投入，同时应加强高等教育工作，“使美国的教育质量成为世界上最高的教育质量”。此外，美国还加强宏观调控，确定科研开发重点，制定中长期发展战略，合理分配用于基础研究、应用研究和技术开发的人力与资金，如美国“技术、经济增长的发动机”计划等都是迎接知识经济时代的具体措施，而这些战略措施的落实首先依靠大学，大学是创新的先锋。

（二）重视本科教育质量，培养高素质创新人才

本科教育是高等教育的基础，其质量不仅是一国高等教育质量的主要体现，而且影响着更高层次的教育质量。面对知识经济，创新人才的培养愈来愈成为美国高等教育关注的重要问题之一。其实，早在20世纪70年代，美国不少大学即建立了“创新中心”，以指导学生的创造发明活动。如：麻省理工学院(MIT)“创新中心”下设两个机构：一个是由教授组成的“创新教育委员会”，主要是根据社会需要和科学技术可行性，对学生进行技术创造理论和方法教育，培养学生创新意识和创造能力；另一个是由学生组成的“创新协会”，主要是在教师指导下，组织学生进行发明创造和新产品开发活动。另外，一些大学还开设了专门培养学生创造能力、创造方法的课程，并借助新的教学方法，活跃的讨论，激烈的争论，解放了学生的思想，开阔了学生的眼界，培养了学生提出问题、解决问题的能力。

然而，20世纪80年代美国大学特别是研究型大学由于过于注重科学研究和研究生层次的教育，忽视了本科教育，使本科阶段

的教育质量出现严重滑坡，受到了社会的广泛批评。这一现象自然引起了对改革美国本科教育研究最多的卡内基教学促进基金会的注意。该会于1988年发表了《学院：美国本科教育的经验》。报告根据大量的数据指出了当时美国本科教育不受重视及其造成的质量问题，并提出了改进的建议。1990年，该会又发表了《学术的反思：教授工作的重点领域》，从高等学校教师的角度进一步提出了重视本科教学、提高教育质量的建议。1998年，克林顿总统为了提高高等教育质量设计了更为详尽的方案——《高等教育改革法案》，规定全美各州学校1~3年级学生编班人数平均保持在18人以内。改革的中心是大力提高教师的质量，建立一支高水平的教师队伍。政府拨款3亿美元用于新教师的补充和训练，使教师在专业知识、科研水平和学术视野等方面胜任指导学生的成长发展。另一项任务是修建高水平的学校，更新能够与国际互联网相联系的教室设备，扩建学校基础设施，提高进行远距离教育的现代化技术设备水平①。

在这些政策与建议的指引下，为提高本科教育质量，培养适应时代要求的创新人才，美国各高等学校采取了一系列措施，对课程、教学及教学管理等方面进行了一系列改革。从课程来看，及时地调整原有课程、安排新课程。新课程注重训练学生的批判性思维和创造力。如加强综合化，强调文科和理科课程间的相互渗透；面向社区经济发展的需要开发新的课程；依据学校优势开设特色课程；异彩纷呈的选修课充盈学生的个性等等。从教学来看，加强教学与科研的联系，改革教学方法，通过鼓励学生参与研究、采取研讨式教学和加强教师的指导等措施，使教学具有研究性或建立在研究的基础上；实行小班上课，加强教师与学生之间的联系，鼓励师生一起研讨，重视学生语言交流、团队精神和创造性地分析问题与解决问题的能力；鼓励教师特别是知名学者

①许桂清，黄睿.战后美国高等教育创新体系的形成及其对经济发展的作用.外国教育研究.2004，5

参加教学工作，提高本科教学的师资水平。再次，改革校内管理体制，实施跨学科的教学和开设综合性的课程，培养本科生的综合能力。

（三）继续加强基础研究，注重科研成果的转化与应用

美国大学把知识的生产视为是比知识的转换和应用更为重要的工作，科研比教学有着更高的地位，而且往往是政府资助的。20世纪50年代早期，美国建立了国家科学基金会，这是一个“负责对科学提供广泛资助的无使命机构。该会的分支机构很快反映自然科学和社会科学的一系列学科，而且从开始它的经费就主要拨给大学。”①发展到现在，美国科学基金会每年约33亿美元的资助总额中有超过20亿美元提供给了大学等教育机构资助科研，尤其是基础科学研究。1990年，美国高等学校基础、应用与开发三类研究的经费分别是当年全国各类科研经费的60%、25%、16%。在雄厚的经济支撑下，美国的基础研究发展居于世界领先水平，大量学科和系成为世界领袖。“20世纪80年代，美国在世界科研文献中的份额在1/3~2/5，这一份额大于德国（5.9%）、英国（9%）、法国（4.7%）和日本（7%）四国的总和。”②“国际上25所名牌大学中的18~20所和10所名牌大学中的8~9所是美国大学”，“在电机工程领域，在25所名牌大学中，美国有20所。在世界25个名牌经济系中，21个是美国的”③。

美国不但重视基础研究，而且重视科研成果的迅速转化，其高等教育在国家创新体系中发挥了重要的作用。美国著名的“硅谷”科技园区以斯坦福和伯克利两所大学发展起来，使“硅谷”获得了“美国高新技术摇篮”的美誉。1995年，这个方圆近几十平方千米的山谷中，收入高达850亿美元，其中62%的收入是由上

①[美]伯顿·克拉克.探究的场所——现代大学的科研和研究生教育.杭州：浙江教育出版社，150
②[美]伯顿·克拉克.探究的场所——现代大学的科研和研究生教育.杭州：浙江教育出版社,159
③[美]伯顿·克拉克.探究的场所——现代大学的科研和研究生教育.杭州：浙江教育出版社，161

述两所大学有关的人员和技术创造的。与“硅谷”同样享有盛名的波士顿研究中心则是以哈佛和麻省理工学院为基础而构成的。科技园区或工业园区建立在大学周围或以大学为依托，是知识经济的必然要求。高等院校不仅要参与知识技术创新，还要参与知识技术应用，这也是知识经济的本质特征。美国在这方面走在了世界的前列，“在1980—1994年，有一千家以上新的、增长快的企业在美国诞生。1995年，近20所著名大学就创办了总计102家企业”①，这些企业与高等院校合作，不仅了解到了学校的最新研究成果，为企业创造利润，而且他们的创办也使学校的师生了解市场的动态，还使大批学生得到了实习和工作的机会，学校还能从企业获得技术特许的费用，“1995年，哥伦比亚大学的校办企业就给学校带来了6000万美元的收益”②，为高等院校的发展提供了雄厚的物质基础。

（四）不断发展高等教育，提高人力资源教育与培训的规模和效益

与其他国家相比，20世纪美国高等教育发展是迅速的，到20世纪末成了世界上高等教育规模最大的国家。以纽约为例，1989年高等教育的毛入学率已为75%~80%。面对知识经济浪潮，美国高等教育改革核心是普及高等教育，使所有年满18岁的美国青年都能享有接受高等教育的机会。正如美国联邦教育部发表的《1998—2002年战略规划》中所说：“让所有学生都能够……至18岁时，为上大学做好准备并且至少要上两年大学。”③为此，美国政府采取两大战略步骤来实现这一目标。第一步是国家采取措施帮助美国学生和家庭解决高等教育费用。针对美国许多的学生无力支付数万美元教育费用的情况，1993年美国政府投入教育经费240亿美元，2002年教育经费投入是1993年的两倍。同时，“向

①何晋秋，曹南燕.美国科技与教育发展.北京：人民教育出版社，2003，354
②何晋秋，曹南燕.美国科技与教育发展.北京：人民教育出版社，2003，355
③王云飞译.美国联邦教育部1998—2002年战略规划.教育参考资料，1999（23，24）

美国1500所学校发放贷款100亿美元，以帮助有贷款需求的学生和家庭”[①]。另外，美国政府还动用储备资金，推出了一项旨在帮助低收入家庭学生完成高等教育的“佩尔补助金法案”，向贫困学生特别拨款120亿美元，使低收入家庭学生的补助金由每年2700美元提高到3000美元。这些贷款、补助金政策，使数万美国大学生受益，使相当多的美国青年人得以顺利完成高等教育。对于中等收入家庭学生，总的措施是：从1998年起为优秀本专科生和研究生提供“希望奖学金，减免学费，动用个人退休金提前用于教育支出”。这三项措施的目标是保证美国青年必须接受高等教育。在1999年，美国申请四年制高等学校的人数达到1480万，是历史上最高的。

第二步是国家全力推动高等教育的普及化。伴随着政治民主化的进程，教育民主化愈发引起人们的关注。米亚拉蕾指出：“教育民主化已经成为几乎所有教育革新和教育改革的一项固有目标。教育民主化是目前全球教育系统演变的一个基本趋势”[②]。教育民主化在高等教育领域的一个重要表现就是让更多的青年接受高等教育，使高等教育走进美国千家万户。为此，美国政府1998年颁布了高等教育改革法案，掀起了以普及高等教育和大力提高教育质量为目标的新一轮高教改革运动。美国政府为此投入1577.87亿美元的巨额教育资金，这是美国历史上任何时期所不能比拟的，这一举世瞩目的改革和巨额的教育投资对美国的高等教育产生了深远的影响。“到2006年，美国大学阶段人口的增幅是16%，高等学校在校生与1994年相比，增幅提高为18%”[③]。

同时，学历教育、在岗培训、终身学习已成为美国应对知识经济教育创新的组合。美国在非全日制高等教育的具体形式上进行了创新型的探索，形成了自己的特色。美国进行学历教育的非

①詹姆斯·安德森.面向21世纪的美国高等教育改革.高教探索.1999（2）

②[法]米亚拉蕾.现代教育史.台北：五南图书出版社，1983，255

③朱国仁.挑战与创新——构建新经济时代的中国高等教育.南京：南京师范大学出版社，103

全日制高等教育的主体是社区学院，其他高校、大型企业也为之乐此不疲。美国总统指出："终身教育是知识经济成功之本。"有关专家认为，在今后的几年中、工业化国家有3/4的人必须接受新的职业培训。基于此，在岗培训已成为美国提高人员素质的重要方式，他们不仅重视科学家和工程师的培养，而且非常重视一般技术人员的培训；美国政府认为，各类技术人员已占全美就业人数的1/5，尽管他们中大部分是四年制大学毕业生或经过进修培训达到大学毕业水平的人，但使这些人跟上人类知识创新步伐的最有效办法，就是不断给予他们在岗培训的机会。正如美国国家高质量教育委员会所提出的那样，没有终身学习，人们的技能很快就会过时。

（五）大量吸收国外高素质人力资源，加强国际交流与合作

知识经济是全球化的经济，因此，适应知识经济需要大量的具有国际眼光和全球视野的高素质人才。美国高等教育多年以来利用其优势一直在大量吸收国外高素质人才，并选派有关人员出国留学。可以说，大量吸引国外人才和扩大出国留学是美国在知识经济时代网罗人才推动本国经济发展的重要举措。

有关资料显示，全球人才流动基本是从发展中国家流向发达国家，尤其是流向美国。若干年来，美国千方百计地挖掘他国的高素质人才，吸引别国留学生留美工作。据美国有关机构披露，每引进一名国外科技人才，就可以为美国节省5万美元左右的教育经费，而且雇用他国人的工资低于美国同行，这些人才为美国经济所做贡献不言而喻。据美国有关机构公布，仅1949—1973年，美国共吸收了22万名外国科学家和工程师入籍，而这些人从小学、中学、大学，再到能独立从事研究开发工作，仅培养费一项就需200多亿美元，换言之，其他国家支付了200多亿美元，而美国获得了22万人才。据统计，在美国接受高等教育的外国学生，1975年为15.5万人，1979年为26.4万人，1985年为34.2万人，1990年为38.7万人，1992年为42万人。据世界银行统计，近10年来美国接受的50多万名高级专门人才中有75%来自发展中国家。另有资料统计，“到美国高等学校和科研机构做访问学者的人数也有较大增加，1997—1998年度达到6.55万人，比上年增长5%，突破历史纪录”[①]。美国籍的外国专家也分布在美国的各个重要科技领域，成为支撑美国科技发展的重要力量。1991—1992年，美国164位获得诺贝尔奖的科学家中，原籍不在美国的有46人，占28%[②]。

扩大出国留学是美国的另一重要举措。专家估计，“2000年，美国有13%的工种要求工作人员具备两个高级级别的语言精通程度”[③]。为此，美国对选派有关人员出国学习非常重视。据统计，1998年美国高等学校选派出国学生人数9.94万人，比上年增加11.4%，突破世界纪录[①]。可以预见，国际化是美国高等教育发展的重要方向。在这一大背景下，高等学校将更注重使大学生具有国际意识，掌握外语，理解不同国家的文化，将有更多的美国学生走出国门，到国外学习先进经验。如果说，美国曾在一定程度上依靠加强国际交流与合作推动了本国经济的发展，那么，在知识经济时代，美国仍将充分利用这一成功经验。

（六）加速高等教育信息化

美国是建设信息高速公路的先驱者。20世纪90年代初，克林顿就提出了建设信息高速公路的计划，提高了美国社会信息化的进程。1996年，信息技术已广泛渗透到美国高等学校教学、科研和管理的各个方面。同年10月，克林顿又表示在5年内拨款5亿美元，资助100所大学和国家实验室等机构改善使用计算机网络的条件。总之，美国为适应未来知识经济社会的挑战，采取了许多有力措施。首先，加强高等学校教学过程的信息化建设，早在1996年，美国高等学校就有27%的课程是在备有计算机的教室里进行

①芩建君.世界各国赴美留学人数有增无减.世界教育信息.1999 (4)
②韩来平.从美国的经济来看美国高等教育的基础性地位.高等教育研究.1999，6
③朱国仁.挑战与创新——构建新经济时代的中国高等教育.南京：南京师范大学出版社，110

的，25%的课程在教学中使用了电子邮件；15%课程在教学中使用了计算机模拟和演练，18%课程使用了课程软件。其次，建立虚拟大学，实现高等教育网络化。到2000年，美国有44%的高等学校向社会提供各种远程教育，接受远程教育的学生约占全日制在校学生的32%。第三，加强计算机和信息公司与高等教育的合作，为高等教育信息化不断提供技术支持。1994年，美国的MCI电信公司制定了大学通信服务计划，包括为高等学校提供上网服务、校园通用卡服务和通信服务等。到1996年底，参与该计划的高等学校达365所。

综上所述，美国的高等教育始终在创新中不断发展着，无论是大学第三职能的确立还是社区学院的发展，无论是研究型大学的创立还是对于基础研究的重视，无不体现着创新精神。正是因为高等教育的不断创新，美国的经济获得了飞速的发展，在世界上享有了超级大国的地位。也因如此，美国大学模式成为世界各国争相效仿的范例，正如阿赫巴特所说“美国融合了英国的学院思想与德国强调研究和研究生培养的先进观念，并与美国的大众化思想相结合，于是创建了当代的美国大学，现在美国大学已成了世界上主要的学校模式”①。

第二节 日本

日本是一个人口众多，国土面积狭小，缺少资源、能源的国家。但是这个一百多年前不起眼的小国，在二战后创造了举世瞩目的经济奇迹，短短几十年就进入世界强国之列。翻阅历史，从明治维新开始，日本对高等教育的重视就从未减弱，二战后更是倍加关注，面对今天知识经济的挑战，又采取了科技创新立国等重要措施促进高等教育的不断发展。我们不妨对日本高等教育的发展历程作一概略考察，或许能从中得到一些有意义的启发。

①阿特巴赫.比较高等教育：知识、大学与发展.北京：人民教育出版社，55

一、明治时期的高等教育发展

（一）关于三大开国纲领

从幕府统治末期到明治维新时期，正是从近代到现代的历史转变期，当时日本正面临着欧美列强的外来压力，包括经济压力和军事压力。为了摆脱这种压力，以尽快达到富国强兵的目的，必须从殖产兴业入手，发展经济，必须移植现代西方文明，全面吸收西方的制度、科学技术、文化教育以及思想风尚和生活方式。这就是明治政府提出的“富国强兵”（国家独立）、“殖产兴业”（工业化）、“文明开化”（西方化）三大开国纲领。也就是说，当时日本所追求的总目标，就是以欧美先进工业国家作为追赶的目标，学习他们先进的科学技术、文化教育以及各种制度，实现资本主义工业化，建立资本主义制度，在短期内把日本建成一个拥有现代军备和雄厚经济力量的现代国家。

明治政府在提出三大开国纲领后，将其作为指导改革的总方针，实行了一系列改革，在不到半个世纪的时期内，日本走完西方主要资本主义国家几乎用了两个世纪才走完的资本主义现代化过程，从而使落后的封建国家变成现代化的资本主义工业国。正如英国历史学家威尔斯所说：“以惊人的经历和智慧，把他们的文化和组织结构提高到欧洲列强的水平。在人类全部历史中，从来没有一个民族像日本当年那样阔步前进”[①]。

（二）和魂洋才

“和魂洋才”是指“东洋精神，西洋艺术（科学技术）”或者说是日本的民族精神与西方的科技能力相结合，也就是说以日本大和民族固有的民族精神来统治人的观念，以学习西方的科学技术来提高人的实际能力。“和魂洋才”是在明治维新后流行的一个口号。当时日本正在实行“文明开化”政策，引进西方技术。“和魂洋才”是对待西方科学技术的基本方针，它是为“富国强兵”这一目的服务的。

①梁忠义.日本教育发展战略.长春：吉林教育出版社，1991，7

实际上，日本的“和魂”原本就是源自中国并逐步演变而来的，“洋才”只是适应时代需要而加进来的。向国外学习是日本的传统。因此，无论在“魂”的层面上还是在“才”的层面上，日本都不会拘泥，能够适时而变。据此，在明治维新以后，日本在加强民族精神的同时大量引进了西方的科学技术，以实现“富国强兵”这一目的。在学习“洋才”的过程中，“和魂”被不断赋予新的内涵，创新精神尽显其中。正是在这种精神的指引下，日本用短短20年的时间完成了工业革命，进入了工业化国家的行列。同时，应该指出的是，“和魂洋才”既促进了日本经济的发展，带来了日本的繁荣与富强，也为日本埋下了后患的种子，不仅造成了邻国的灾难，也造成了日本后来发展的滞后。

（三）高等教育的发展

受益于三大开国纲领和和魂洋才的精神，该时期日本高等教育取得了一定的发展，主要表现在以下几个方面：

1. 现代化大学的建立：1872年，文部省颁布《学制令》。该学制参考了西方各国（法、德、荷、英、美、俄）的学制，主要吸收了法国教育制度的特点。按《学制令》中的设想，在全国设8个大学区，每区设一所大学，但因经济薄弱未能实施。1877年，在原文部省管辖的昌平学校、东京开诚所、东京医学校等基础上成立的东京大学，成为日本当时唯一一所综合性现代化大学。此时期还成立了几所专科学校。东京大学的目的是培养英才，以推动日本现代化的进程。文部省为了办好东京大学，将文教经费的40%拨给该校，此比率一直保持到1890年。东京大学效法德国办大学的经验，十分重视教学和研究两方面的工作。因为“德国的理论比较精确，并具有提供适合我国理论的优点。”[①] 但是，日本学习德国大学的办学经验是有所创新的。比如，1886年《帝国大学令》就规定大学由大学院和分科大学（法、理、医、工、文）两部分构成，在进行教学与科研的同时，大学院侧重进行学术和科学

①史朝.现代日本高等教育发展机制研究.华中理工大学出版社，1997，5

研究，分科大学则以传授专门知识为主，强调培养应用型人才，这与德国传统大学学与术分设的办学思想是有差别的。

2. 聘用外国专家任教，派遣留学生：明治政府的改革方针之一是文明开化，其内涵是积极吸收西方先进的法律、政治、经济制度和科学技术知识。在此思想指导之下，日本政府直接聘请西方人参与创建高等学校，如聘请德国人创建医学校、美国人创建农业学校、法国人创建法律学校、英国人创建工业学校等等，博采众长，将世界上最先进的办学经验汇集到日本。不仅如此，当时日本政府还大量聘用外国专家任教，以解燃眉之急。据统计，当时聘用外国专家的数量，文部省仅次于公部省，先后请进外国教授750余人。东京大学创办时，理学院15名教授中有12名是外国人，医学院18名教授中有11名是外籍教师。另外，当时日本在直接聘请西方人参与创建高等学校同时，政府还向国外派遣留学生。1870年派出115名，1871年派出81名，1872年派出356名……如此之多地引进与派遣教师和学生在很大程度上促进了高等教育的发展。

总之，“高等教育是日本现代化进程中的一个重要组成部分……大学帮助把一些最重要的资料从欧洲语言翻译成日文。日本人很快意识到，他们必须找到一种合适的高等教育模式并迅速发展一种适合于西方知识的大学体系。日本人被派到国外学习，一个有趣的现象是，学生被派到若干个西方国家去，让他们把不同的思想带回国。还邀请外国学者去日本，……考虑了几种西方大学模式，最后决定采用德国大学模式，因为19世纪的德国在发展目标方面与日本比较接近。而且德国的大学在当时的欧洲是最具有活力的，最具有创新精神的。德国模式对日本高等教育的控制一直持续到第二次世界大战结束”①。

二、二战后至20世纪70年代高等教育的发展

1945年，日本接受波茨坦公告宣布无条件投降。之后，在占

①阿特巴赫.比较高等教育：知识、大学与发展.北京：人民教育出版社，2001，63

领军的要求下，进行了教育改革。这次改革主要是排除军国主义和极端国家主义的教育，以完善人格、尊重个性、实现机会均等为基本内容，提出和平、民主、平等的教育理想，建立了“六、三、三、四”新学制。日本人把这次教育改革叫做继明治五年学制改革后的第二次教育改革，开创了日本教育史上新的历史时期。从此之后至20世纪70年代，日本高等教育进入了大发展时期，伴随着高等教育的发展，经济经历了“高速增长”的时期。在这一时期，日本在高等教育领域的举措主要有：

（一）振兴私立大学

明治维新以后，日本政府与民众都重视高等教育的发展。早在1903年，日本政府颁布了《公私立专门学校章程》，在法律上保障了私立学校与公立学校拥有同等的地位。二战后，日本教育民主化改革的方向为私立高等教育的发展提供了更加宽松的环境，不仅新颁布一系列法律法规进一步确立私立高校的地位、权力，同时在经济上也给予很大的支持。1949年，日本颁布了《私立学校法》，1970年颁布了《私立学校振兴财团法》，1975年颁布了《私立学校振兴法》。日本政府对私立大学的财政资助在私立大学经常费中的比例逐年增长，1970年是7.2%，1973年是13.9%，1976年是23.2%，1980年是29.5%。在国家政策与财政的支持下，日本私立高等教育获得了极大的发展。在全国所有大学的学生中，私立大学学生所占比例，1945年是51.7%，1950年是55.8%，1960年是64.3%，1970年是74.4%，1980年是75%[①]。私立学校学生人数的不断增加，为日本高等教育走向大众化做出了巨大的贡献。

（二）重视应用学科，加强理工教育

尽管日本具有“重文法、轻理工”的传统观念，但二战中，为适应形势的需要，加强了理工教育，促进了应用学科的发展。在1955年，日本经济已恢复到战前的最高水平，并开始进入经济

①陈武源.从高等教育政策的视角看日本高等教育大众化.外国教育研究.1999（1）

"高速增长期"。随着经济恢复与发展，日本更加重视根据经济发展的需要发展高等教育，"经济的竞争就是技术的竞争，而技术的竞争就是教育的竞争。"[①]这样，日本高等教育的发展被纳入了经济发展的轨道。

进入20世纪60年代以后，日本进入了"国民收入倍增计划"时期，以高速发展经济为特征，在这种形势下，日本更加重视应用学科，加强理工教育。这一时期的高等教育有计划地扩大理工科教育的规模，扩建理工科系，建立地方工科大学；大力发展高等专科学校，培养社会需要的各类中级技术人才。20世纪70年代以来，理工科教育继续受重视。有材料研究表明，到80年代后期，与1960年相比，工科学生增加了5倍多，理科学生增加了4倍[②]。理工科教育的发展在很大程度上满足了日本经济发展对人才的需求。

可见，这一时期日本高等教育的发展是与日本经济发展历程同步的。为工业经济服务就是高等教育的使命，正如有学者指出："日本没有几个牛津，也没有几个剑桥。日本的精英大学从来没有成为可尊敬的牧师，培养年轻的绅士过懒惰的、有希望是文化的生活，或感激英国贵族的公益服务的地方。他们开始就和法国大学一样是英才主义的，而且他们是为认真地进行工业化，特别是制造业创办的。……工程和科学是一所大学的组成部分。"[③]可见，日本重视培养应用型专业技术人才，是高等教育服务于工业经济的最主要的表现，也是日本加速发展，追赶发达国家的捷径。

（三）重视学习他国经验

二战后，教育目的中的世界意识在不断增强，"许多国家的教育制度已经开始面向世界性课题。"[④]要面向世界，赶超西方国

①杨汉卿，吴文侃.比较教育学.北京：人民教育出版社，1993，162
②关正夫著，陈武元译.日本高等教育的改革动向.厦门大学出版社，1991年，181页
③[美]伯顿·克拉克.探究的场所——现代大学的科研和研究生教育.杭州：浙江教育出版社，2001，189
④[美]拉塞尔，维迪努.从现在到2000年教育内容发展的全球展望.北京：教育科学出版社，2001，101～102

家，日本采取的重要策略就是向西方学习。事实上，日本高等教育在学习西方先进科学技术和文化、培养工业经济时代的人才方面确实发挥了积极的作用，同时，自身也是在学习和引进西方先进的高等教育制度和经验的过程中逐步发展的。因此，重视吸取西方先进经验是日本快速发展的经验。但是，日本对待西方的东西并非一味拿来，而是兼容并包、博采众长，在结合本国实际的基础上不断创新。

二战后，在美国的干预下，日本确立了新的高等教育发展方针。这次改革贯穿了美国的高等教育观念，引进了美国的教育制度，但并非是美国高等教育的彻底翻版。比如：日本并没从根本上改变中央集权的管理体制，全盘照抄美国的地方分权制，而采取地方自治加中央调控的体制；强调高等教育国际化的同时，提出创建有特色的高等教育机构等等。可见，二战后的日本高等教育在学习国外经验的同时，也进行了适合本国国情的高等教育改革，体现出引进、模仿与创新统一的特点。

三、面向知识经济时代的策略：培养创新人才

20世纪80年代以来，由于经济飞速发展，日本已成为继美国之后的世界第二经济大国，日本在国际社会的地位发生了重大的变化，已经成为美国和欧洲强有力的对手。要在知识经济时代在国际竞争的大战中保持优势并取得最后胜利，必须依靠高科技，依靠高素质创新人才的培养。1984年，日本中曾根首相在《重视行政改革、财政改革和教育改革——为21世纪铺设轨道》的施政演说中指出，日本过去是要赶追别人……现在日本要成为一个国际性的国家，就要从学习别人、模仿别人转变为注重创新精神、创新能力……教育要促进人的个性发展，培养人的创新意识、创新能力……”[①]临时教育审议会的咨询报告也指出，要把日本建设成为富有创造性的、充满活力的国家，就要“培养心胸宽广、体魄强健、

①陈玉琨.90年代美国的基础教育.93～94

富有创造力的人；具有自由、自律的品格和为公共利益服务的人；面向世界的日本人。”[①]为此，1991年，日本大学审议会发表了《改善大学教育》的咨询报告，为日本高等教育的发展描绘了蓝图。1994年，日本政府又提出了“科技创新立国”的战略，接着便颁布了一系列相关的改革方案，调整了科技政策。概括起来说，面对知识经济的挑战，日本高等教育改革的主要措施和目标包括以下几个方面。

（一）确立科技创新立国战略，为高等教育提出新要求

20世纪80年代，以学习国外经验见长的日本与美国比较后，发现自己的弱点在于创新能力薄弱。于是，提出了“科技创新立国”战略，突出了创新的重要性。“在科学技术上，我们已经结束了所谓的赶超时代……今后，我们必须向科学技术的未知领域挑战，最大限度地发挥创造性，开拓未来……为开拓光明的未来，我们必须开发有独创性的科学技术，并以此创造出新产业。”[②]这就对高等教育提出了新要求，要求高等教育培养大批创新人才，要求高等教育开展创新研究，要求高等教育为日本的科技创新立国服务。从这个意义上来看，日本科技创新立国战略的提出，为高等教育的发展指明了方向。

（二）积极发展私立高等学校

日本的高等院校有国立、公立、私立三种形式，其中私立大学在整个高等教育系统中占相当大的比重，日本大学的72.5%是私立大学。有人认为，没有私立学校支撑日本高等教育的半壁河山，日本的教育乃至经济不可能取得如此辉煌的成就。近年来，日本面对知识经济的挑战，在发展国立、公立高等教育的同时，也积极发展私立高等教育。日本文部省1995年制定了《私立学校振兴援助法》，从法律上给私立大学以积极的扶持和保障。为了改善私立大学的教学、科研条件，减轻学生的经济负担，推动私立大学的健康发展，日本政府还采取了一系列积极的措施，对

①瞿保奎.教育学文集，日本教育改革.北京：人民教育出版社，1991，62
②朱国仁.挑战与创新——构建新经济时代的中国高等教育.南京：南京师范大学出版社，2001，130

私立大学给予经费补助，对私立大学研究生院教学科研仪器设备给予补贴，推进日本私学振兴财团的投资和贷款事业的发展，在税制上对私立大学实行优惠政策。由于私立大学得到日本政府的积极扶持，因而私立高等教育得以迅速发展。据文部省1995年统计，四年制私立大学的学校数占整个高等教育学校数的73.0%，私立大学的学生数占整个高等教育学生数的73.4%，而私立短期大学的学校数和学生数则分别高达84.4%和92.6%。这种规模的私立大学不仅满足了日本国民强烈的升学愿望，而且为国家的建设培养了大批优秀人才，有力地促进了日本高等教育和经济建设的发展。

（三）高度重视学术研究

日本文部省认为，在继续保持日本社会的创新与活力方面，担负人才培养和学术使命的高等学校特别是大学起着越来越重要的作用。面对知识经济，必须把提高科研质量放在突出位置。进入20世纪90 年代中期以来，为适应国家发展战略的转变，日本强化了高等学校特别是研究型大学基础研究的地位，进一步强调了基础性、独创性。2001年日本文部省发布了在21世纪集中建立30所世界一流研究型大学的决定。这一计划被称为“21世纪卓越中心”计划(COE21)。期望通过这一计划，使高等学校成为日本国家创新体系中重要的基础创新基地。在这方面，主要做了以下工作：

首先加大对科研的投入。加大对大学科研的投入，包括扩充研究经费和充实研究设备，其目的是培养优秀的研究人员，开拓新的研究领域。1993年，文部省的经费预算中加大了科学研究费补助金，也加大了由日本学术振兴会实施的特别研究员制度规定的和由日本育英会经手的奖学金的数额。除此之外，还有重点地对研究生院提供了“高度化推进特别经费”。1995年，日本政府又新增100 亿日元给学术振兴会，以资助年轻研究者特别是年轻博士的研究工作。文部省还在1996 年提供60 亿日元的预算，帮助15所私立大学建立“高科技研究中心”，同时，学术振兴会还提供了40 亿日元的贷款，以充分发挥私立大学的研究功能。目前日本大学的研究经费仅次于美国，居世界第二。

其次是培养后备力量。日本尽管每万名劳动力中科学家、工程师人数已超过美国和欧盟，但博士人数占总人数比例，理科仅为美国的19%、工科仅为美国的42%。针对这种情况，日本也意识到研究生教育对于技术进步、经济发展的深层推动，于是改革高等教育体制，鼓励学生学习理工科，扩充各大学的研究生院，提高经费标准，更新研究设施，改善博士生待遇，学习和借鉴美国的博士生助教制度，加强研究生教育，培养知识创新技能。日本政府清醒地认识到，优秀的研究人员是振兴学术的中流砥柱，而培养一大批优秀的研究人员则是学术研究长盛不衰的根本保障。基于此，文部省确立了“特别研究员制度”。该项制度以研究生院博士课程在读者和完成修业者为对象，给他们支付一定时期的研究奖励金和研究经费，以进一步加强优秀青年研究人员的培养。为了加强青年研究人员的国际交流，日本还实施了“海外特别研究员制度”和“外籍特别研究员制度”，前者将日本的优秀青年研究人员派遣到外国的大学等学术研究机构，后者接纳来自外国的青年研究人员到日本，两者的主要目的都是为振兴大学科研而培养后备力量。

再次是健全研究体制。日本学术研究主要为大学的学部、研究生院以及文部省所辖研究所、学术研究法人研究所等。近年来，随着学术研究的发展，特别是由于研究手段的高层次化和项目研究的大规模化，越来越需要多学科领域的研究人员共同参与合作。日本文部省为了顺应这一要求，在20世纪90年代，对重点大学进行重组，并把所有原来帝国大学和技术学院的教授组为研究院成员，意在加强公立大学科学研究能力。还对某些研究组织进行重点建设，把他们建设成一批出色的研究基地，以推进富于创造性的世界尖端的学术研究，从而达到振兴大学科研、提高高等教育地位与作用之目的。

（四）促进产、学、研的紧密结合

产学研合作在日本早已有之，早在1933年，日本就成立了全国性的按重要课题划分的“产学合作研究委员会”，20世纪80年代以来，面对知识经济的挑战，日本重新提出产、学、研合作问题，并很快转入实施。为促进产学研的结合，日本学术振兴会设立了“综合研究联络会议”和“产学合作研究委员会”，对开展产学研的合作进行专门研究、提供咨询。日本政府于1996 年7 月制定的《科学技术基本计划》把产学研合作当作了一项基本国策，1998年4月、5月国会又分别通过了促进大学技术研究成果向民营企业转让的相关法律《大学技术转让促进法》和《研究交流促进法》的部分修正案，均于该年 5 月实施。同时还建立了超越省厅界限、支持高等学校与企业共同推进研究开发的补贴制度。日本通产省和文部省为支持产业界与大学的合作，在1999 年度第二次补充预算案中，共同提出提供90亿日元的预算以支持产业界与大学合作开展具有应用和开发前景的高新科技研究项目。此外，为了提高地区工业对研究型大学成果的利用或转化，加强大学科研成果的转化，日本政府成立了以内阁直接领导的科研政策机构。目前，日本高等学校与企业进行产学研合作的基本形式主要有:

1. 共同研究： 为了推进产、学合作研究的发展，文部省创设了专门制度来鼓励高等院校与民间企业开展共同研究，促进优秀成果的产生。其宗旨是促进高等院校与民间企业等开展共同研究，促进优秀成果的产生。这种共同研究一般由企业出资，企业和高校研究人员共同确定课题，展开研究。就具体内容而言：“通过订合同的形式，大学接受民间企业机构的研究人员，由大学教师与民间企业研究人员就共同感兴趣的课题，利用大学的设施等进行合作研究；研究工作一般在大学的研究机构里进行，合作所需经费由民间企业负责，大学负责提供共同研究所用的设施设备及对其维修和管理所需要的经费；而民间企业除了向大学交纳共同研究的研究费以外，还要付为完成共同研究所需的酬谢金、差旅费、消耗品等直接经费，研究取得的成果为双方共有。”①“到1995 年合作人员达到1873 人，合作课题1074 个。这些合作研究课题多集中在材料、机械、软件开发、土木建筑、生物工程、电子工程与能源开发等方面。”②

2. 委托研究：委托研究是大学在研究方面与企业等合作的主要形式之一。应产业界的要求，文部省于1958年创设了委托研究制度。其内容是：通过订合同的形式，大学的研究人员接受民间企业、各部门研究机构、地方公共团体等委托进行的科学研究，研究题目由企业制定，研究经费由企业全额负担。这是一种比较传统的产学研合作方式。进入20世纪90年代后有较大发展。1995年委托课题书有3024个，委托经费达141.1亿日元。委托课题经费的30% 用于管理，70% 为研究人员使用③。

3. 设立共同研究中心：即产业界与高等学校为开展合作研究而共同建立以研究产业或生产中的重大问题为使命的机构。这是产学研长期合作的一种形式，由文部省于1987年在部分大学设立。到1994年底，有38所高校设置了这类中心。“中心”的设备供专职教授和兼职教授共用。在“共同研究中心”内，除进行与民间的共同研究和委托研究外，还对民间技术人员实施研修，对民间研究开发等事宜进行技术咨询，这种研究机构有一所学校和一个企业共同建立的，也有一校与多个企业建立的，还有多个学校与多个企业建立等不同的形式。1995年，文部省在金泽大学、大阪大学、广岛大学、高知大学等又新设了“合作研究中心”，以便为产学合作提供更多的场所和设施。日本政府对这种合作形式十分重视，1995 年投入了683.09 亿日元，作为资助建立共同研究中心的专项经费。

①厉建欣.日本高校的产学研合作及启示.临沂师范学院学报，2006，1
②袁韶莹，杨瑰珍.日本政府大力推进产学研合作事业的发展.外国教育研究.1999，1
③国家教委外事司.国外教育调研选编（第一集）.日本大学产学研合作的现状与启示.北京：北京师范大学出版社，1997，177

4. 委托培训：即由企业选派技术与研究人员到高校接受培训并提供培训经费的产学合作形式，目的是为了提高民间企业等理工领域的在职技术人员和研究人员的科研能力，使之在高等院校接受研究生院水平的教育与研究指导，即为企业代培研究生。代培期限原则上为一年，有的带研究课题，有的不带研究课题。代培费由委托企业负担。1993年度接纳委托研究员达1034人①。

5. 建立高新科技园区：这也是高等学校与企业联合，实现产学合作的重要途径。学习西方经验，建立高新科技园区是日本20世纪70、80年代就已经开始了的，如建立筑波城等。90 年代中期以来，日本积极探索建立具有自己特色的科技园区。如为发展信息通讯产业，实现日本的经济振兴，邮电省在1999年度申请约70 亿日元的预算经费，拟创办一个“产学共同研究开发的支援基地——日本式硅谷”。它不仅开展纯基础性的研究，还重视最尖端的高新技术研究与应用开发研究，使研究成果迅速向企业转移，实现成果产业化。

（五）充实与改革研究生教育

伴随着学术研究的进展和技术革新的日新月异，以及社会经济的多样化和复杂化，日本社会对大学院教育(研究生院)给予了更高的期望。为了适应学术研究跨学科和国际化的新趋势，培养具有独创性研究和开发能力的优秀研究者和高水平专业技术人员，对大学院教育从质和量两方面进行了飞跃性的充实和改革。20世纪90年代以来，日本研究生院的学生数有相当的增长。1990年日本研究生院的在校生数(含硕士生、博士生)是90 238人，到1994年增至138 752人，1995年又增至153 423人②。到2002年研究生院的在籍学生人数增至223 000人，已在509所大学设置了研究生院。然而，在发达国家中日本研究生院学生数占大学生总数的比例还是很低的，2000年为7.4%，而美国、英国和法国在1996年就分别达

①中国驻日本使馆教育组.日本高校的产学研合作.中国高等教育，2001，7
②赵中建.全球教育发展的研究热点.北京:教育科学出版社，1999

到了16.6%、33.6%和18.3%。

为充实研究生院的教育，使多样性教育研究进一步高度化和活性化，日本进行了研究生院制度的改革，将研究生的培养目标定位于不仅能成为研究人员和大学教师，而且还要成为各行各业所需要的高级技术人员。日本研究生院制度改革的主要措施有：一是研究生院的入学资格及修业年限的弹性化。研究生院通过昼夜开讲制、夜间研究生院以及社会人员特别选拔制度等，吸引在职人员接受回归教育。二是研究生院的形态多样化。除了在20世纪80年代改革中出现的综合研究生院大学、联合研究生院、独立研究科及专业方向等得到大力推行外，还有一种形态的研究生院——协作研究生院(与大学以外的研究所等协作实施教育研究的研究生院)，如与NTT情报通信研究所协作的电器通信大学研究生院等。目前又创设了法科研究生院等专门职业研究生院制度。这一制度无疑证明了日本研究生院教育改革密切结合社会实际需要而变化的趋势。三是对于取得教育研究优良业绩的研究生院，重点充实其研究经费及尖端大型研究设备费。四是加强对研究生院学生的支援，实施日本学术振兴会特别研究员制度及日本育英会奖学制度。五是更多的大学采用学生助教，让研究生院的学生在任课教师的指导下，指导本科学生或者辅导学生实验、实习、模拟演练等。六是国际交流更加活跃。一方面是日本的在校学生通过一年内的短期留学加强与国外的交流;另一方面是充实外国留日学生的教学，既有充实对留日学生的日语及日本国情的教育，也有大学开展用外语进行教学的。

（六）提倡高等学校的个性化

高等学校个性化是在长期办学过程中积淀而成的、为本校所特有的并优于其他高校的独特优质风貌。高等学校个性化可体现在不同的方面，如治学方略、办学观念和思路、运行机制等。知识经济时代是一个充满竞争的时代，没有竞争力就无法生存。如何使大学充满个性，以便在竞争的环境中求得发展，是日本高校面临的突出问题。日本高等教育学家石弘光在论述这一问题时曾讲到，“当大学规模发展受到限制的时候，必须走内涵式的发展道路，不具有特色和吸引力的院校可能被社会淘汰”[①]。

20世纪90 年代以来，日本高等教育改革的一个显著特点就是提倡高等学校的个性化。“所谓个性，不仅指每个人的个性，而且还意味着每个家庭、学校、社区、企业、国家、文化以及时代的个性。”[②] 1998 年大学审议会《21 世纪的日本大学与今后的改革政策》报告的副标题就是“个性在竞争环境中闪光”，由此可见个性化在日本高等教育改革中的地位。此外，日本大学审议会还指出：“在21世纪初叶，大学要满足对高等教育提出的各种需求：更加富于多样化、个性化，在得以实现多样化发展的结构下，国立、公立、私立大学发挥出各自应有的职能，开展有特色的研究活动……这是谋求高等教育整体的灵活性的需要。”[③]根据大学审议会的建议，高等学校的个性化与多样化的内容包括:“ 一是大学的个性化；二是短期大学的个性化；三是高等专门学校的个性化；四是不同办学主体高等学校的个性化与多样化。”[④]

目前，日本的高等教育管理正给予高等学校更多的自主权，并通过改进评价方式和评价机制来促进大学的个性化发展。比如，引入复合评价制度，评价方式由一元体制向多元体制转化； 并组织学生针对教师的教学状况参与评价；实行“后检查制度”，将评价结果和政府拨款直接挂钩，激励高等学校的个性化发展等等。总之，在日本大学审议会的指引下，面对知识经济，日本每一所大学都在独立地分析来自社会的要求，实事求是地评价办学现状，据此制定发展目标，并在实施目标的过程中，形成自己独特的发展模式，以便在竞争中求得生存。

---

①陈文华.知识经济背景下的日本高等教育特点.成都教育学院学报，2006，7
②国家教育发展研究中心.面向21世纪的教育.143～144
③日本大学审议会.21世纪的日本大学与今后的改革政策.教育参考资料.1999(9～11)
④朱国仁.挑战与创新——构建新经济时代的中国高等教育.南京：南京师范大学出版社，2001，136

（七）重视培养学生创新能力，实施课程改革

知识经济是以知识和技术创新为基本要素的经济，创新是知识经济的本质所在。日本高等教育向来提倡培养学生的能力。在临教审1985 年发表的第一次咨询报告里就指出，“面向21 世纪，能够适应社会的变化所必备的素质和能力就是创造性和独立的思考能力、表达能力和活动能力，为了使我国的学术研究工作对世界有所贡献，今后就要特别注意培养这些方面的能力”①。1990年，日本又发表了题为《建立高等教育体系，向21世纪迈进的教育方针》的教育白皮书，提出：“在当前动荡变化和复杂的社会及学术活动向新的方向发展的形势下，应重视培养学生的适应能力，对学生进行独立思考、独立判断的教育，”②这也是创新能力的重要表现。1996年，日本教育审议会发表了《面向21 世纪我国教育的发展方向》的报告，强调把“创造性”当作个人在“今后急剧变化的社会里的‘生存能力’的重要内容”③。大学审议会在1998 年的报告里更明确地指出:“今后高等教育方面，要从初中等教育阶段旨在培养‘自主学习、自主思考的能力’为基础，转为着重培养学生的课题探求能力”，“另外，为实现科技创新立国和推进学术研究，培养具有高品质的职业技术人员，具有高层次专业知识与能力并能开拓新领域的人才，富于创业精神的人才以及富于创造性与独创性的优秀研究人员，将是必不可少的”④。

为培养学生的创新能力，日本的各类大学十分重视课程的综合化改革，提出高等教育应打破狭隘的专业壁垒，把基础教育与专业教育紧密结合起来。按照新的大学设置基准的精神，1996年已经有80%以上的大学重组了教育课程；不再把课程分为教养教育

---

①教育发展与政策研究中心.发达国家教育改革的动向和趋势.北京：人民教育出版社，1986，165

②国家教育发展中心.发达国家教育改革的动向和趋势（第5集）.北京：人民教育出版社，1994，425

③蔡克勇.21世纪中国高等教育向何处去.长春：吉林人民出版社，1999，92

④朱国仁.挑战与创新——构建新经济时代的中国高等教育.南京：南京师范大学出版社，2001，123

和专门教育，而是构建了四年一贯的课程体系，教养课程由各学部共同协力充实。到2000年10月，全国有508所大学实施了这样的课程改革，超过全国大学总数的90%。为了增进学生的创业能力，企业家育成教育也受到了广泛的重视，到2000年全国有139所大学开设了330个这样的科目[①]。同时，还强调“综合就是创造”的思想，许多理工科大学大量开设科学技术与社会科学等综合性跨学科课程，注重课程设置上的文、理、工相互渗透。如日本东京大学的综合理工学院，分设了能源科学、生命科学、材料科学、电子系统、社会开发工程等10个综合性的课程。课程的综合化不仅体现在设置多种课程模式上，而且还体现在课程的组织上，如由不同学科专业的教师共同担任某一课程；由不同学科专业的教师共同组成各类公共课教学委员会等等。此外，日本大学还进行了相关的改革，如教学方式改革。按照教学目的、学生能力实施少人数(一般在20人以内)的分班教学。这样的教学方式是因材施教的一种表现，有助于学生的个性化发展与创新能力的形成。从客观上说，这些改革的努力从根本上反映了知识经济的本质特点，对日本社会和高等教育都具有很强的针对性。

（八）高等教育面向国际化和信息化

20世纪80 年代以来，随着世界科技与经济贸易的快速发展与增长，全球化与信息化的趋势越来越突出。适应这一形势的高等教育改革成为世界性的课题。面对这一重大课题，联合国教科文组织也指出：“国际团结与世界合作的必要性比过去任何时候都更为明显。”[②]对此，日本高等教育改革给予了积极的回应。主要表现在国际化与信息化两个方面。

就高等教育国际化而言，在临教审的四次咨询报告中，每次都强调培养日本人的世界意识。如1986年的报告中就指出：“日本正处在当代国际社会中不能孤立存在的‘新的国际化时

①马明阳.日本高等教育改革的特点及启示.日本研究,2002 (1)
②联合国教科文组织.学会生存——教育世界的今天和明天.北京：教育科学出版社，2002，19

代’……日本要以‘站在世界之中的日本’的姿态，正视日本的现实，积极展开国际交往。”① 在这方面，日本主要采取了两个措施，一是促进高等教育的国际交流。也就是通过提高高等学校的国际通用性，实行与国外高等学校学分、学历与学位的互认；大学作为“一个全力从事探究、创造和传播知识的地方，及全力发展科研和参与开展技术革新与发明的地方”应大力开展国际性的共同研究，力争建成在教育内容和研究水平上具有较高国际竞争力的大学；加大接受国外留学生和外籍教师与研究人员工作的力度，目前东京大学的4165位教授中，有52位非日本籍教授，1023非日本国籍研究者；27 412位学生中有1 712位留学生，83.8%来自亚洲。其中36.8%来自中国大陆、香港和台湾，22.1%来自韩国。二是培养大学生的国际眼光与国际交流的能力。为了培养“能够活跃于国际舞台”的大学生和“能够在国际社会发挥知识主导作用的专家”，日本非常重视大学生掌握与国际交流相关的知识与技能。为此，学校加强学生外语听说读写能力的培养，注重明确表达自己主张的能力的形成等等，当然采取了一些配套改革措施，如大学期间保留学籍到国外进行为期一年的短期留学的措施等。

从高等教育的信息化来看，同样有两方面值得一提。一是将信息技术引进教学，实现教学手段的信息化。日本文部省于1990年提出一项9年行动计划，训练教师在教学中使用多媒体。此外，还提倡大学通过信息网络技术实施远程教学。这样，借助现代化通信手段使大范围的学校相互提供优秀课程，可以及时交流教学成果、教学方法，使各校之间互相取长补短，进而提高全国大学教育的综合水平和整体效益。为鼓励学生选修远程课程，大学审议会建议将这种课程学分的上限由原来的30 个学分提高至60 个学分。二是培养学生运用信息技术的能力。信息技术的普及使掌握并运用信息技术手段获取信息的能力成为信息时代人人所必需的重要能力之一。自20世纪80年代中期以来，日本的多次教育改革

①瞿葆奎.教育学文集、日本教育改革.北京：人民教育出版社，1988：425

一再强调培养学生运用信息技术的能力，使学生适应信息社会的生活。在日本，为学生提供电脑的比例本科生为6.4%，研究生为15.2%[①]。此外，大学审议会还提出要在制度上给高等学校以更多的灵活性，使它们能够积极而有效地运用信息技术，让他们借鉴国外“虚拟大学”的经验，推进整个高等教育信息化的进程。

总之，面对知识经济的挑战，培养大批创新人才，已经成为日本高等教育改革的主要目标。为实现这一目标，日本政府除采取以上措施外，还进一步加强了政策引导。如日本的中央教育审议会于2004年12月20日提交了《高等教育未来展望》报告书，构想了2015—2020年间日本高等教育的状态，并为实现其目标提出了具体的措施。报告指出，由于人才流动和远程教育的普及，在承认大学的自主性、自律性的同时，应该考虑让地方的高等教育机构积极地为区域经济、区域文化建立自由选择进行学习的高等教育体系，实现提供学习机会的“一般途径”，并确保在校学生的学习机会。日本的高等教育为了适应学习者的各种需求，就必须明确各学校的特色。报告还进一步提出，针对今后社会人才需求的多样化，必须注意高等教育与初等、中等教育的衔接问题。在增加教育投入的同时，各高等教育机构要致力于教育、研究活动的改善和充实，整顿高等教育质量保证体系使其发挥作用。

第三节　德国

德国是一个高度发达的工业化国家，其国民生产总值和人均收入均居世界前列，历史上更有引领工业革命潮流的辉煌。国土面积不大的德国何以取得这种优势地位？许多人认为，与其历来对教育尤其是高等教育的重视息息相关。从十九世纪开始，德国就非常重视高等教育的发展。到如今，德国已经是世界上高等教

①王英杰，刘宝存. 国际视野中的大学创新教育. 太原：山西人民出版社，2005，152

育非常发达的国家之一，其社会化的高质量的工程技术教育更是举世瞩目。面对知识经济，德国又采取了一系列措施加快高等教育的发展。回顾德国高等教育的发展史，分析其面对知识经济的举措，或许对我国高等教育的发展有所启迪。

一、辉煌的历史：德国高等教育的贡献

（一）17—18世纪的德国高等教育

同欧洲其他国家一样，德国的大学也产生于中世纪。到15世纪，全德已有威登堡等9所大学。17世纪末18世纪初，又创办了哈勒大学（1694年）和格丁根大学（1737年）等一些新大学。德国大学在宗教改革以后就开始按照新教的思想和要求进行改革。例如潜心派控制的哈勒大学就是当时欧洲在思想观念上最进步的高等学府，具有着实远见的学者担任教授，他们率先向旧大学的经院主义传统发起挑战，改革课程和教学内容，创立新的教学方法，建立实验室和陈列室，坚持学术自由原则，从而形成了符合时代精神的良好学风。在哈勒大学等的影响下，德国大学纷纷缩短学制为3～4年，教会对大学的影响大为削弱。德国政府对大学的控制日益加强，教授不再由教会委派，改由政府任命，学生成分发生了很大的变化，贵族子弟增多，僧侣垄断大学的现象开始扭转。教学内容的宗教神学性质和古典主义性质有所削弱，人文主义精神占有一定地位，增加了一些人文学科（历史、政治、哲学、法律等）和实用学科的教学内容（数学、物理、地理及实验课）内容，教学上开始使用德语，注意进行学术探讨。这样，即形成了诸多现代大学的特征。

这次大学改革运动取得了极大的成功，最可贵之处是破除了旧的传统束缚，首次在大学中为科学研究和教育赢得了一定的地位，并为19世纪的大学改革奠定了基础。

（二）19世纪德国的高等教育

19世纪初，在洪堡等人的领导下，受新人文主义的影响，以柏林大学为代表的大学改革运动获得了极大的成功，使德国成为现代大学的发源地。从此以后，世界高等教育进入了洪堡时代。在教育史上，洪堡的名字是和柏林大学连在一起的。他不仅参与筹办了这所新大学，而且确立了新大学的主旨和方向。洪堡的高等教育思想主要体现在：

1. 学术自由：这里的学术自由，既是教学的自由，也是学习的自由。教学自由指学者有自由探究的权利，学习自由指学生有学习任何课程的权利。“教师和学生为了有效地追求真理，必须不仅不受国家的监督，而且不受世俗要求的限制。”[①]洪堡提出这一原则，主要是从国家利益的观点指明了学术自由对于大学的生存是重要而不可缺少的[②]。为了维护大学的学术自由，洪堡反对国家对大学学术活动的干预，他认为凡是“由国家安排或领导的教育，它至少在很多方面是令人担忧的。”[③]

2. 教学与科研相结合的原则：洪堡主张大学的主要任务是追求真理，科学研究是第一位的。没有科学研究，就无法发展科学，也培养不出真正的科学人才。大学教学必须与科研相结合，只有教师在创造性的教学活动中取得的研究成果，才能作为知识加以传授，只有这种教学才真正称得上大学教学或大学学习。对此，他明确指出：“高等学校的一个独特的特征是，他们把科学和学问设想为处理最终无穷无尽的任务——它们从事一个不停的探究过程。低层次的教育提出一批封闭的和既定的知识。在高层次上，教师和学生之间的关系，不同于在低层次教师和学生之间的关系。在高层次，教师不是为学生而存在；教师和学生都有正当的理由共同探索知识。”[④]

---

①[美]伯顿·克拉克.探究的场所——现代大学的科研和研究生教育.杭州：浙江教育出版社，2002，20

②贺国庆著.外国高等教育史.北京：人民教育出版社，198

③谢安邦.比较高等教育.南宁：广西师范大学出版社，2002，40

④[美]伯顿·克拉克.探究的场所——现代大学的科研和研究生教育.杭州：浙江教育出版社，2002，19

3. 确立哲学院的中心地位：哲学院是实施文科教育的场所。从历史上来看，在相当长的一段时间里，大学生先学文科，再转入专门学科如神学、医学、法学等。直到18世纪，文学院仍然被认为是“低级”学院，其他学院则是高级学院。洪堡不仅废除了这种差别，而且实际上将文学院与其他学院的关系颠倒过来，使文学院（哲学院）成为大学的中心。这样，就以哲学地位的提高取代了传统大学中宗教神学的至高无上的地位。

简而言之，学术自由以及教学与科研相结合是洪堡大学思想的核心，对柏林大学乃至世界高等教育产生了深远的影响。19世纪成为德国高等教育发展的黄金时期。19世纪中叶，德国大学以精英的世界性的声誉，成为其他国家效仿的对象，“一些活跃的英国学者渡过英吉利海峡，人数多得多的美国人经过漫长而困难的横渡大西洋的旅途，一大批想要成为科研工作者的日本人从东京远道来到德国，寻求在知识的前沿工作的方法，在他们回国后，试图把科研的成分移植到他们自己的高等教育系统。”[①]德国大学的世界中心地位一直保持到第一次世界大战爆发之前。

综上所述，在19世纪以前，德国的高等教育虽然或多或少经历了一些坎坷，但总体而言，是在改革与创新中不断发展着。从哈勒大学和格丁根大学的向传统挑战，到柏林大学的学术自由以及教学与科研相结合，无不体现了德国大学勇于创新的风格。由于高等教育的发展，加之德意志帝国的建立，推动了德国社会和经济的发展，终于使德国在40年的时间里（1871—1910）赶超英法、后来居上，一跃发展成为世界强国，确立了在欧洲的政治和经济的中心地位。另一方面，由于经济的不断发展，对高等教育提出了新的要求，使大学规模不断扩充。据统计，从19世纪30年代中期到60年代中期，德国大学生人数保持在1.2万～1.3万人之间，1870年突破1.4万人，此后一直呈上升趋势，除1890—1896年

①[美]伯顿·克拉克.探究的场所——现代大学的科研和研究生教育.杭州：浙江教育出版社，2002，20

短暂停顿外，到1900年大学注册人数稳定在3.4万人，1914年上升到6.1万人[①]。这样，形成了高等教育与经济社会发展的良性循环。

二、两次世界大战：德国高等教育发展缓慢的重要原因

进入20世纪后，资本主义世界经济危机频繁，世界各国在争夺霸权的过程中，在短短30年的时间里掀起了两次世界大战。这两次世界大战给德国以毁灭性的打击。第一次世界大战持续4年3个月，直接死伤三千多万人，造成的经济损失达三千多亿美元，包括德国在内的欧洲各主要资本主义国家元气大伤。而第二次世界大战持续时间更长，范围更大，破坏和损失更为严重。德国经济完全崩溃，国债高达七千亿马克。1946年的工业生产还只是战前的1938年的22.9%；1948年工业生产在资本主义世界的比重是4.3%，而战前1937—1938年则是10.4%[②]。

德国是两次世界大战的始作俑者，战争给德国高等教育同样造成了深重的灾难。德国高等教育深受军国主义的影响，并被利用成为战争的机器。20世纪30年代德国，尽管有第一次世界大战的影响，经济与科技仍居世界前列，而它的大学也被认为是世界高水平的大学。1934年，希特勒上台，积极筹备发动世界大战，高等教育也沦为战争的奴隶。一方面，反对大学自治和地方分权，采用高度的中央集权；另一方面，限制学术自由，实行法西斯思想控制，迫害犹太师生，致使许多大学关闭，教授专家逃离。据统计，从1934年至1936年，在校大学生从13万减至5.6万。往日的大学成为进行法西斯宣传和为战争输送炮灰与技术的基地，高等教育备受摧残，成为德国高等教育史上最黑暗的时期。

①贺国庆.外国高等教育史.北京：人民教育出版社，2006，208
②朱国仁.挑战与创新——构建新经济时代的中国高等教育.南京：南京师范大学出版社，2001，147

三、二战后——20世纪80年代的德国高等教育

二战后，德国千疮百孔，百废待兴，高等教育在战争结束后，便进入恢复与发展时期。德国从战后一直到20世纪80年代，都积极发展高等教育，主要表现在：

（一）联邦政府积极参与高等教育

战后初期，联邦德国采用美国式的地方分权制，由各州政府管理教育事务。“联邦政府对高等教育几乎没有任何权力，只有通过预算才能对有关政策产生一定影响。”[①]后来，这种分权的教育行政管理体制的弊端日益凸现。为此，联邦政府开始采取措施，加强对高等教育的管理。1969年5月，联邦政府修改了联邦《基本法》，其目的是联邦政府分担高等教育基本建设的财政负担，确保教育事业的统一性。从此以后，联邦政府提供了高等教育投资的50%，并且成立“高等学校建设规划小组”作为联邦与州的一个协调组织，根据一年一度的新计划作出全国性决策。对于其他常规或有限时间内的财政支出，联邦政府也负担一部分。1969年10月，又设立教育和科学部，职责是规划协调各州的教育事业。总之，联邦政府通过教育拨款、立法、设立机构等方式加强了对高等教育的管理和控制，对高等教育具有某种适度的影响。

（二）扩大高等教育规模

德国作为战败国，高等教育受到的破坏很大，因此战后恢复与发展的任务更艰巨。战后德国被分为东西两半，就西德而言，把改革与发展高等教育作为重要的任务，一方面消除法西斯主义在高等教育中的余毒，另一方面扩大高等教育规模。为此，“政府当局发展了一系列以扩充义务教育和在中等和后中等教育阶段发展一大批计划为目的的措施，这些步骤使教育系统能在宽广的教育人才库吸收人才和满足新群体的期望”[②]，“在高等教育阶

①[荷兰]弗兰斯·F·范富格特.国际高等教育政策比较研究.杭州：浙江教育出版社，2002，179

②[美]伯顿·克拉克.研究生教育的科学研究基础.杭州：浙江教育出版社，2002，18

段，调整了资源，开发比较多样化的机构框架……高等专门学校产生”。由于采取这些措施，特别是高校的分化，高等教育规模得到了空前的扩张。1950年，西德在校大学生达17.2万，超过了战前的最高水平。1960年，增至30.4万，1975年，达到79.2万人。第三级教育的毛入学率1960年是5%，1970年增至16.3%，1979年达到26.5%①。

（三）完善高等教育结构

二战后，适应科技、经济与社会发展的需要，德国对高等教育进行了较大的调整，特别是兴建新的高等教育机构，实现了高等教育的多样化。同时，高等教育规模的扩大也要求高等教育结构有相应的变化。达伦道夫就提出“要扩展，就要改革，而且是彻底的改革”②的观点。改革的原则是“必要的统一，尽量的多样”。在这一原则的指引下，德国的高等教育结构逐步完善，首先，在原有大学内增设了许多新的学科；其次，建立新的包括纯理论学科和应用学科的综合大学，如1962年建立的波鸿大学等；再次，将原来的工程学校提升，建立高等专科学校，培养社会需要的各类工程技术、管理等应用型人才；最后，1974年建立专门进行高等函授教育的哈根遥受大学。这些新的高等教育机构成为战后德国高等教育实现大众化的主要依靠。更为重要的是，这些新的高等教育机构为德国经济的发展做出了不可磨灭的贡献。

（四）产学研结合

按照德国大学的传统，“在有本国特色上的绝大多数时期不受政府以外的社会经济需要的影响。”③“大学的基本作用是非职业的，它追求的是纯研究和纯学术”，大学自身与社会基本隔离。但是，随着时代的发展，这种状况有了改善。二战以后，德国开始注意大学与社会的联系。1947年，联邦德国在达姆斯塔特

①朱国仁.挑战与创新——构建新经济时代的中国高等教育.南京：南京师范大学出版社，2001，151

②陈学飞.美国、德国、法国、日本当代高等教育思想研究.上海：上海教育出版社，1998，156

③[加]约翰·范德拉格夫.学术权力.杭州：浙江教育出版社，2001，20

城举行了“国际教育会议——工程师教育”，提出了高等工程教育的“应用性工程教育”的新概念，强调学生所学理论在工业生产上的应用，被称为“工程师学校”。这种学校往往以产业方面为主、产学合作、学校为企业培养人才。这种应用型工程教育在德国的“经济奇迹”中起到了巨大的作用。

四、20世纪80年代以来的高等教育创新

20世纪80年代以来，德国经济增长缓慢，结构性失业日益严重，同时国际竞争日趋激烈，各国都在积极采取措施迎接知识经济的挑战，德国自然也希望高等教育能为经济发展作出贡献。联邦总统赫尔佐克曾说，教育首先要有助于保住我们在市场上的地位。总之，高等教育如何更好、更有效地服务于经济，是近年来德国高等教育面临的核心问题。为此，德国政府采取了种种措施，加快本国高等教育的改革与发展。具体而言，有以下几个方面：

（一）促进高等教育平等

近代德国大学源于“文化国家”的理念。在文化国家的框架下，德国大学之所以能得到高水平的发展，一是由于政府乐于支持，二是由于联邦和各州政府具备支持的能力。这是德国高等教育政策的基本出发点。然而20世纪90年代以来，德国政府支持高等教育的实际财力急剧下降。同时，政府在经济上无条件支持高等教育的信念发生了动摇。在大学抱怨政府投入不力的同时，大学本身也受到了来自社会各方面尤其是政府的批评。针对上述问题，联邦政府积极采取措施，促进高等教育平等。主要表现为政府对贫困青年及适龄女性青年接受高等教育的补救倾向和措施。

首先，加强教育系统内部职业教育与普通教育之间的相互渗透性，使经过双元制职业培训的学生能与其他中学毕业生一样获得接受高等教育的同等资格。其次，在保证学生的基本生活需要的前提下，改革《联邦教育促进法》，资助有困难的大学生完成高等教育阶段的学习：在学生提出申请的前提下，一是每月给予

400马克的基础性补助，二是与其父母收入挂钩的特殊补助，三是毕业阶段的专项贷款。第三，扩大妇女接受高等教育的机会，特别是攻读博士及在高等学校任职机会在该时期受到了极大的重视。1985年修订的《高等教育总纲法》有专款要求高等学校制定措施，使女性在高等学校中得到均等的机会。1998年的《高等学校总纲法》，不仅把照顾有子女的学生的特殊需要、保障高校中男女平等权利写进高等学校的任务条款（第2、3条），而且在有关学生考试的问题上充分考虑到了母亲的权利。

（二）建立以大学业绩为基础的竞争机制

20世纪80年代以来，政府以提高高等学校教学和科研质量为契机，提出了“用竞争代替官僚”的高等教育政策。科学审议会于1985年也提出了“关于德国高等教育竞争问题的建议”，认为应促进高等学校在各个方面展开竞争。同时，大学校长会议也主张在高校引进市场和私有经济因素，鼓励适当竞争，建立以大学业绩为基础的竞争机制。

首先，逐步引入以大学业绩为基础的政府拨款模式。其核心内容是政府拨款依照高校的教学与科研成绩以及培养学生的质量来确定。它将大学的基本办学经费分成基本部分和增量部分，其中的增量部分严格按照大学的实际业绩来投入，而且该部分在整个办学经费中的比重也逐步增加。在大学的基本建设资金方面，引入了基建经费凭证制度。据此，联邦和州政府拨给大学的基建费将以凭证的形式，按学生的人头数拨给大学，从而使该凭证的数额与大学的学生人数直接挂钩，并最终与大学的办学业绩直接联系起来。

其次，公布大学排行榜。1989年，《明镜》周刊根据对大学生的调查，公布了德国有史以来第一份德国大学排行榜；与此同时，德国几家著名杂志也都相继公布了各自通过调查而排出的大学排行榜。这些排行榜在舆论中引起了广泛的关注，促进了大学的竞争意识；大学之间的比较问题引起了广泛的关注。大学排行榜是与评估紧密联系在一起的。从20世纪80年代中期开始，高等教育的评估问题逐渐受到重视。到了90年代，高等学校教学质量评估已成为“高等教育政策讨论中一个中心和现实议题”[①]。

第三，建立压力与机会并存的学习制度。这方面的改革主要是：①限制大学的正常修业年限，将高等专科学校的最高修业年限限制在4年；制定了有关中期考试的新规定，增加了学习成绩的影响力。这些规定可以增强学生和学校的竞争意识，有利于提高大学生的质量。②加强人才的选拔和资助工作。包括设立高额奖学金，资助那些在严格选拔过程中脱颖而出的精英人才。

此外，还有一些关于取消大学教授公务员身份或变教授的终身制为限期制的讨论，有的地区已经着手制定相关方面的法律等等。从以上改革中可以明显地看到，改革的目标是促进高等教育的竞争，进而通过竞争提高高等教育的质量。

（三）鼓励大学积极进行创新，向企业界、科研机构和其他大学开放

德国为在知识经济中立于不败之地，政府鼓励大学积极进行科技创新，向企业界、科研机构和其他大学开放。在德国，高等学校特别是大学在国家创新体系中具有重要地位。因为：大学首先可以培养和培训各类创新人才和促进人才的交流，实现知识的传播；二是开展基础研究，创造新知识；三是与企业合作，为企业补充知识，增强企业的创新能力。为充分发挥高等学校的创新作用，政府把教育、人才培训和人力资源开发作为创新体系的重点。1998年，德国议会通过《高等学校框架法》，改革高等教育，使之适应提高创新能力和发展新经济的需要。1999年，德国教研部向高等学校追加2亿马克经费，用于鼓励高等学校提高创新水平和增强科技转化能力。

①陈学飞.美国、德国、法国、日本当代高等教育思想研究.上海：上海教育出版社，1998，174

就大学向企业界、科研机构和其他大学开放而言，高等学校不断加强与企业的合作，企业也主动向高等教育投资，联合开展研究，促进科技转化。这种合作不仅可以加强大学与外界的联系，充分发挥大学的职能，还可以增加大学的收入，并最终减轻国家的财政负担。就大学之间的合作而言，联邦政府对近年来在德国许多大学之间进行的教学和研究交流合作工作给予充分肯定，如海德堡度海姆、莱比锡、哈勒等大学之间的教学合作项目等。针对大学与校外机构的合作，联邦政府于1997年专门提出了“研究开发和科技市场全球化——国家相应的创新政策”的报告，旨在重点支持大学与校外机构的合作开发和研究，譬如，以亚琛工业大学和马普研究所为主力的生物技术能力中心等。

（四）高度重视科研工作

德国政府为迎接知识经济时代的挑战，促进科研发展，积极进行创新，高度重视科研工作，近年来先后采取一系列重大举措。首先，积极加大对科研工作的投入，“1985年，联邦共和国在研究和开发上大约支出200亿美元，即国内生产总值的2.66%，这个百分比仅仅被日本和美国分别以2.82%和2.83%超过。这200亿美元中，38%由州政府和联邦政府提供”①。其次，鼓励青年学者积极进行科学研究。在2002年，德国设立“青年教授席位”替代现行的教授资格考试，鼓励青年教授独立进行教学科研，成为学术带头人。同时，委托德意志研究联合会执行联邦和各州的联合项目，特别资助年轻的科学工作者。德国教科部设立了“未来投资项目基金”，资助洪堡基金会等设学术奖，重奖杰出青年科学家，激励他们在德国从事科研工作，并指导和培养德国年轻的科研工作者。

（五）加强高等专业学校教育

众所周知，德国的高等教育机构由两部分组成：一是大学系统，主要从事研究活动和学术性人才的培养；二是高等专科学

①[美]伯顿·克拉克.研究生教育的科学研究基础.杭州：浙江教育出版社，2001，25～26

校，他们以“职业教育为方向，大学教授只在某种程度上从事应用研究。”①为迎接知识经济的到来，德国政府及社会各界非常重视高等专业学校的发展。1997年，德国政府在中等以上职业技术学校和高等教育的投入占国内生产总值的1.1%。总统赫尔佐克声称：“知识社会只能作为教育社会而存在。”

德国的高等专业学校是工程师的摇篮，它对学生进行所谓职业定向教育，毕业生的实践能力较强，在就业市场“对雇主来说是十分有吸引力的”，“在德国实业界里，三分之二的工程师毕业于高专，50%甚至更多的计算机学科的毕业生拿到的是高专学位”②这种类型的学校符合时代和社会发展的需要。为此，德国加强高等专业院校的建设，将其学生人数从现在的占高校总人数的20%提高到40%。这项改革的关键，一是投资扩建学校，二是改革工资制度，使高等专业学校毕业生的工资和学术性大学毕业生有同样的待遇。此外，巴符州和柏林市提出扩大高等职业学院并已将其付诸实施，这是双元制职业教育思想引入高等教育的有效形式。

（六）追求大学的国际化

德国高等学校具有重视国际交流的传统，进入20世纪80年代以后，高等教育中的国际交往在广度和深度上有了新的突破，特别是90年代以来，已具备国际化的特征。前联邦教科部长吕特格尔斯和外交部长金克尔在1998年7月3日就德国大学的国际化问题发表了联合新闻公报。公报重申：“对于联邦政府来说，一个中心的政治任务，就是要使大学更具国际性……要增强在德国从事科学和学习的吸引力。”

为此，政府主要采取了如下措施：首先，在规定的学习年限内，进行建立与国际接轨的学士和硕士相连的学位文凭制度的试验。其次，作为配套性的政策，德国于1997年在里斯本签署了欧洲相互承认大学学历文凭的协议。一年后，德国联邦教科部长与

①[荷兰]弗兰斯·F·范富格特.国际高等教育政策比较研究.杭州：浙江教育出版社，2002，168

②张宗俊.现代大学制度.北京：中国社会科学出版社，2004，146

法国、英国教育部部长又在“面向欧洲大学”研讨会上发表联合声明，又一次强调了促成大学课程和文凭对等和协调的必要性。德国高等学校与国外高等学校的合作协定在1993年达到6700项是1987年的5倍[①]。再次，从法律上排除外国留学生居留许可的障碍，并派遣学生出国留学。据统计，“德国出国留学的人数在20世纪80年代增长了3倍，在德国的外国留学生数量同期增加了近一倍”[①]。此外，还在高等学校中大量开设以国际性问题为内容的课程和专业。

面对经济全球化的趋势，德国要想保持其国际经济地位与其产品的国际竞争力，高等教育就要面向国际市场，培养出能够参与竞争的创造性人才。在此，经济与政治利益的统一，已形成推动高等教育国际化的强大动力。需要指出的是，欧洲政治经济一体化是加强德国高等教育国际化的重要因素。科学审议会在其《关于90年代高等教育前景的建议》中强调，掌握外语，了解邻国的情况非常重要，高等学校应具有更多的欧洲意识。总之，适应欧洲一体化进程也是推动德国高等教育国际化的重要因素。

除上述所举若干政策外，1991年，科学委员会前主席提出德国大学需要重新定位，取代崇尚经济增长的思维的政策。但是，现实情况却是德国的教育政策，尤其是高等教育围绕经济增长的趋势却越来越明显。1992年，德国大学校长联席会议颁布的《德国高等教育发展纲要》就是有力的证明，这一纲要以未来劳工市场对学术人才的预测为权威性依据，为今后数十年高等院校的发展制定了规划，这是高等教育为适应知识经济的到来所作出的重大决策。

---

①陈学飞.美国、德国、法国、日本当代高等教育思想研究.上海：上海教育出版社，1998，179

第四节 印度

印度是人类文明的发祥地，世界四大文明古国之一，其高等教育有着悠久的历史，在古代就有塔克撒西拉、那迪亚等许多高等教育中心。但是，由于文化保守、封闭、生产力落后，加之地理、战争等因素的影响，逐步落伍。15世纪后，随着新航路的开辟，英国入侵印度，印度沦为英国的殖民地，开始了漫长的被压迫、被剥削的历史。英国入侵后，印度的高等教育也被纳入了殖民化的轨道，成为英国实施奴化教育的工具，高等学校成为传播宗教教义的场所。客观地讲，随着英国的教育形式引入到印度，一些先进科学知识也传播到印度。所以，英国的入侵使印度教育殖民化并具有一定程度的现代化，但是由于英国的限制，印度的教育不可能得以充分的现代化，更谈不上迅速发展。

19世纪末20世纪初，印度的民族解放运动风起云涌。1947年，印度终于摆脱英国的殖民统治，获得独立，成为主权国家。印度独立后，面临的主要问题是快速发展工业，尽快富强，教育尤其是高等教育应该成为实现这一目的的重要手段。于是，印度政府积极发展高等教育，给予相对较高的投入。经过几十年的努力，逐步建立了自己独立的层次较为合理、科类比较齐全的较为完善的高等教育体系，高等教育形成一定的规模，尽管其质量不能与发达国家相比，但是在相当程度上适应了印度经济、政治与文化的发展。

从另外一个角度讲，按照美国高等教育学家阿特巴赫的观点，当今的高等教育存在中心与边缘之分，“第三世界的大学在全球范围内毫无例外地都是边缘大学。他们指望工业化国家特别是美国、法国、英国和德国的大学为他们提供模式……对中心大学存在心理上的依附性，缺乏必要的设施和传统，这些都决定了第三世界的大学只能是边缘大学。”[①]印度作为第三世界国家，其

①阿特巴赫.比较高等教育：知识、大学与发展.北京：人民教育出版社，2002，29

大学自然属于边缘大学之列，质量水平并不高，印度7000所学院的本科生接受的教育远远低于国际标准。”[①]比如，“印度一级学位的及格率只有50%，研究生的不及格率在20%~30%。”[②]同时，印度高等教育发展过快，但是基础教育得不到应有的重视，影响了全民素质的提高，也造成了大学生失业、人才外流等现象。在高等教育内部，专业结构不很合理，理工科所占比例比较小。另外，高等教育的区域分布不合理，集中在大城市。面对这些20世纪80年代以前存在的问题，印度政府着手进行改革，一是调整高等教育的学科与专业结构，实现高等教育的多样化；二是重视高等教育质量的提高；三是改革课程体系，加强高等教育对社会经济发展的适应性；四是鼓励私人创办高等教育，以缓解高等教育经费不足。

进入20世纪90年代后，面对即将到来的知识经济的挑战，印度作为发展中国家面临的形势更为严峻。知识经济对于印度而言，既是挑战也是一次机遇，如果错过这次机遇，与发达国家的差距将越来越大，“赶超”发达国家的愿望将成为海市蜃楼。为了抓住这次机遇，印度政府主要采取了以下措施：

一、继续扩大高等教育规模，提高高等教育质量

印度自独立以来，高等教育的发展一直是一种外延式的发展，即依靠增加数量来扩大高等教育的规模，希望通过大力发展高等教育来促进本国经济的发展。到1995年，印度有大学204所，学院8613所，在校人数611.4万，位居世界第三。

在扩大高等教育规模的同时，还注重高等教育质量的提高。由于在印度历史上有过只重数量不重质量的沉痛教训，因此为迎接知识经济的挑战，印度政府既重视数量也重质量。具体而言，采取了以下措施：首先，为高等教育质量的提高提供法律依据。1992年，印度政府出台《行动计划》，在该计划中，明确提出

①阿特巴赫.比较高等教育：知识、大学与发展.北京：人民教育出版社，2002，190
②朱国仁.挑战与创新——构建新经济时代的中国高等教育.南京：南京师范大学出版社，2001，179

"要继续改善高等院校的办学质量，加大教师在职培训，成立教师进修学院"①其次，改革教学内容和课程体系，改进教学方法。为了适应经济发展的需要，印度按照针对性和增强灵活性等原则，开设了许多应用型学科，培养学生适应社会的能力。尤其是理工科，通过综合的方法改善教学质量，比如减少正式教学时间，给学生留出自学和活动时间，采用新的教学技术加强理科教学，改进教学方法等等。到1992年3月，有14所大学附属学院实施了理科改进计划，这一计划的推行，对于保证学生的质量，培养学生的思维能力和探索精神意义重大。

二、大力发展高等职业技术教育

发展本科层次的职业技术教育是印度近年来高等教育改革的重要举措。早在1986年《国家教育政策》就提出要发展包括本科层次在内的职业技术教育，以提高个人就业能力。1993年，印度大学拨款委员会发表了《第一学位教育的职业化》报告。报告指出，发展本科层次职业技术教育的目标是培养学生的就业能力，重点是培养学生的创业能力。为此，在课程领域，选了四个学科领域中的35种职业课程，以组合的方式实施。在1995年，试行学校209所，其中包括19所大学和190所学院，学校可以从核心小组委员会认定的35种职业科目中选择开设1~3种。为支持高等职业技术教育，人力资源开发部拨付2.6亿卢布。正是在政府的大力支持下，印度高等职业技术教育获得了较大的发展。

三、加强高等学校与企业的合作，发挥高等学校的知识创新和社会服务功能

为迎接知识经济的挑战，印度非常重视高等学校与企业的合作。首先是对国家研究与开发的资金投入比例作了适当调整，加大对应用与开发研究投入的比例，鼓励高等学校、研究部门、生

①邢克超.共性与个性——国际高等教育改革比较研究.北京：人民教育出版社，2004，156～157

产部门进行合作，促进科技成果的转化。如在第八个五年计划中（1992—1997）强调科学技术与社会经济发展部门的一体化；在第九个五年计划中，又提出在支持基础研究的同时，重点加强对技术开发特别是社会经济部门和工业部门最急需技术的开发。在1999—2000年的财政预算中，政府投入两亿卢比，建立一个全国性的创新基金，以支持和促进知识创新与知识的转化。一些高校经常聘请大量产业界的专家任教，使教学与实际生产紧密结合，并跟踪最新的科技发展。如某高等学校一个有关软件开发的系，27位教师中有6位是产业界的兼职教授。除原来的理工学院系统外，从1999年开始，印度政府特别设立5所信息科技学院。这些学院特别强调企业家讲学，学生到企业界实习，以便更贴近技术动脉①。同时，为鼓励高等学校与企业展开合作研究，对于与高校进行联合研究的企业减免税收。到今天，已形成了高等学校与企业双向参与、企业与高校联合办学、企业资助高等学校的研究、高等学校向企业转化科研成果和双方经常性的人员交流等比较完善的合作机制与途径。

四、加强高等学校办学质量评估

在印度，1986年的《国家教育政策》和《行动计划》以及1992年修订后的《行动计划》都明确指出，为保证高等教育的办学质量，大学拨款委员会应设立一个评估和认证高等院校的机构。为此，大学拨款委员会成立了一个小组委员会，研究和制定高等教育评估和认证的方法。1994年9月，大学拨款委员会设立了全国评估和认证委员会对全国的高等院校进行定期评估和等级评定。这一机构的设置，对于促进高等学校办学质量的提高发挥了积极作用。

五、运用信息技术手段，培养学生掌握和应用信息技术的能力

在印度，引进信息技术手段并不只在提高高等教育的效率

①朱国仁.挑战与创新——构建新经济时代的中国高等教育.南京：南京师范大学出版社，2001，190

和普及知识，更因为面对知识经济，学生掌握和应用信息技术的能力非常重要，这种能力是知识经济时代的人才所必须具备的。印度对于信息技术方面人才的培养是非常重视的。比如，在2000年，政府更提出了“2008年，百万软件人才”的口号，在2001年，软件人才已达41万。对计算机等相关专业给予重点支持，使国内有20多万高级人才活跃在这一领域。同时，印度把计算机作为高等学校的必修课程，尤其对于理工科学生，不仅能熟练应用计算机，还要会编一定的程序。

由于印度政府对这方面的重视，在计算机软件开发与生产方面甚至可与西方大国媲美，特别是在软件开发方面，已经走在世界前列，成为世界软件的开发与出口大国，被美国商业周刊称为“苏醒的巨象”。

六、加强国际交流

在印度独立之后的半个世纪中，印度一直重视与发达国家的交流与合作，自20世纪50年代起，印度一直是向美国派出学生最多的五个国家之一——约有20万印度人在美国获得了学位。面对知识经济的挑战，印度更是加强与国外的合作，学习发达国家的先进经验。例如积极参与国际高等教育组织及其开展的活动、派人到国外接受培训、参与国际合作项目，与国外高等学校进行对口交流等等。在国际交流的过程中，受国外经历的影响，许多人把先进的科学以及研究和学术工作的模式带回印度，促进了印度社会经济的发展。

总之，面对即将到来的知识经济时代，印度政府作了大量的工作。但是，“在大多数领域和学科的基础研究中，将继续落后于世界领先国家，并将继续依赖外来的观点和发现……现在并且仍将处于世界科学系统的边缘。”[①]不过，只要印度政府一如既往地坚持正确的发展战略，保持良好的内外部环境，充分发挥现有的优势，还是能在激烈的国际竞争中占有一席之地的。

①[美]菲利普·G·阿特巴赫.比较高等教育：知识、大学与发展.北京：人民教育出版社，2002，185

第四章　我国高等教育创新的困境

众所周知，我国是一个具有几千年悠久历史的国家，早在西周时期就有了小学与大学的分野。汉代的太学在世界享有盛誉，唐朝的官学与私学都非常发达。但是，在19世纪我国高等教育发展停滞不前，“部分是因为沦为欧洲列强（后来日本也加入其中）展开殖民竞争角逐的场所，部分是因为中国朝廷对高等教育和科学的发展没有制定明确的政策。造成的后果就是没有实施统一的政策，高等教育的发展极缓慢又无计划”①。我国近代高等教育的发展深受西方的影响，“教学语言是汉语，而院校模式却是美国的、德国的、法国的和日本的。”②之后，我国的高等教育经历了好几个明显不同、互不衔接的阶段，比如20世纪30—40年代的抗日战争时期、内战时期等。新中国成立初期，中国高等教育发展的历史被割断了……苏联的学术与科学模式被引入中国，取代了其他国家的影响。此后便是与苏联关系的破裂和“文化大革命”，高等教育的发展完全停滞了。直到1978年十一届三中全会后，我国的高等教育才迎来了春天。

从整个国家来看，经过30年的努力，我国生产力有了较大发展，已经具有一定参与国际竞争的能力，初步具备了应对知识经济挑战的条件。知识经济的到来对我们既是一次挑战，也是一次机遇。历史上一百多年的屈辱已经使我们失去了发展工业经济的机遇，这次机遇我们一定要牢牢抓住才有可能赶超发达国家。因此，我国要坚定不移地实施科教兴国战略，为迎接知识经济时

---

①[美]菲利普·G·阿特巴赫.比较高等教育：知识、大学与发展.北京：人民教育出版社，2002，64

②[美]菲利普·G·阿特巴赫.比较高等教育：知识、大学与发展.北京：人民教育出版社，2002，191

代做好充分的准备。如前所述，在知识经济时代，创新是核心因素。正如江泽民同志所说："要迎接科学技术突飞猛进和知识经济迅速兴起的挑战，最重要的是坚持创新。创新是一个民族的灵魂，是一个国家兴旺发达的不竭动力。创新的关键在人才，人才的成长靠教育。"[①]作为教育顶层的高等教育"应成为知识创新和高层次创造性人才的培养基地。"[②]但是，从高等教育实践来看，传统的观念、陈旧的体制、僵化的教学过程以及功利化的科研无不在影响着我国高等教育的创新。这些问题如果不解决，我国高等教育创新只能是纸上谈兵。为从根本上推进我国高等教育创新，本章将就观念、制度、教育教学过程等影响高等教育创新的因素进行分析。

第一节　观念陈旧阻碍高等教育创新

笔者以为，高等教育要创新首先是观念层面上的创新。高等教育观念创新之所以重要，是因为高等教育观念制约着教育目标的确定、教育内容的选择、教育教学方法的运用以及教育组织、管理的取向。没有高等教育的观念创新，要进行高等教育的创新实践是不可能的。因为观念是在长期的实践中逐步形成、确立并且比较稳固的深层次的东西，所以高等教育观念先进与否是影响高等教育创新的深层次的原因。

在分析阻碍高等教育创新的观念之前，需要明确一个基本概念的问题。即：高等教育观念。所谓高等教育观念，就是人们对于高等教育这种社会活动或社会现象的认识。高等教育观包括本质观、功能观、价值观、质量观、发展观、教师观、学生观等等。人们对于这些问题的认识，往往相互联系密不可分。如高等

①教育部．面向21世纪教育振兴行动计划学习参考资料．北京师范大学出版社，1999，4

②教育部．面向21世纪教育振兴行动计划学习参考资料．北京师范大学出版社，1999，7

教育价值观与高等教育功能观密切相关，而高等教育质量观与人才观也密切相关。“经研究发现，大多数人们对于教育问题的讨论，集中于教育价值观、教育质量观和教育发展观等有针对性的基本教育思想方面”[①]。因此，该部分主要就陈旧的高等教育价值观、教育质量观和教育发展观展开讨论。

一、高等教育目的观

大家有目共睹，从新中国成立以来到今天，我国的高等教育事业走上了一条快速发展的道路，高等学校从类型、规模、结构到质量、效益、机制等方面都发生了深刻的变化，取得了重要的历史性成就，既比较充分地满足了广大人民群众接受高等教育的需求，又满足了国家社会经济发展对高等专门人才和新知识、新技术以及新工艺的需求，对于提高整个国家的生产力水平和综合国力，作出了不可磨灭的贡献。但是，在我国即将迈向知识经济时代的时候，有些高等教育目的观就显得不合时宜，并严重制约着我国高等教育的创新。回顾历史，审视当前，具体而言，主要有以下几种观念制约着我国高等教育创新。

（一）高等教育是为社会政治服务的工具

这种观点认为高等教育是社会的上层建筑，因此强调高等教育要为社会政治服务。诚然，高等教育坚持社会主义方向，为无产阶级政治服务，体现了教育的社会主义性质，也体现了教育的外部关系规律，这自然无可厚非。然而，如果高等教育这一社会功能被无限制地夸大，高等教育将经历重大灾难，“文化大革命”中高等教育的沉痛损失人们至今记忆犹新。由于把高等教育看成是为政治服务的工具，高等教育的重要实施机构——大学必然成为政府的职能部门，政府对高等学校实行高度集中统一的计划管理。高等学校在招生、专业和课程设置、人事安排、学籍管理等方面完全听从于政府的行政命令，根本谈不上什么自主权。

① “国际国内教育新理念的研究”课题组

同时，从历史上来看，由于高等学校由政府统一管理，自然强调高等教育的有计划按比例发展。根据这一基本原则举办高等教育，从结果来看带来了高等学校办学思想的僵化、专业划分过多过细、重工程教育和科技教育轻人文和社会科学教育。经由这种高等教育所培养出来的学生，知识基础不宽，视野狭窄，人文素养低，适应和变革社会的意识和能力较差，显然与知识经济时代创新人才的培养要求格格不入。此外，在教学内容、课程体系和人才培养模式方面表现出整齐划一性。这样虽然可以避免高校之间水平参差不齐，但是从整体而言是不利于高等教育发展的。

诚然，高等教育为政治服务，对于新中国成立初期进行社会主义改造，维护新政权方面是必要的。同时，政府对高等教育实施集中统一管理，进行大规模的高等院校调整，按国民经济部门、行业甚至产品种类来设置院校、系和专业，国家实行计划招生计划分配，对于有计划按比例地发展高等教育，培养社会主义经济文化发展所需要的实用人才等方面，确实发挥了作用。然而，从历史上来看，在相当长的一段时间内，高等教育在政治斗争的漩涡中沉浮，而这一时期正是世界科技革命大发展时期，各国都在进行经济建设，而我国过分强调政治因素，影响了高等教育的发展和创新能力的发挥，更制约了国家的发展，拉大了我国与发达国家之间的差距。在知识经济即将到来的今天，我们必须重新审视高等教育的政治功能，使其培养时代所需的创造性人才，进而为我国参与国际竞争服务，而不是沦为政治的工具。因为“教育作为社会系统中的一个子系统……只能是通过人才或智力系统来为社会作出贡献，如果……试图在不属于自己的领域里产生影响，只能导致教育子系统和社会大系统的‘内耗’现象”[①]。

（二）高等教育的经济主义思潮

改革开放以来，我国的工作重点转移到了社会主义建设上，高等教育也同国家的各项事业一样，拨乱反正，走上正轨，快速

①张应强.高等教育现代化的反思与建构.哈尔滨：黑龙江教育出版社，2000，253

发展，特别是1992年中共十四大确定中国经济体制改革的目标是建立社会主义市场经济体制后，高等教育的经济主义”思潮伴随着人们对教育与市场经济关系的理解逐步展开，迅速升温。“按照市场经济的特征去思考教育，用市场经济规范教育，高等教育要适应社会主义市场经济的发展，引进市场竞争机制，高等教育要市场化等等，”①成为教育思想界重要的理论思维取向。

如前所述，在此之前，政治论占上风，在思考大学、高等教育的改革与发展的出发点时往往以如何适应社会为出发点，为社会服务为首要因素，因此当时代背景发生转换后，大学为经济服务的取向就取代了过去为政治服务的取向。其二，客观上20世纪80年代之前我国的大学体制是与计划经济相匹配的，当计划经济转变为市场经济时，与经济体制相关联的大学体制的改革就成为必然了。其三，在现代社会大学作用日益增大，特别是教育经济学所揭示的人力资本在经济增长中所作出的贡献，于是政府在制定有关大学、高等教育政策时偏向从教育与经济关系的角度出发②。

诚然，高等教育经济主义思潮在很多方面揭示了教育与经济关系的客观规律，并在教育发展和改革方面起了巨大的推动作用，其贡献是需要充分肯定的。但是，任何事物都有两面性。这种观点欲凸显高等教育的经济价值，被许多人做了片面理解，如教育为社会主义建设服务被理解为为经济建设服务。高等教育的发展受经济主导，实际上成了经济的一部分，成为经济发展的工具，甚至被有些人认为是扩大内需的好办法。同时，这种观点没有在与高等教育其他功能的联系上看待高等教育的经济意义。“它孤立地看待教育与经济之间的函变关系，缺乏宽广的视角……明显表现出思维的狭窄性，他们没有或很少从现代教育同人类社会进步的整体需要的角度研究问题……没能看到或很少看

①毕淑芝，王义高.当今世界教育思潮.北京：人民教育出版社，2001，41
②胡建华.大学制度改革论.15

到教育的政治和文化功能，没能看到教育的改革和发展除了要适应经济的需求之外，还应该从更宽广的领域和方面适应整个人类社会进步的需要”①。

在这种观点的指引下，高等学校在面向市场经济过程中，产生了许多急功近利的短期行为。如有些高校的领导，眼睛只是一味地盯着市场，忙于办班、创收，大学的学术和科研被放在次要位置；也有不少大学师生忙于经商、下海、赚钱，教学科研和专业学习成了“副业”。在这种功利主义的影响下，当今的大学生不乏知识，但缺教养；不乏文化，但缺文明。大学教师缺少学者的生活方式和内在气质，即缺少追求真善美的科学精神、人文精神和鄙视、贬抑金钱、权力、地位等物质享受而专注内在精神世界丰富的文人品质。难怪有人批评当前的大学多了时髦和浮躁，少了昔日的深沉和宁静；多了顺从和趋炎，少了过去的独立和批判。马克思曾经说，教育是市场经济的伟大抗毒素。然而，我们的大学似乎不是在起抗毒素的作用，而是在接受市场经济自发毒素的影响。

应该认识到，教育是一种文化，高等教育不仅要继承人类千百年来积累的精神文化成果，更要发展和创造新的精神文明。现代的文化也绝对不仅仅是经济文化，其深层结构是一种符合人类发展和完善的意识、心理和行为方式，而不是浅层的物质的或物欲的追求。因此，高等教育应该为经济服务，但是它不能把自己局限在经济层面上去构建人类的新文化，充其量只是一个方面而已②。在即将到来的知识经济时代，高等教育更要发挥它独特的经济功能，为培养新时期所需要的创造性人才服务。但是，不能过于夸大高等教育对经济的作用，更不能仅仅以经济需求规范教育的本质和发展。因此，笔者以为，高等教育必须适应经济建设的需要，与社会经济发展相一致，但这并不等于使教育经济化。

---

①毕淑芝,王义高.当今世界教育思潮.北京：人民教育出版社，2001，61
②毕淑芝，王义高.当今世界教育思潮.北京：人民教育出版社，2001，63

由政治主导到经济主导，高等教育由上层建筑变为生产力，在特定的时期，对社会的发展做出了积极的贡献。但是，不论怎样变化，高等教育总摆脱不了工具的性质，自身的主体性却迷失了，长远来看，不利于高等教育自身的发展，也不利于社会的全面进步。在知识经济时代，这样的高等教育价值观念，大大阻碍了高等教育的创新。

二、高等教育质量观

从目前来看，我国高等教育质量观主要存在两个方面的问题阻碍高等教育的不断发展与创新，一是以精英主义的评价标准来衡量高等教育质量，二是衡量高等教育质量的内容不够全面。

（一）评价标准上的精英主义

精英主义，主要是指英才教育，它不仅表现在对教育对象的严格选拔方面，更表现在对人才质量的高标准和严要求方面。目前，之所以说以精英主义的评价标准来衡量高等教育质量，是因为我国对高等教育阶段结束以后学生身心发展有着“高标准”、“高质量”的追求。从总体规格上看，不管是“社会主义事业的建设者”也好，还是“社会主义事业的接班人”也罢，对于处于青春期的大学生及他们所在的学校而言，都是非常高的要求。这种高要求不仅体现在对大学生实际工作能力的要求上，而且更体现在对他们政治品格和个人德性的期待上。这样的高标准和高要求是只有少数同学经过刻苦努力和悉心培养才能达到的，而不是所有同学在中等努力的情况下都基本能够达到的。从我国经济建设的实际情况来看，确实需要从事各行各业的大量的精英。从这一意义上说，我国对高等教育阶段结束以后学生身心发展有“高标准”、“高质量”的追求是可以理解的，甚至在某种程度上具有现实导向和激励作用。但是，就高等教育实践而言，这种精英主义的高标准与高要求很难做到，因此最后很可能流于形式。当前，经过党和政府一段时间的努力，已经有更多的青年有了接受高等教育的机会，我国已迈进高等教育大众化时代，但是在质量标准上却仍然是典型的精英主义的，这显然不合时宜。为促进我国高等教育的不断发展，与知识经济时代的要求相适应，建立高等教育大众化阶段的质量评价标准已成为当务之急。

（二）衡量高等教育质量的内容不够全面

很长一段时间以来，我们在衡量高等教育质量时，以其培养出的学生自身知识能力素质水平，特别是知识或伦理道德知识的多少为重要标准。按照社会学的观点，这种以知识为主的质量标准评价方式形成后，很多时候走上了由知识到标签的异化方向。也就是说，知识标准在此过程中逐渐被异化扭曲为一种社会标签或符号，高等教育的主要特征则主要表现为获得某种社会地位或个人收益的凭证。而这种标签所能获得相应社会地位或个人利益的高低也就成了高等教育质量的同义语。换句话说，高等教育已逐渐成为一部分特定群体（具有接受高等教育资格的未来中产阶层——大学生群体）获取社会“高额垄断利润”的工具或手段而已。这一点，从目前高校中存在的众多主要为获得一纸文凭或学位而非获得相应知识、能力和素质的大学生，就是一个很好的证明。诚然，以高等教育培养出的学生自身知识能力素质水平作为衡量高等教育质量的一个标准本身并无可厚非，问题是将此作为唯一的或者说是重要的标准的话，就把高等教育规模数量、结构、效益及学生创新精神、创新能力等高等教育质量的重要内容边缘化，造成了高等教育质量下降。面对即将到来的知识经济时代，高等教育质量越来越成为人们关注的一个话题，如果高等教育质量仅以所培养学生的知识水平为唯一标准的话，自然会影响高等教育的发展，更谈不上高等教育的创新。因此，建立与时代要求相适应的多样化的高等教育质量评价内容已成当务之急。

三、高等教育发展观

很长一段时间以来，受我国经济发展水平和计划经济体制的直接影响，精英教育和单一模式的发展观念主导着我国高等教育的发展。这种高等教育的发展观认为，高等教育的发展就是指“高等教育数量指标上的增长，也就是教育系统中各子系统及其生产要素的规模在原有基础上的扩大及其总规模增长，包括高等教育规模的扩展、速度的加快，也就是一种数量型的扩张。”① 在这种观念中，发展就是增长，也就是把发展主要看作是数量的增长、规模的扩张和速度的加快。这种观点在20世纪60、70年代在西方国家非常流行，这一时期也被许多西方学者称为“高等教育大众化时期”。但是，这一时期过后，许多国家的高等教育面临着严重的危机：如高等教育质量下降、结构性失业、教师工资降低等等。

笔者以为，高等教育的发展首先是一个数量多少的问题，这一问题表明了高等教育在多大程度上满足了国家、社会和个人的需求。但是“不求质量的数量等于没有数量，教育质量是教育发展的本质规定；教育发展速度的快慢不仅制约教育数量和规模的涨落，而且直接决定教育发展目标的实现。”② 从这一意义上看，高等教育发展绝对不应仅仅是数量的增长、规模的扩张和速度的加快，还应包括高等教育结构的转换、质量的提高、效益的增强以及稳定程度的提高等等，也就是说，高等教育的发展应该是一种整体的、全面的发展。如果仅以数量的增长、规模的扩张和速度的加快作为衡量高等教育发展指标，而置高等教育的结构、质量、效益等方面于不顾的话，很难实现高等教育的全面发展，更谈不上高等教育的创新。虽然用“增长就是发展”的观点研究和看待高等教育，在一段时间内侧重于依据人力需求预测作出人力培养规划，这在一定意义上是必要的，但它忽视了教育发展的整体性，尤其是数量增长的研究，时间跨度越大则越不容易测准。但是我们遗憾地看到，目前我国高等教育偏重于增长和规模的扩

①唐玉光，房剑森.高等教育改革论.南宁：广西师范大学出版社，2002，210
②唐玉光，房剑森.高等教育改革论.南宁：广西师范大学出版社，2002，213

展，在大发展的同时忽视了结构调整和提高质量。因此，为迎接知识经济时代的到来，这种传统的高等教育发展观急需变革。

除了以上谈及的价值观、质量观、发展观之外，我国对高等教育本质的理解、人才的理解等等也存在诸多偏差，如一些研究型大学，乃至许多教学与研究并重的大学认为应把赶超世界先进水平作为自己努力的方向；还有人认为能考上大学的学生就是人才，或在大学学习过程中课业成绩优秀就是人才等等，限于篇幅不再赘述。但是，上面这些观念在我国高等教育领域很有市场，严重制约着高等教育的改革与创新，急需转变。

第二节　体制僵化制约高等教育创新

著名的高等教育学家阿什比曾说，大学是遗传与环境的产物。任何一种高等教育体制都与其时代特点相联系。在过去相当长的一段时间里，我国实行计划经济体制。在计划经济体制下，高等教育借以运行的逻辑起点是国家的发展计划。国家计委根据经济发展情况制定国家的发展计划，制定人才需求计划，与高等教育部门协商高等教育的系统计划、招生计划、课程计划和教学计划、学生分配计划，用人单位按照计划接收人才。高等教育的主要实施机构——大学是整个计划经济中的一个环节，是政府的附属物。诚然，这种体制有其一定的价值，如人们所评价："这一体制能保证实现国家的统一意志，在特定的情况下还能做到集中力量办大事。"[①] 但是，从今天来看，我们正建立社会主义市场经济体制，同时面临着知识经济时代的挑战，以往高等教育体制赖以生存的环境已经发生了很大的改变，以往的优势在今天的大环境下日益凸显出自身的弱点和缺陷，这些弱点和缺陷严重制约着高等教育创新。主要表现在以下几个方面：

---

①课题组.21世纪的中国高等教育.北京：高等教育出版社，2001，9

一、决策权过分集中

长期以来，我国在高等教育的管理上实行集权体制，也就是说，高等学校的大多数行为权力都集中在中央政府手中。这样，政府事无巨细，一概对高等学校行使管理权，使得我国高等教育决策权过分集中。在这种管理体制下，国家控制着高等教育的规划权、学校设置权、专业设置权、专业设置审批权、计划招生权、毕业文凭发放权、高校干部任免权、教师职称评审权、高校经费分配使用权等等。也就是说，政府既要举办高等学校，又要监督、评价高校，还要直接管理高校。“这种集权式管理模糊了高等教育行政职能和高等学校管理职能之间的界限，导致高等学校主管部门角色不明，高等教育的举办者、管理者和办学者三位一体，集中于高等学校主管部门。”[①]改革开放以来，尤其是实行市场经济以来，这种局面有了很大的改变，但是根基并未动摇，并经常反映在高等学校的行为之中。这样一来，高校不可能自己掌握自己。也就是说，政府的安排限制了高校的发展，国家对高等教育统得过死，统得过多，地方与高校缺乏应有的权力，高等教育没有地方特色，高校缺乏独特的个性。没有个性的高校自然缺乏创造性。这种状况与高等教育决策权过分集中有着直接的关系。

二、政府计划行为没有得到根本改变

受到计划经济的影响，高等教育体制目前存在的另一问题是政府宏观调控不力。作为一种社会组织，高等学校满足社会需要的行为理应从社会直接获得，但是我国高等学校往往只面对政府不面向社会，“高等学校自身计划只不过是政府及教育主管部门的宏观计划的分解，高等学校只需对政府及主管部门的计划负责。”[②] 也就是说，高等教育离社会还有一段距离，它与社会之

①潘懋元.多学科观点的高等教育研究.上海：上海教育出版社，2001，327
②李江源.高等教育制度创新不足略论.高等教育研究.2001（4）

间的输出与交换是通过政府实现的。随着社会主义市场经济体制的建立，政府的计划行为在不断地缩小，但是方式并没有改变。按照市场经济的要求，政府对于高等教育的管理应以宏观管理为主，正如汪永铨教授所说："政府的作用不是设法把它们（高等学校）管住，而是进行宏观调控和协调，从而为基层创造良好的环境和条件，使它们能够生动活泼、主动地得到发展。"[①] 但是，从目前的情况来看，政府计划行为并未得到根本改变，宏观调控也不力，致使高等教育条块分割突出、层次结构失调，高等学校和专业科类重复设置、专业过窄，低水平、低效益、不能适应现代科技、经济、社会发展对人才培养的要求，不利于学校提高办学水平和教育质量，也不适应社会主义市场经济体制下专门人才供求社会化以及行业变化和人才流动的需要，不仅造成国家有限资源的浪费，而且限制了我国整体高等教育的发展，极大地阻碍了高等教育的创新。

三、行政管理模式

我国政府在对高校进行管理的过程中，主要采用管理行政部门的方式来管理高等学校。这一模式与集权管理直接联系，互为补充。在集权的管理体制下，高等学校被看作政府的下属部门，是行政体系在高等教育系统的延伸，必然导致政府以对待下属部门的方式管理高等学校。在规范高等学校行为上主要采用的是以上下级行政渠道为基础的"红头文件"，而不是完备的、公开的、面向整个社会的法规。在管理日常事务上，主要采用"一事一议"的行政审批方式，而不是对事不对人的、普遍适用的规范化的间接控制方式。在调整高等学校行为上是以高等学校对政府部门的隶属关系为标志的直接控制，而不是运用市场手段来进行调节，政府对高校强调的是管理与控制，缺少服务功能。

这种行政管理模式不仅表现在国家对高等学校的宏观管理

①汪永铨.关于政府对高等教育的管理.中国教育报，1988，9，3

中，也表现在各高等学校内部管理中。高等学校内部权力从现状来看比较集中，学校行为也是行政管理的模式。学校党委对“重大”事物的领导变成了对一切事物的领导，普通教师在这些方面几乎没有任何发言权。

四、高校办学自主权的缺失

高等学校不同于行政事业单位，也不同于行政机构，而是一个独立的社会实体，只有高等学校真正成为一个独立的实体，面向社会办学的目标才能实现。但是，我国高等学校很长一段时间以来，一直没有办学自主权。因为在我国，高等学校的举办权、办学权和管理权是合一的，多年以来，“高等教育体制虽经多次变革，但政府集权的管理传统并未削弱，相反却有所加强，高等学校始终作为政府的附属单位。”① 既然是政府的附属单位，高校必然没有办学自主权。就像我们所看到的，高校不但没有自主招生、调整专业、设置机构、任免干部、使用经费、评定职称、分配工资和交流合作办学的权力，就连发放毕业生文凭的权力也被教育行政部门剥夺。没有任何权力的高等学校不可能根据社会需要办学，也不能根据自身发展规律活动。这必然出现高等教育活力不够，高等学校办学积极性不高，大大阻碍了高等教育创新。另一方面，正是由于长期依赖的“政府附属机构”的框架与模式的局限，高等学校确实也缺乏本应具有的自我发展、自我管理、自我约束的能力。在这种情况下，政府的意志和管理行为随着可以以其自身对“宏观管理”的理解直接到达高校，使宏观管理变为实际上的直接管理，从而造成了高等学校办学自主权的缺失。

高等学校如果缺失了办学自主权，就不可能成为办学主体，不可能主动加强与生产、科研和社会其他各方面的联系，增强办学活力，不可能提高教育质量和办学效益；不可能排除来自各方面的干扰；不可能充分发挥教师和学生的主体精神，切实提高人

①潘懋元．多学科观点的高等教育研究．上海，上海教育出版社，2001，323

才培养的质量。高校有了办学自主权，才有可能冲破种种限制与禁区，为开展科学研究和学术探讨提供有利于创新的宽松自由环境和学术氛围，为繁荣学术、出高水平的研究成果、提高教师的学术水平创造必要的条件。在这个意义上，赋予高等学校更大的办学自主权成为当务之急。

综上所述，决策权过分集中、政府计划行为没有得到根本改变、行政管理模式以及高等学校办学自主权的缺失是我国进一步深化高等教育改革的主要障碍，也是阻碍我国高等教育创新的最主要体制因素。正是这种僵化的高等教育体制使我国高等教育缺乏应有的活力，缺乏前进的动力。因此，在知识经济时代，我们必须对这种不合时宜的僵化体制进行大刀阔斧的改革，才能为我国高等教育的创新提供重要的保障。

第三节　高等教育教学与创新要求相去甚远

高等学校教育教学的创新是高等教育创新的核心问题。因为发展知识经济归根结底是要依靠创新人才。正如江泽民同志深刻指出的，创新的关键在人才，人才的培养靠教育。但是从目前的情况来看，高等教育教学中存在着诸多问题，这些问题影响着学生的全面发展，影响着创新人才的培养。虽然我国早在20世纪80年代中期开始就进行高等教育改革，探索新的人才培养模式，从最初减少必修课、增加选修课、试行学年学分制、加强能力培养，到拓宽专业口径、全面实行学分制等等，使我国高等学校教育教学发生了较大的变化。但是，由于体制上的局限和根深蒂固的传统惯性，我国高校教育教学在教学目标、课程体系、教学内容、教学方法、教学手段等方面没有从根本上跳出原来的框框，学生的个性发展和创造力培养受到不同程度的束缚，人才培养的灵活性和适应性不够，过分强调对教学活动的集中控制，对大学生的个性发展关照不多，难以培养出适应知识经济的创造性人才。这些问题可以从笔者对山西省本科教学状况的一项调查中得到证明①。

一、教学目标

教学目标是通过教学要达到的一种预期状态。从现状来看，大学教学在满足学生的需求方面还存在着较大差距。如13.5%的学生希望通过教学最想得到知识方面的提高，57.44%的学生最想得到能力方面的提高，26.63%的同学渴望在研究与学习方法方面得到发展，仅有11名的学生最想得到人格方面的完善，占总数的2.8%。实际上，42.01%学生认为，通过课堂教学，提高最显著的方面是知识；仅有15.93%的同学认为通过课堂教学得到了能力方面的提高。可见，大学教学在满足学生的需求方面还存在着较大差距。

从教师的角度看，理想的目标与现实中的目标定位亦存在较大反差。这一点我们可以从对教师的访谈中得到印证。

教师访谈录之一：

A：你是如何设置教学目标的？

B：教学目标？这个问题嘛，（笑）没有做深入思考。坦率地讲，只是每学期课程开始时，有一些想法。

A：能具体说说这些想法吗？

B：就是想让学生通过上我这门课，专业方面的信息掌握得再多一些，思路再开阔一些，最好思维再灵活一些。

A：那每次上课之前，对这个问题是怎么想的？

B：这个具体的嘛，思考得比较少。不过，我想不是我一个人思考得比较少，很多教师都和我一样，普遍现象，普遍现象，呵呵。

教师访谈录之二：

A：你希望通过课堂教学，学生得到哪些方面的提高？

---

①该调查设计了大学生调查问卷和大学教师访谈提纲。调查问卷共设计30个问题，其中封闭式问题28个，开放式问题2个。访谈提纲共设计问题8个。这次调查，对山西大学、太原理工大学、山西财经大学、山西医科大学、太原师范学院等5所大学的哲、理、工、医、经济、教育等学科的学生发放问卷412份，回收401份，回收率为97.35 %。其中有效问卷383份，占总数的95.5 %。访谈教师12名，男女各半，涉及哲学、教育、数学、艺术、经济、历史等学科领域。本部分内容来自：《对山西省部分大学本科教学状况的调查》，复旦教育论坛，2005年4期。

B：那多啦！比如说掌握大量知识、培养能力、学会基本研究方法等等。

A：还有吗？

B：说实话，这些方面能提高就不错了……

在笔者进行访谈的12位教师当中，有9位明确回答通过课堂教学希望学生在思维能力方面有所提高。其他较有个性的回答中，一位教师区分了课的类型，认为不同类型的课教学目标是不同的。理论课上，较多锻炼学生思维，而实验课则培养学生的观察、实际动手能力。一位教师引用陶行知先生的话："千教万教教人求真，千学万学学做真人。"他还说，"扩展知识、锻炼思维固然重要，但做人是首位的。如何做人要渗透在教学过程中，并且是教学前应该首先考虑的。"

在谈到确定教学目标的依据时，近半数的教师回答是"教学大纲"如："我确定教学目标？当然是依据教学大纲了"，"我刚到系里报道的第一天，主任就发给我一本教学大纲"，那么，教学大纲对教学目标又是如何规定的呢？只要我们稍稍留意就会发现，目前的大学教学大纲多对知识、能力做出规定，而对兴趣、态度、动机、思维等并未做出明确表述。这样，教师依据大纲确定教学目标自然不会顾及学生的兴趣、态度、动机和思维。然而，浓厚的兴趣、积极的态度、强烈的动机、积极活跃的创造性思维正是创造性人才必备的素质！长期以来，我国的高校教学恰恰忽略了这些对于人才培养而言至关重要的问题。在这种教学目标的指引下，我们的学生成为知识的仓库，毫无智慧、个性与灵气可言，与我们孜孜以求的创造性自然无缘。正如怀特海所指出的："在古代的学园中，哲学家们渴望传授智慧，而在今天的大学里，我们卑微的目的却是教授各种科目。从古人追求向往神圣的智慧，降低到现代人获得各个科目的书本知识，这标志着在漫长的时间里教育的失败"①。

①怀特海.教育的目的.北京：生活·读书·新知三联书店，2002，52

二、教学内容与课程体系

众所周知，教学改革是一个系统工程，教学内容与课程体系占有十分重要的地位。但是从调查结果来看，目前的教学内容与课程体系不尽如人意。

从学生的角度而言，32.11 %的同学对专业教育与通识教育的内容“比较不满意”，15.14 %的同学“很不满意”，两项合计达47.25%。给当前的大学课程设置敲响了警钟。同时，48.04 %的同学认为教师的授课内容“书上都有，可以自学”，另有16.71 %的同学认为授课内容“全是陈词滥调的理论，没有实际意义”，两项合计达64.71%。可见，教师中照本宣科的现象并不少见。另外，有68.15 %的同学认为“反映本专业前沿水平的知识占课程内容的30%以下”。25.88 %同学认为“本专业比较陈旧的内容占到课程内容的70%”，30.81%的同学认为“本专业比较陈旧的内容占到课程内容的50%~70%”，这两项合计为56.69%。可见，当前教学内容并未紧跟时代的步伐。此外，40.12%同学对当前自由选修课的比例表示“不满意”，对当前自由选修课的比例表示“满意”和“比较满意”的同学不足总数的16 %。

这些数字表明，目前的大学教学内容与学生的需要之间还存在一定距离，要通过这样的教学内容培养出适应知识时代的创造性人才犹如痴人说梦。那么，今天的大学教师对教学内容又如何看待呢?

教师访谈录之一：

A：你是如何确定教学内容的?

B：教学内容？最主要的就是教材。通过讲解教材，学生可以更好地理解、接受本学科的知识。

A：除了教材之外……

B：当然还有，我说过了，教材是主要的，学生手头只有一本，但是我们教师有不同版本的教材，每本教材都有合理的成分，在备课时以学生的教材体系为主，在内容上将不同版本教材的合理成分和基本观点进行综合，这样，我想信息量会更大一些。除此之外，现代科技非常发达，网上资源也很丰富，同时也比较新，所以它也算是我这门课教学内容的一个来源吧！

在笔者深度访谈的12位教师当中，无一例外都认为教材是教学内容的重要来源，可见教材在今天的大学教学中占有重要地位。但是，今天大学教材陈旧现象比较严重，用过去的教学内容来培养未来社会需要的人才，显然有失偏颇。在访谈中，有的教师显得有些无奈："有的学生连教材上的内容都掌握不了，再补充课外的？"有一位教师谈到自己多年来一直在努力完善本学科的教学内容，但是他也承认这样的内容仅在专业课教学中实施，至于公共课，"学生缺乏热情，我把教材说清楚就行了"。令人感到惊讶的是，仅有一位拥有博士后头衔的教师"在教学内容中融入了自己的研究成果"，还有两位教师如实相告"按道理教学要与科研相结合，但实际上科研是与职称评定联系在一起的，和教学是两码事"，"在授课内容中基本没有自己的研究成果"。

由此可见，教师的主要教学内容就是教材，而目前我国大学教材大多是按照知识体系来编排的。这种编排方式不考虑教师的情况，也不考虑学生的情况，即使偶尔考虑，也是为了让学生更好地掌握学科知识，最终还是为知识而知识。从访谈中我们看出，许多教师唯教材是尊，很少根据自己和学生的实际情况来灵活调整教学内容。由于目前这种教材编排方式和教师处理教材的方式较多地重视现成的结论，忽视知识的形成和发展过程，因此它不利于培养大学生的思维，不利于他们掌握科学的研究方法，只能培养以适应、服从为主要特征的被动生存的人，而不能培养能独立思考、自主选择和自我负责的主动生存的"创造性人才"！

三、教学方法

在笔者的调查中，70.23%的同学渴望与教师、同学交流。但是，在目前的课堂上，多达91.91 %的同学认为"大多数教师采用教师讲、学生听的方式上课"，有54.05 %的同学认为"课堂上教师讲授的时间通常50分钟”。对这种教学方法，58.22 %的同学表示“不满意”，可见，同学们迫切希望与教师、同伴进行对话，但是这种需求并未得到满足，学生的主体能动性并未发挥，殊不知，这正是创新人才培养中的关键问题。

那么，对于这一问题大学教师又是如何看待的呢？我们可以从教师访谈中寻找答案。

教师访谈录之一：

A：通常情况下，您是如何上课的？

B：一般情况下嘛，先根据大纲、教材系统备课，然后……仔细思考，以便在课堂上把这些东西讲深、讲透。

A：您上课时一般采用什么样的教学方法？

B：讲授法。

A：能不能说一说您对这种方法的具体运用？

B：运用？就是讲嘛！

教师访谈录之二：

A：你通常是怎样上课的？

B：先备课，整合教学内容，然后上课时系统、条理地把这些东西教给学生。

A：怎么教？

B：讲呀！你讲得越清楚，他理解起来越容易，掌握起来也越快。

A：能不能说一说这么讲的依据？

B：好多东西，你不讲，他就不会。让他们自己套公式解题还可以，要求他们自己讲就不太容易了。因为这个东西本身很抽象，即使让他说也说不全，还不如我自己说。你要是让他们讨论，也讨论不出个所以然，他还觉得你应付差事，而且讨论太费时间，何苦呢！

在笔者访谈的12位教师中，有10位教师明确回答上课前先备课，然后将备课的内容在课堂上以讲授的方法教给学生。其他两位教师的回答较有个性。其中一位教师是多年的教学能手，“在上课前通常先了解学生的需要，以及他们对我所讲的内容了解到什么程度。以此为依据确定要教的内容以及如何教。”在上课过程中，尽量“与学生互动”。但是，这位教师对今天的大学教学不无忧虑："近年来由于学生结构多元化，层次参差不齐，专业思想不稳定"，只有少部分学生愿意积极思考、讨论，而相当一部分学生对此缺乏热情，"仅满足于把重点记在笔记本上，考前突击记忆，以便顺利过关"。

另外一位教师已有10多年的教龄，他区分了课的类型："如果是专题讲座那就讲呗！因为专题嘛，学生有兴趣，他能给你反馈，你也有激情。可是平时的教学就不行，你如果一味地讲，学生就不愿意听，你得不断变换教学方法，演示呀、讨论呀、情景呀、案例呀……等等吧！这样，学生爱听，自己也不至于太累。"但是，"学生来上课，主要是来听教师讲对某些问题的看法，而不是讨论，更不是看书、记笔记。"

在笔者访谈的12位教师中，仅有以上两位教师或多或少地注意到学生的需求，而其他教师更多地关注知识，他们通常是将事先备好的内容以讲授的方式条理、系统地传授给学生。在这些教师看来，教学过程毫无疑问就是讲授既成知识的过程，学生的任务就是听懂并且记住这些知识。如果在教学过程中教师把知识、理论讲深、讲透了，学生对这些知识理解、掌握了，教学过程自然就完满了。在这样的教学过程中，多样化的教学方法被简化为"讲授法"，甚至滑向"灌输式"，这样的教学过程只有教师的声音，而没有学生的声音，不可能培养出具有创新精神的创造性人才！

四、师生关系

关于大学教育教学中的师生关系，我们进行了如下几个角度的分析：首先，27.94 %的同学在课堂上通过"回答问题"与教师进行交流，还有38.91 %同学通过"表情"与教师进行交流，但是近六成的同学认为这种交流"很少"或"比较少"，由此可见，在课堂上，大学教师与学生之间的交流严重匮乏！其次，70.23%的同学认为在课堂上，与同学讨论的机会"比较少"或"很少”，显然，当前的大学教学生生交流严重缺失，远远不能适应学生需要。第三，在对“在学习上，你感觉有教师指导吗？”的回答中，28.98 %的同学认为“有吧，但要自己去请教”，43.43 %的同学回答“很少，大多靠自己去摸索”。如果在课堂上与教师的看法不一致，34.2 %的同学选择了“把教师的说法记下来，考试时照答”，49.6 %的同学“课后找教师商量”，仅有10.44% 的同学敢于“大胆发表自己的看法”。可见，在学生心目中，教师是权威的化身，“师道尊严”的传统观念依然在很大程度上影响着大学中的师生关系，受这种观念的影响，大学生的创新意识、创新精神和向权威挑战的勇气不足，严重阻碍了创新人才的培养。

除了对学生进行问卷调查外，我们还对教师进行了访谈。

教师访谈录之一：

A：你在课堂上是如何跟学生进行交流的？

B：提问呀！

A：通过提问交流？

B：我这个提问嘛，它一般有两种形式。一种是随机的，主要是用来引导学生跟着你的思路走，或者是看看他对有关问题的掌握情况。另一种是事先安排的，就是在一节课上布置一个问题，让学生课后思考、查资料。过一段时间后，在课堂上提问，看看他们对这个问题的研究程度。

A：在进行后一种提问时，有学生向你质疑吗？

B：也有，但是很少。这个学生吧，他不喜欢被问，也不习惯向教师提问，尤其在课堂上向教师提问。

A：嗯？

B：这个现在的学生呀，他最关心考试，担心在课堂上向教师提问，考试被挂。

教师访谈录之二：

A：你在课堂上是如何跟学生进行交流的？

B：哎呀，这个嘛……我上课很少提问。不是我不愿意问，而是课时太紧，提问浪费时间。

A：那是不是说你和学生很少交流？

B：那倒也不是。我觉得……我经常用表情和学生交流。

A：表情？

B：是呀！通过学生的表情，我可以知道他们听懂了没有，也可以知道他们对我讲的感不感兴趣。要是没听懂，他眼神一片茫然；如果他注意力不集中，眼睛里面肯定没神儿。

A：那遇到这种情况怎么办呢？

B：调整呗！比如说，他走神可能是由于一段理论内容过于枯燥，你就可以活跃一下气氛，讲个轻松一点的话题什么的。

A：这个话题与教学内容有关吗？

B：当然有关，否则学生的思维跳跃性太大。

A：要是没听懂呢？

B：继续解释呀，要是还听不懂，就只能靠他自己课后解决了。真正爱学习的下课就会找你，不爱学的就自便了。

我们认为，课堂教学是一种关系性的存在，通过课堂上师生的表现，可以看出他们之间的关系。在我们访谈的12位教师中，有9位教师谈到“与学生交流的方式”是课堂提问。另外3位回答较有个性。一位年轻教师坦言相告“上课时间太紧，没法交流”；一位资深教师也很坦率“交流？现在的学生和从前不同，知识面窄，还不愿意思考。你想，交流嘛，和知识面以及对问题理解的透彻程度有很大关系。面对这样的学生，连平台都没有，怎么可能交流呢？”还有一位教师这样说：“我平时上课很少提问，多用肢体语言和学生交流。”在12位教师中，这是唯一一位谈到用肢体语言和学生交流的教师。

可见，在今天的大学课堂上，师生交流的方式过于简单，以“提问”为主，而且提问是由教师发出单向交流，由学生一方发出的交流很少，由此，我们认为，在今天的大学课堂上，教师仍是绝对的权威，“基本上是让教师充当着文化传统的传递者角色，而学生……则扮演着‘老人智慧’之被动的、驯服的接受者角色”①。在教育教学过程中扮演被动的、驯服的接受者角色的学生缘何能成为创造性人才？！

①大卫·杰弗里·史密斯著，郭洋生译.全球化与后现代教育学.北京：教育科学出版社，2000，14

当然，除了以上提及的目标、内容、方法之外，高等教育教学还存在着专业、课程、手段、科学研究……等方面的问题，限于篇幅，不再赘述。

如前所述，目前我国高等教育创新从观念到制度再到教学面临着重重困境。在知识经济时代，在国际竞争日趋激烈的情况下，我国高等教育必须加快改革，以创新为主题，借鉴国外高等教育改革与发展的经验，造就适应知识经济时代的中国高等教育，全面提高高等教育的创新能力。以创新的精神对高等教育进行全面的改造，构建适应知识经济时代的中国高等教育，涉及高等教育的方方面面，比如观念、体制、内容、方法等等。从下章开始，我们将从观念、制度、教学、科研等方面具体论述我国高等教育在知识经济时代的创新问题。

第二部分

高等教育创新的内容研究

第五章　高等教育观念创新

众所周知，观念是指人们对客观事物的认识和看法。高等教育观念是指人们对高等教育的认识和看法。一种高等教育观念一旦形成，就会左右人们的行为和活动，就会对人的实践活动起指导作用，进而对高等教育活动产生影响。观念作为一种社会意识形态必然反映一定社会和时代的特点与需要，高等教育观念同样如此。社会总是处于不断发展和变化当中，不同的时代以及不同的发展阶段会呈现相应的特点和新的需要，进而对观念作出修正和更新的要求。正如博克所言："如果我们希望推动社会进步，我们就不能用传统的观念……来抑制创造性思维。"[①] 可见观念转变对于社会进步的重要意义。

随着知识经济时代的到来，人类将进入一个高度综合、全面创新的社会。知识经济的本质特征内在地决定了教育，尤其是高等教育在知识经济发展中处于关键地位、发挥重要作用。在这样的时代，"受过教育的人和他们的思想已成为国家的财富。大学从没有像今天这样变得如此重要，大学教育的价值从没有像今天这样如此之高。"[②]在这样一个"充满戏剧性的社会变革时期"[③]高等教育将由社会的边缘被推向社会的中心，成为社会发展的"轴心机构"和支撑因素，这一时代也为高等教育的跨越式发展提供了难得的机遇。同时，应当看到，从工业经济形态向知识经济形态的转变，作为一场深刻的全面的系统社会变革，也必将对工业经济时期形成的(也是现实的)高等教育观念提出严峻的挑战。也就是说，知识经济内在地要求高等教育观念的根本转变和全面创

①博克.走出象牙塔——现代大学的社会责任.杭州：浙江教育出版社，2001，17
②[美]詹姆斯·杜德斯达.21世纪的大学.北京：北京大学出版社，2005，4
③[美]詹姆斯·杜德斯达.21世纪的大学.北京：北京大学出版社，2005，1

新，以推动社会的不断进步。就高等教育自身而言，也只有以观念的全面创新为先导，加大改革力度，加快发展步伐，进行整体创新，才能培养出知识经济时代所需要的高素质的创新型人才。正是因为“改革教育观念是推动高等教育改革的先导”①，观念变革是引导高等教育变革的先决条件，本章试就高等教育价值观、质量观、发展观、人才观及其转变的有关问题进行探讨。

第一节 高等教育价值观

教育价值观是人们对教育与主体(人、群体)的价值关系的认识，并在认识的基础上，确定教育行为的价值取向。教育任务的确定、教育制度的建立、教育内容的选择，乃至全部教育过程的组织都受教育价值观的制约。就高等教育而言，高等教育价值观是决定高等教育发展方向的深层次原因，它具有持久稳定的影响作用。在高等教育发展的过程中，有几种高等教育价值观对其发生着深远的影响。美国高等教育学者布鲁贝克所著《高等教育哲学》一书中，把主宰高等教育发展的思想分为两类：认识论哲学和政治论哲学。认识论哲学是指高等教育应以一种“闲逸的好奇”来追求新知和真理，来认识自然和社会的奥秘，把不断探讨与追求高深学问作为其目的。政治论哲学是指高等教育应该以一种强烈的责任意识来为国家和社会发展服务，把促进社会发展作为其自身的目的。另外，高等教育的“人本论”的目的也在影响着其发展。下面，笔者就这三种观点作一简要阐述。

一、认识论

高等教育认识论认为，对高深学问的选择、传递、批判和创新要“忠实于真理”，“绝对忠实于客观事实”，“不受价值影响”，

①郝克明等.90年代中国教育改革大潮丛书（高等教育卷）.北京：北京师范大学出版社，2002，103

“尽力排除所有的感情色彩”①。要做到这一点，就应该在“学术和现实之间划一条明确的界限”②。持这种哲学观的人认为，“大学是一个‘按照自身规律发展的独立的有机体’”，应当“相当重视纯粹研究”，好似象牙塔一样“摆脱外界束缚，放弃暂时利益，成为保护人们进行知识探索的自律的场所”③。在他们看来，高等教育就是要追求高深学问的客观性，使之“忠实于当时公认的现实”④，并且通过对于客观的、真理性的高深学问的选择、传递、批判和创新来培养人的心智、人的理性和人格。

西方高等教育“认识论”的价值取向源于中世纪的大学教育。众所周知，早期的中世纪大学是一种学者的行会，追求学术的自由研究和知识的广泛传播，从Universitas（学者行会）来看，它只是由学者组成的知识共同体。这种学者行会以交流知识、探求知识和发现新知、传播知识为目的，坐而论道，不介入社会事务，以学术自由和学术自治为基本原则，与社会政治、经济生活保持一定距离，因为外界的介入会影响大学的学术自治和学术自由。在学者行会演变为较正式的大学组织后，学术研究仍是其第一要义。这种学术研究没有任何功利目的也没有任何实用目的，只是为不断探求真理和增进知识。这样，当时的大学成为纯粹的学术性组织，被人们称为“象牙塔”，“教堂的钟声就是他的生命节律”。

在现代，高等教育在某种程度上继承了中世纪大学的传统。至今仍有学者将高等教育系统称为“学术组织”，认为“高等教育的任务是以知识为中心的，正因为他那令人眼花缭乱的高深学科及其自体生殖自治的倾向，高等教育才变得独一无二……”⑤英国现代高等教育家阿什比认为，现代的学者虽然面临着“双重忠

---

①布鲁贝克.高等教育哲学.杭州：浙江教育出版社，1998，14
②布鲁贝克.高等教育哲学.杭州：浙江教育出版社，1998，16
③布鲁贝克.高等教育哲学.杭州：浙江教育出版社，1998，16
④布鲁贝克.高等教育哲学.杭州：浙江教育出版社，1998，14
⑤伯顿·克拉克.高等教育系统——学术组织的跨国研究.杭州：杭州大学出版社，1994，313

诚”的矛盾——既要忠诚于它所供职的大学，又要忠诚于它所属的学术团体，但他选择的是首先忠诚于它所属的学术团体[①]。

到了现代，虽然大学作为“学术组织”而形成的某些教育理念，如大学自治、学术自由、教授治校等在现代高等教育体系中产生了深远的影响，但在总体上已经被抛弃。因为现代社会和现代人已经不容这种“坐而论道”的纯粹的学术研究继续存在下去了，人们追求的是知识的实用和功利价值。人们接受知识、研究知识、发现新知，是为了利用知识，知识成了工具而不是目的。在高等教育发展史上，取代这种价值取向的是“政治论”。

二、政治论

政治论高等教育哲学观认为，高深学问的选择、传递、批判和创新是以解决现实问题为价值取向的，“如果没有学院和大学，那么，想理解我们复杂社会的复杂问题就几乎是不可能了，更不用说解决问题了”[②]。随着社会、政治与经济的不断发展，过去根据经验就可以解决的现实问题，现在需要“极其深奥的知识才能解决”，“而获得解决这些问题所需要的知识和人才的最好场所是高等学府。”[②]这样，社会要求大学为它服务，即要求大学通过培养高级专门人才与发展科学来适应社会政治经济不断发展的需要。为适应这一要求，大学逐渐由社会的边缘进入到社会的中心。“为了生存并产生影响，大学的组织和职能必须适应周围人们的需要。它必须像社会秩序本身一样充满活力和富于弹性。大学作为知识的生产者、批发商和零售商，是摆脱不了服务职能的”[③]。可见，“政治论”的价值观就是要求高等教育以服务和服从于社会的经济、政治、文化为要义，高等教育的价值就体现在它促进社会发展，尤其是促进社会经济发展的作用中，它本身并

①阿什比.科技发达时代的大学教育.北京：人民教育出版社，1983，82
②布鲁贝克.高等教育哲学.杭州：浙江教育出版社，1998，15
③布鲁贝克.高等教育哲学.杭州：浙江教育出版社，1998，18

没有独立的、归属于自己的价值追求。目前大行其道的正是这种价值取向。

历史地看，“政治论”的价值取向是在“认识论”的价值取向的基础上形成与发展起来的。中世纪大学追求的是高深知识，这种高深知识主要是人文知识。到了近代，当科学发展起来时，科学知识成为大学教育最主要的知识形态。相对于人文知识，科学知识具有较强的实用性特征，蕴含着较为直接的社会性功能。这样，人们在高喊“知识就是力量”的同时，也不满足于研究高深学问仅是“追求闲逸的好奇”了。此时，传播、研究、创造知识已成为社会性的事业，成为人们获取物质财富的手段。与此相适应，高等教育就不能由知识权威来控制，而要由国家来全面控制了。国家控制下的高等教育就要为国家的政治、经济、文化服务，这样，高等教育就要告别象牙塔，走进广阔的社会生活。此时的高等教育价值取向已由认识论转化为政治论了。

高等教育“政治论”的价值观一方面促进了科技和社会的发展，另一方面也促进了高等教育自身的发展，从而提高了高等教育的社会地位。在即将到来的知识经济的时代，高等教育被誉为“社会发展的轴心机构”。正因如此，世界各国积极发展本国高等教育。

笔者以为，高等教育“政治论”的价值取向有其合理性和必然性，这是不容否认的事实。因为任何社会的高等教育都不可能不为社会发展服务，高等教育不充分发挥其社会功能，其自身也很难得到发展。问题在于，高等教育应该怎样按照自身的逻辑和体现自身本质特点的方式来为社会发展服务。众所周知，高等教育并不只有工具性价值，工具性价值并非教育的本体价值，它也并不能取代其他价值。因此，高等教育的发展应以其本体价值为基础，由此引出了高等教育的第三种价值取向——人本论的价值取向。

三、人本论

高等教育人本论的价值观，顾名思义就是以促进人的发展为目的的价值取向。高等教育的人本论的价值取向对我们来说并不陌生。从教育实践来看，近代以前的教育，大体都以“人本论”为价值取向；从教育理论来看，历史上有过形形色色的“人本论”主张。即使在今天，我们仍然不时能体会到人本主义教育的呼声与诉求。但是，对于高等教育来说，人本论的价值取向已成为遥远的过去。它不仅在高等教育理论中销声匿迹，而且现代的高等教育根本就不涉及“人”。

如前所述，之所以说我国高等教育观念陈旧落后，原因之一就是把高等教育看作为政治、经济服务，忽视了其本体价值。与之相适应，我国高等教育实践所重视的人，不是“政治人”，就是“经济人”，唯独不是本真意义的“人”，这样，“人”成了高等教育实现社会价值的工具。曾任美国芝加哥大学校长的赫钦斯曾说：“教育应是主体为人的教育，教育的目的为发挥人性，使人达到完美的境界”，“其目的是人性不是人力”“教育不应成为可悲的经济工具”[①]。

因此，笔者以为，高等教育要发展，要创新必须确立人本论的价值观。在阐述本问题之前，首先需要对“人”作一解释。高海清指出：“人、人性、人道、人的本性、类本质这些概念既可以表述关于人的抽象观点，也能够表达人的具体观点，关键要看他所包含的思想内容。我们不能一看到人性、人道、人的本性、类本质这类词就以为把人抽象化了。”[②]这里所说的“人”，是自然与社会相统一的产物，既有自然属性，又有社会属性，而且社会属性是其本质属性。对此，马克思在《关于费尔巴哈的提纲》中精辟地指出：“人的本质并不是单个人所固有的抽象物，在其现实性上，它是一切社会关系的总和。”[③]也就是说，人本论所说的人，是具体

①张应强.高等教育现代化的反思与建构.哈尔滨：黑龙江教育出版社，2000，159
②高海清.高海清哲学文集（第二卷）.长春：吉林人民出版社，1997，12
③马克思恩格斯选集（第1卷），北京：人民教育出版社，1972，18

的、历史的、社会的人，是自然属性与社会属性相统一的人。高等教育应确立人本论的价值观主要基于以下几点原因：

首先，从教育自身的特性来看，教育是人促进自我完善的实践活动，教育实践活动必然是指向人的发展与完善的。从表面看，教育是教育者作用于受教育者的活动，但实质是人的一种自我改造，是自我否定又自我肯定、自我提升的“自我活动”。其活动方式是人作用于人自己①。人通过自身的不断完善而产生新的自我。人的自我发展、自我完善是一个永无止境的过程。哲学人类学家米切尔•兰德曼说：“人的非特定化是一种不完善，可以说，自然把未完成的人放在世界之中，它没有对人作最后的限定，在一定程度上给他留下了未确定性。”②同时，“人并不是已经完成了的一代一代的人，并不只是不断重复的生命，也不是那种清楚地展示其本质的生命，他‘突破’了在同一个圆圈内永远周而复始的被动性，依靠他自己的主动性，把运动指向未知的目标。”③可见，人本身就是在不断发展完善的，“人永远不会变成一个人，他的生存是一个无止境的完善过程和学习过程。”④在这一意义上，教育实践活动本质上就是以人为本位的。高等教育也不例外。高等教育处于教育层级中的最高层次，与社会的政治、经济、文化之间的联系比其他层次的教育更为紧密，但是，它的本体价值根本上还是促进人的发展的价值。也就是说，高等教育对社会发展的促进作用要通过发展了的人来实现。

其次，高等教育要确立人本论的价值取向是时代的要求。当前，现代人的自我崇拜、自我迷信意识无限膨胀，人的问题成为整个社会中的重要问题。这些现象表明，时代正呼唤着新的价值观念和“新人”的出现。它一方面要求高等教育重新重视人，

---

①张应强.高等教育现代化的反思与建构.哈尔滨：黑龙江教育出版社，161～162
②米切尔·兰德曼.哲学人类学.贵州：贵州人民出版社，1988，228
③雅斯贝尔斯.现时代的人.北京：社会科学文献出版社，1992，90
④联合国教科文组织国际教育发展委员会.学会生存——教育世界的今天和明天.北京：教育科学出版社，1996，196

找回失落和被遗忘的人，使高等教育真正成为“人的教育”，恢复高等教育的本真意义，另一方面，要求高等教育促进新的价值观念和“新人”的出现。这就要求高等教育确立人本论的价值取向，把塑造完美人格和个性、创造性作为高等教育的价值归旨。正如A•彼安切里所说：“一个最后的目的是一种哲学力量，它是我们行动的先验的本质。培养自由的人和创造性思维，最大限度地挖掘每一个人的潜力，这就是最后的目的。”[①]从这一角度来看，人本论的价值观是时代对高等教育的现实要求。

同时，如果从高等教育改革与创新的角度来看，它包含的内容非常丰富，比如高等教育要创新，观念是先导，体制是关键，教育教学改革是核心……这一系列的改革与创新，都必须依靠人，依靠具有创新精神和能力的人。只有依靠这样的人，高等教育创新才成为可能。在这一意义上，确立“人本论”的高等教育价值观是高等教育改革与创新顺利进行的前提条件。在承认人本论的同时，笔者并不彻底否定政治论与认识论，因为政治论与认识论的提出是基于高等教育本质的认识，并且在高等教育发展过程中，这二者有协调的趋势。也就是说，将高深学问的选择、传递、批判和创新的工具性和目的性统一起来。一方面，高等教育要坚持其发展的内在逻辑，把高深学问的选择、传递、批判和创新作为永恒的目的，确保大学的探求精神和创造能力，全心全意并毫无保留地致力于增进知识、研究问题和训练学生。无论如何，大学总应将其作为自己的目的，不管大学如何变化。任何重建工作都不应该动摇大学这一目的。正如雅斯贝尔斯所说：“在教育适应现实社会变革时，首要的是要保持对教育本质的追问，以避免过于轻率地适应眼前需要而放弃长远利益”[②]。另一方面，大学必须适应社会发展的需要，将高深学问作为为社会服务的工具，“大学作为知识的生产者、批发商和零售商，不可避免地

①联合国组织国际教育发展委员会.学会生存——教育世界的今天和明天.北京：教育科学出版社，1996，183

②雅斯贝尔斯.什么是教育.北京：三联书店，1991

要向社会提供服务”。大学应该积极主动地适应社会的需要，使之在社会生活中发挥更重要的作用。同时，这两方面应该协调统一，大学既要恪守其追求真理、增进知识、探索高深学问的内在逻辑，又要充分发挥其高深学问为社会服务的工具性价值。惟其如此，大学才有可能积极地发展。

第二节　高等教育发展观

发展观是关于发展的本质、目的、内涵和要求的总体看法和根本观点。有什么样的发展观，就会有什么样的发展道路、发展模式和发展战略，也就会引导和推动着发展的实践朝着什么样的方向前进。可见，发展观的问题至关重要，它首先是在肯定发展的前提下，着重回答怎样发展的问题。就高等教育而言，应该确立什么样的发展观？在回答这一问题之前，我们首先分析“高等教育发展”这一概念。

一、“高等教育发展”的概念分析

由于“高等教育发展”是一个集复杂性、多重性和模糊性于一体的概念，因此从目前来看，还没有形成一个比较公认的定义。不同的专家学者从不同的研究领域和研究视角，对“高等教育发展”进行了不同的界定：

从哲学角度来看，马克思主义哲学认为，发展是事物由小到大、由简到繁、由低级到高级的运动变化过程。事物发展的原因，可分为内因和外因，内因是事物变化的根据，外因是事物变化的条件。事物发展主要是事物内部的矛盾斗争，外因是第二位的，它通过内因而发生作用。事物由量变到质变，又从质变到量变；由肯定到否定，再到否定之否定。因此，有人认为：“最广义地理解，教育发展是一种社会的存在，是一个从低级到高级的运动过程，是一个从较低的水平或地位提高到一个较高的水平或地位的过程。严格说来，教育发展包含数量扩张、结构转换、质量提高、速度加快、效益增高、条件改善、成效扩大、平等和稳定程度提高等。”

从现代化理论进行研究的学者认为，在发展研究中，存在着各种不同的学派，大致有三种学派，一是所谓的现代化理论学派，二是依附论学派，三是世界体系论学派。它们分别代表着发展理论演进的三个阶段。现代化理论强调第三世界国家在从传统社会向现代社会转变的过程中，主要是内部因素制约着发展。依附论则强调殖民主义和依附性是第三世界不发达的主要原因。世界体系论把世界分为中心、边陲和半边陲三个部分，着力探讨各个部分的发展特点及其相互联系。依据这种理论，世界高等教育分为先发内生型和后发外生型。

在发展经济学家看来，经济发展的内涵是比较丰富的，它不仅包括经济增长这一量的扩大，还包括产业结构的演进，以至社会生活的变化等诸方面的发展。在经济学者眼中，教育发展主要是指教育手段的改善与教育管理状况的改善，如平均一个教师（或学生）拥有固定资产的数量、奖（助）学金的提高、教师福利待遇的改善等。据此，有人认为，教育发展是指教育结构的演进以及国民教育水平的提高，并借此用高校教师与在校生的比例来反映教育结构，用教育费用占国民收入的百分比、国民人均教育费用、每万人中大学生数、居民文化程度构成等指标来反映国民教育水平。

按照系统论的观点，教育发展应是一个综合的、系统的、全面的发展，它至少包括以下方面的主要内容：一是教育规模的扩大，它主要是指各级各类学校数量的增加和办学规模的扩大、教育者和受教育者人数的增加；二是人均所受教育程度比重的提高，即一个国家中所受的各级教育程度的人口在全国总人口中的比重；三是教育科学化水平的提高，这表现在课程设置、学科结构、教学方法与手段、教育测量、决策管理等方面的科学化；四是教育体制的进步；五是教育结构趋向合理化，主要看一个国家教育事业发展的水平，以及所培养的人才的数量、质量是否符合经济建设和社会发展的需要；六是教育质量的提高；七是教育系统的后劲增强，即系统具有一定的活力和较高的效率。就系统论的观点本身而言，也有许多不同的看法，篇幅所限，不再赘述。

二、树立整体性发展观和可持续发展观

笔者在本书中主要从高等教育发展的本质出发进行分析。《中国教育改革和发展纲要》中指出："高等教育要适应加快改革开放和现代化建设的需要，积极探索发展的新路子，使规模有较大发展，结构更加合理，质量和效益明显提高。""高等教育的发展要坚持走内涵发展为主的道路。"那么，我们究竟树立什么样的发展观才能促进我国高等教育的发展？纵观高等教育发展的研究历史，高等教育的发展观经历了三个阶段，即：传统发展观、整体性发展观和可持续发展观。这三种发展观是一种递进的发展过程，在前一种发展观出现一些不适应现象时，后一种发展观就应运而生了。但这三者不是相继替代而是内涵不断扩大、包容性更强的概念演进过程。

如前所述，在传统发展观看来，高等教育的发展是一种数量的增长。也就是说，高等教育在数量指标上的增长，这是指教育系统中各子系统及其生产要素的规模在原有基础上的扩大及其总规模增长，包括高等教育规模的扩展、速度的加快，也就是一种数量型的增长。在这种发展观念中，发展和增长是等同的，即把发展主要看作数量的增长、规模的扩张、速度的加快。在20世纪60年代，这种观点非常流行。当时，许多人认为，"发展问题，尤其是发展中国家的发展问题就是经济增长问题"，并把经济增长作为发展中国家发展的主要目标。当时由于人力资本理论的流行以及经济发展的"神话"，使人们普遍坚信:只要扩展了高等教育，经济必然随之上升；高速度的教育增长必然实现经济高速增

长的目标。在这种高等教育发展观中，人并不是作为教育目的，高等教育所培养出来的毕业生是被定型了的，缺乏自主性和创造性，只是作为经济发展的手段而出现的。高等教育发展同样仅仅作为经济发展的一个重要工具。这种发展观虽然促进了经济增长，但却带来了经济、社会、文化方面的许多问题，带来了有增长无发展和“恶的增长”的严重后果①。这种发展观在即将到来的知识经济时代已经明显不合时宜，我们需要就高等教育发展问题确立新的观念。

（一）整体性发展观：高等教育的发展是多方面的综合性发展

20世纪80年代以来，时代的浪潮又将西方的发展理论推到一个新的阶段。各国学者开始了跨学科的研究，从经济、政治、社会行政等多方面进行了发展问题的探讨，对社会发展的综合性有了更深入的认识，从而导致了一种新的综合发展观的出现。法国哲学家弗朗索瓦•佩鲁受联合国教科文组织的委托，写了《新发展观》一书，被公认为研究整体性发展的最早成果。这种发展观是整体的、综合的、内生的和以人的发展为中心的②，体现了人本主义的内在要求，提出了发展的根本着眼点在于人而不在于物：“发展是为人的发展和人的全面发展。”③ 在这种新的发展观看来，社会的发展实质上就是以人为中心的综合发展，把发展理解为人的基本需求逐步得到满足、人的能力全面发展和完整人性自我实现的过程①。

这种发展观对于研究高等教育发展问题具有现实的借鉴意义。整体性高等教育发展观是指高等教育在质量、效益的前提下的量的增长。除了数量型扩张外，还包括高等教育结构的转换、质量的提高、效益的增长以及稳定性程度的提高等方面，也就

---

①白玫.高等教育发展观的演变——动因与趋势.高教探索2009（1）
②[法]弗朗索瓦·佩鲁.新发展观.北京：华夏出版社，1987，2
③[法]佛朗索瓦·佩鲁.新发展观.北京：华夏出版社，1987，11

是有质量保证的数量增长。这样，“高等教育发展”有了更丰富的内涵，它除了数量的增加以外，还有教育体制和结构的基本变化。从教育增长到教育发展，目标的重点从教育外延扩展开始转向内涵发展。

具体而言，高等教育整体发展观的内涵包括两个方面。一方面，高等教育应积极主动地适应经济和社会发展的要求，与其他社会系统协调发展。既不能离开社会发展孤立地谈教育，包括高等教育的发展，也不能片面地只适应社会某一方面的发展。另一方面，在高等教育系统内部，各部分要按合理的比例均衡发展，正确处理规模、结构、质量、效益的关系。同时，高等教育发展还应体现“为了全体学生的发展和学生的全面发展”的原则。

总之，整体性高等教育发展观着眼于处理好教育数量与质量、速度与效益等方面的关系。教育发展首先是一个数量多少的问题，表明教育在多大程度上满足了社会和个人的需要。不讲质量的数量等于没有数量，教育质量是教育发展的本质规定；教育发展速度的快慢不仅制约教育数量和规模的涨落，而且直接决定教育发展目标的实现。教育发展的速度与效益是相辅相成的，没有速度无所谓发展，没有效益等于没有发展，教育工作的理想选择是实现高速度与高效益齐头并进。因此，高等教育发展是数量、质量、结构、效益等诸方面整体的、综合的发展。

另外，从目前来看，人们现在已用新的术语来确定发展的含义，早已不再把发展与增长混为一谈，并且开始认识到发展质量的重要性。人开始被看作发展的中心，人对发展过程的参与和对发展结果的分享被视为头等重要的。发展的全面性、整体性以及自主和参与的观念已成为重点。因此，皮埃尔•普拉戴尔旺给“发展教育”所下的定义为：“通过积极参与影响其生活的所有决策，使个人和团体取得更大、更有意义的自主和团结的一个过程”[①]。

---

①拉塞克，维迪努.从现在到2000年教育内容发展的全球展望.北京：教育科学出版社，2001，47

（二）可持续发展观：可持续发展中的高等教育和高等教育的可持续发展

1. 可持续发展的内涵

事实证明，高等教育的发展对促进科技和经济发展、提高人类生活质量产生了深远影响。但是，随着科学技术和人类物质文明的高度发展，其所带来的环境污染、生态破坏、精神失落、道德水准下降等一系列危及人类生存的全球性问题也随时间的推移日渐凸显。早在1972年，罗马俱乐部就提出了名为《增长的极限》的著名报告，对以环境为首要问题的世界危机发出了警告，认为：如果目前人口和资本的快速增长继续下去，世界就会面临一场灾难性的崩溃。1980年，联合国大会向世界呼吁“必须研究自然的、社会的、生态的、经济的以及利用资源过程中的基本关系，确保全球的持续发展”（我国译为可持续发展）。1987年第42届联合国大会通过了由挪威前首相发表的著名报告《我们共同的未来》，报告指出：“可持续发展是既满足当代人的需要，又不致损害子孙后代满足其需要之能力的发展。”这样，一种新的发展观———可持续发展观逐渐形成，并日益为世界各国普遍认可，成为影响全球发展的重要理念。我国也制定并公布了《中国21世纪议程》，我国国民经济和社会发展的主要奋斗目标之一便是“实现经济和社会的可持续发展”，即“必须把社会全面发展放在重要的战略地位，实现经济与社会相互协调和可持续发展。”可见，可持续发展观包容了人与自然、人与人相互联系的“主—客”和“主—主”多重关系发展观的完型，它的提出为高等教育发展的研究带来了又一次质的飞跃，使之有了更为广阔的、深邃的视野。

2. 可持续发展中的高等教育和高等教育的可持续发展

高等教育在可持续发展战略的实施中承担着不可替代的重要作用，高等教育自身也存在一个可持续发展的问题。只有高等教育自身的可持续发展得到了有效保证，高等教育对社会可持续发展的作用才能得到更好的实现。因此，在可持续发展中的高等教育可以从两个方面进行探索：其一是高等教育如何为经济与社会的可持续发展服务；其二是高等教育自身的可持续发展的规律。前者是指高等教育在社会经济可持续发展中的作用，它一方面体现在高等教育发展战略上，也就是要与社会可持续发展战略密切配合，并为可持续发展战略提供理论支持；它也体现在人才培养上，用可持续发展的观念和理论教育年青一代，使之成为可持续发展的人才。后者指高等教育自身改革与发展也应有一个可持续发展的观念。

人们对高等教育在可持续发展战略中的地位的认识逐步取得了一致。1992年通过的《21世纪议程》中指出："教育对于促进可持续发展和提高人们解决环境和发展问题的能力至关重要。正规教育和非正规教育对于改变人们的态度是必不可少的，这样他们才有能力去评估并解决他们所关心的可持续发展问题。同样的是，要培养与可持续发展相一致的环境意识与道德意识、价值观和态度以及技能和行为，并实现公众对决策的有效参与。"[①] 1994年通过的《国际人口与发展大会行动纲领》也指出："教育是可持续发展的一个关键因素：它既是福利的组成部分，同时通过与人口、经济和社会诸因素的相互联系又成为福利发展的一个因素。……有效的信息、教育和交流是可持续发展的先决条件，并为人们态度和行动的改变做好准备。"[②]既然高等教育在可持续发展中具有如此重要的作用，那么，高等教育应义不容辞地承担起为可持续发展战略服务的任务。首先，必须转变教育思想，重新面向可持续发展的教育方向。在教育目标上，要提高学生的整体素质，提高全体学生的环境意识、生态意识，培养起尊重自然规律、保护环境、合理利用资源、维护生态平衡的认识和能力。在教育内容上，要开设有关环境、资源、生态理论等方面的课程，

①赵中建.教育的使命——面向21世纪的教育宣言和行动纲领.北京：教育科学出版社，2002，87
②赵中建.教育的使命——面向21世纪的教育宣言和行动纲领.北京：教育科学出版社，2002，158

并将可持续发展的理念渗透到自然科学、技术科学、人文社会科学课程的教学和实践性环节中去，使之成为学生综合素质培养的重要组成部分。第二，加强环境专业教育，培养实现可持续发展所需要的环境专业的高级专门人才。第三，积极开展有关环境保护和资源合理利用的相关研究，将可持续发展理念贯穿到高校的各项研究中去。第四，要发挥高等学校作为文化中心的作用，积极进行可持续发展的宣传和普及教育工作，并号召大学生积极参加。

就高等教育自身而言，也有一个可持续发展的问题。高等教育系统，正如其他社会系统一样，它的改革与发展，也存在可持续发展的规律。可持续发展的原则是发展的持续性、整体性、公平性、协调性，这些原则都适用于高等教育，可以根据可持续发展的理念与原则，探讨、评价高等教育的发展战略和制定各种措施来促进高等教育的发展。也就是说，高等教育可持续发展的实践应符合可持续发展理论，符合该理论要求的价值观念、道德规范和理想标准。比如，除了要用全面发展的教育思想指导高校办学，注重对大学生进行德、智、体、美、劳等全面培养和熏陶外，高校还要注重发挥高等教育的整体功能。高等教育不仅有培养人的职能，而且有传播、发展和更新科学文化技术的功能，有通过技术咨询和科研产出直接参与社会经济建设的功能。总之，高等教育自身的发展也要以可持续发展观为指导。

第三节 高等教育质量观

高等教育质量是20世纪80年代以来世界高等教育改革中最受关注的问题之一。在我国，伴随着高等教育的快速发展，也引发了教育资本投入不足、学生生源质量下降、就业困难等问题，同时大众化过程受国际化影响程度加剧。这些因素共同形成了我国高等教育发展的客观现实背景，尤其是高等教育大众化条件下的高等教育质量问题日益凸显，已引起了越来越多的关注，人们对高等教育质量也提出了若干种不同的观点。

一、高等教育质量的内涵

（一）对高等教育质量的诸多看法

自20世纪80年代中叶以来，伴随着世界性的高等教育大众化，引起了国内外高等教育界对高等教育质量问题的广泛关注。人们对于质量的看法开始跳出传统的、单一的、封闭式质量观的狭隘视域。高等教育质量在新的环境下已发展成为一个具有多样、复合的多层性概念。从目前的研究来看，对高等教育质量有诸多不同的观点，如目标设定式的教育质量观、内适性质量观、外适质量观、个适质量观、知识质量观、能力质量观、全面素质质量观、高等教育质量就是创造例外、高等教育的质量就是达成标准、高等教育质量应该“物有所值”、高等教育质量观是一种学生改造过程等等。可见目前高等教育质量观研究视野已被大大拓展了。

（二）高等教育质量的内涵

从以上所述可以看出，人们对高等教育质量的理解各不相同，大家对高等教育质量做出了不同的诠释。尤其是在大众化高等教育阶段，高等教育质量更是一个多层面的概念。在高等教育领域给质量下定义是十分困难的，正如英国学者黛安娜•戈林（Diana Green）所说，质量像“自由”、“正义”一样令人难以捉摸，人们能够对质量有一种直觉上的理解。一般来讲，高等教育质量是指高等教育系统所提供的服务满足个人及社会需要的程度。换句话说，高等教育质量是高等教育通过培养一定素质的人来满足个人、公众、经济社会以及高等教育自身对高等教育需求程度的总和。在即将到来的知识经济时代，高等教育要面临各种严峻的挑战，使得高等教育在传统使命的基础上增加了“促进整个社会的可持续发展和进步”这一新的使命。高等教育要把培养具有创新精神与创业能力的人作为重要的工作目标之一，使大学毕业生不仅要有适应现有岗位的就业能力，而且具有能够提供新的就业岗位的创业能力。因此，在即将到来的知识经济时代，高等教育的质量就体现为高等教育的“针对性”即培养人才的社会针对性。正如德格尔说：“每个国家应不时地在教学方法、内容和管理方面改革它的教育制度。然而，不论这些改革有多深入，学校教育均会将其现有的主要功能保留到下一世纪，而它的生存发展无疑主要取决于我们能否保持其质量和针对性”①。

在理想状态下，高等教育质量既应该考虑学术研究、人才培养，还应该考虑受教育者的愿望与需求以及社会需要，在这个意义上，高等教育质量是一个多维的概念，涵盖高等教育的所有功能和活动。同时，为保证高等院校的多样性，高等教育质量评价必须适当注意各个学校、国家和地区的具体背景。正像1998年巴黎世界高等教育会议通过的《21世纪高等教育展望和行动宣言》中指出的，“高等教育质量是一个多层面的概念”，“考虑多样性和避免用一个统一的尺度来衡量高等教育质量。”从宏观系统角度说，这是对以往（高等）教育质量的界定的一个重要突破。“一所质量好的大学，除了其人才培养的高质量以外，它的基本功能和活动的高质量和高水平也是必不可少的”。“高等教育质量是整个高等教育系统的质量，是一种整体质量，而不是单一的人才培养质量。它对科学发展和文化进步的作用，对社区和职业生活的贡献等，都是进行质量评价所要考虑的。这就需要我们确立一种整体的质量观，从总体上而不是从某一方面确立高等教育质量观，去评价高等教育的质量。为实现这一目标，高等学校需要改革课程，以便不仅简单地认知性地掌握学科知识，而且要求学得技能，包括交际能力、创新能力、批判分析能力、独立思考的能力以及集体主义精神与团队合作能力等等。

①[美]雅克·德洛尔.教育——财富蕴藏其中.北京：教育科学出版社，2001，196

二、高等教育的质量标准

如前所述，从总体上讲，高等教育质量主要体现在高等教育满足经济社会和广大公众对高等教育的需求特征，即高等教育的社会服务质量，具体表现为三个主要特性——适应性、多样性和发展性。也就是说，高等教育质量应该是适应性、多样性和发展性的统一。

（一）适应性：高等教育质量的本质特性

高等教育质量的适应性，就是指高等教育所提供的教育服务满足受教育者个人的程度，及所培养的人才满足国家、社会、用人单位需要的程度。上海师范大学校长杨德广曾精辟地说过“只要能适应社会需要的人才，就是高质量的人才”。众所周知，高等教育的基本功能在于培养各级各类高级专门人才、提供科技成果及其相关服务。如果高等教育提供的服务不能符合或满足作为消费者的学习需求、如果培养出来的专门人才不能适应社会经济等的发展需求，那么，高等教育的价值就可能得不到社会的承认，形成了教育的无效供给现象，高等教育所提供的服务产品只能成为社会的废品，教育的质量就无从谈起。只有当教育过程的劳动成果是有用的，生产了满足经济社会发展需要及人的发展需要的教育产品，才能获得社会认同和社会效益。

一般而言，高等教育质量的适应性包含两个层面的含义。第一，高等教育通过提供社会服务获得社会认可。高等教育服务产品包括培养各级各类高级专门人才、提供科技成果及其相关服务等等，这是高等教育的基本功能，也是高等教育的社会存在价值。第二，满足社会需要的程度是检验高等教育质量的尺度。高等教育的发展及其变化只有满足经济的发展和变化的需要，即教育部门培养出来的各种不同数量与规格的劳动者在结构上符合经济部门的要求，才能最有效地促成教育效益的实现。反之，如果教育部门培养出来的专门人才在结构上不合理，造成专业不对口、大材小用等，那么即使这些人才的个体质量是好的，水平是高的，教育效益也不能实现。“教育商品”如果不能适应生产，其价值就可能得不到社会的承认，形成了教育的“无效供给”现象。无效供给不但解决不了教育对经济发展的适应程度问题，而且会使问题更加严重，因为在教育结构与经济结构失调的情况下，不仅存在人才过剩，也必然存在人才短缺。在这种情况下，教育质量就无从谈起。如果说，20 世纪的质量是产出性质量的话，那么 21 世纪的质量则是适应性质量。

(二)多样性：高等教育质量的自然特性

伴随着人类社会的不断发展，高等教育活动呈现出多样化的趋势。如保存、传递、传播人类千百年来积累的精神文化成果，培养和提高公民的基本素质；探求未知领域，不断发展科学技术文化；满足社会对人才培养及科技开发、技术应用方面的要求；大学直接参与社会经济建设，服务于社区和国家建设等等。这些多样化的活动也成为高等教育孜孜以求的目标，构成其目标体系。“社会上要求的合格标准，并不是学术上所力求达到的合格标准；学校所发的廉价证书，正如市场上出售的廉价汽车一样，是有它合法市场的。市场在任何方面都未曾损伤优秀院校的质量。相反，胸无大志的学生被那些标准较低的大学吸收去了，正好可以保证那些享有国际声誉的学府的高标准。”① 因此，由于高等教育系统的多样性，高等教育的质量标准应该是多样性的。尤其随着高等教育大众化的到来，不存在一个统一的质量标准，大众化高等教育这种多样化的特点，必然要求我们确立与之相适应、相匹配的多样化的高等教育质量观。也就是说，我们更不能用学术性作为衡量高等教育质量的唯一标准，必须用多样化的价值观念指导我国高等教育的创新发展，多样化是解决我国高等教育发展问题的现实需要。在高等教育研究中，研究者存在倾向于把“国际标准”、“国际认可”作为教育水平的第一标准。其实这是我们发展中国家高等教育未能发挥应有作用的重要原因。如

①[英]阿什比.科技发达时代的大学教育.北京：人民教育出版社，1983，12

果教学内容不为社会所需要，实际上是一种极大的浪费。高等教育服务质量不存在统一的“国际标准”。

当前，我国高等教育改革和发展的主导方向应打破“大一统”，发展“多样性”，实行质量标准多样性和统一性的结合。确实，学术标准是高等教育质量中一条重要的标准，但绝不是唯一标准。除学术标准外，最重要的是高等教育是否适应社会发展的需要，是否适合受教育者身心发展的需要及其就业求职的需要。为提高高等教育的社会适应性，世界范围的高等教育都在多样性的方向发展，这种多样化采取了两条截然相反的途径：“一条途径是把看起来有矛盾的各种教学设备集中在一个较大的学校里面或置于一个集中的行政管理之下（多科性大学），而第二条途径则是采取范围较小的、富于伸缩的、多种多样的学校类型，以适合当地条件下特殊群众的需要。”[①]克拉克也指出，高等教育系统是“以一种方式或另一种方式分散的，最普通的是三级分割，①高深知识和变化中的知识级，②既成的职业能力级，③编辑的技能级。”[②]这些都是高等教育多样化的重要表现。高等教育的多样化决定了高等教育质量的多样化。当然，多样化并不是随意化，多样化的教育质量标准中同样包含着精英的教育质量标准。研究者们引用了马丁•特罗“精英型和大众型高等教育机构同时存在”、“在大众化阶段，精英教育机构不仅存在，而且繁荣”的观点，认为“大众化阶段，是就高等教育发展的总体而言，并不排斥应包括精英教育作为它不可替代的组成部分。…对于这一部分仍应坚持精英教育的培养目标与规格，高学术水平的教育质量。而且随着经济与科技的发展，要在学术水平上不断提高”；作为进行精英教育的重点大学，“要承担为国家培养更多、更好的高素质、高水平的精英人才的任务”。

（三）发展性：高等教育质量的时代特性

①联合国教科文组织国际教育发展委员会.学会生存——教育世界的今天和明天.北京：教育科学出版社，1996，40～41

②[美]克拉克·克尔.高等教育不能回避历史.杭州：浙江教育出版社，2001，105

任何系统都处于一定的环境之中，不可能脱离环境而独立存在。环境是不断变化的，因此，高等教育的质量也是一个动态发展的过程，不存在既定的、永恒的质量标准。坚持与时俱进，开拓创新，及时地、持续地为社会发展和学习者个体发展服务，这是高等教育的历史使命和不懈追求，也是高等教育价值的根本所在。

20世纪90年代前期，一些研究者就提出了经济发达地区“高等教育需要加快发展”、只有发展才有出路的观点。到了21世纪初，人们则将“发展”作为质量观的一项重要内容，认为数量与质量是对立的统一，“没有数量，就没有质量；没有质量的数量，等于没有数量，甚至还要糟糕。但是，从当前我国社会经济发展的状况来看，数量不足是矛盾的主要方面”；现阶段“发展高等教育事业是首要任务”。发展的质量观，主要包含三重含义：一是以高等教育发展为核心，为高等教育发展服务的质量观。这是一种以发展为核心和主题的质量观，服务于高等教育发展的质量观，而不是限制高等教育发展。二是用发展的眼光来看高等教育的质量，通过发展来解决发展中的高等教育质量问题。三是质量观本身就是变化、发展的，不能固守僵化的发展观。“质量标准中有个优先性原则，针对不同时期的不同发展主题，在兼顾质与量的同时，高等教育质量观的确立往往要优先考虑质量标准中的某一方面。满足广泛的教育需求，提高人民群众的受教育程度和劳动者素质，促进经济发展，就是当前高等教育质量标准要优先考虑的问题。因此，质量观是随不同时期的不同发展主题而变化发展的，不同时期确立的质量标准应有利于高等教育发展，而不是背离和限制高等教育发展”。

值得引起注意的是，高等教育的质量，最终应该体现在培养学生的质量上。只有通过发展性的质量标准作为人才培养的质量标准，才有可能使高等教育的产品适应未来社会的需要。“发展性质量”应成为高等教育质量的衡量标准。

第四节　高等教育人才观

人才培养是大学的固有职能，也是大学最重要的职能。那么，大学应该培养什么样的人才呢？面对即将到来的知识经济时代，高等教育人才观有什么新的特点？要搞清楚这一问题，我们首先需要进行一番历史的考察。从历史上来看，高等教育应该培养什么样的人才历来有着不同的观点。

一、关于人才观的争论

（一）专才与通才

高等教育到底应该培养专才还是通才？这里“通才”是指知识广博，多种才能兼备的人，而“专才”则是有专门技能，善于解决实际问题的人。由于受教育的时间和条件有限，两者兼备是很难的，这个矛盾更成为一个解不开的结，萦回在高等教育历史上。

如前所述，通才就是具有多方面的知识、能力，各方面都得到发展的人。它是一个历史概念，在不同的历史时期有不同的内涵。古希腊、雅典的“自由人”或身心既善且美的人；文艺复兴时代人文主义的“和谐发展的人”；近代初期西方的“百科全书式的人”；现代人文主义的“完人”都可以归入通才的范畴。所谓专才，即在某一方面具有专长的人或某一领域的专家。当代科技越来越分化的基本趋势使其发展越来越依赖于人才的专、精。一项研究只有凭借独到的见解才能产生有意义的成果；一个难题的解决，需要依靠别人没有的精辟思路和独特方法；一道关键的攻破，全靠深入细致掌握事物的全部联系，透彻地理解各种因果关系。所有这些，只有殚精竭虑，经过特别深入的钻研才能做到。这种钻研又依赖于人的长期专一的追求，对对象进行仔细反复地观察、实践、思考和琢磨。这就需要“专才”。专才的价值就体现在“人无我有”和“人粗我精”的独特性上：想人之所不敢想，做人之所不能做，发挥别人不能发挥的作用。专家之所以值得人们重视和尊敬，也在于此。

从历史上来看，本科教育培养通才还是专才，存在一个“钟摆现象”①。在大学刚刚兴起时，由于生产力的局限和科学技术的不发达，大学培养的是所谓熟知“七艺”的通才。随着生产力的发展，伴随着科学革命和工业革命的步伐，大学按照科学和产业发展的要求来确立人才培养规格，后来，学科分化和社会分工越来越细，大学培养的人才越来越专门化。从这个意义上说，大学从培养通才到培养专才是适应了从封建社会向资本主义社会过渡的②。近年来，随着科学技术的发展，科技、社会在高度分工的同时又高度综合，特别是信息技术的发展和信息时代的到来，通才教育又提上了议事日程。可以这样说，这是一次高等教育观念的理性回归，是一种螺旋式上升，是适应从工业社会向信息社会转变的时代要求的，也是教育思想的一次革命。

当前，面对高度复杂的现代生产、科研和管理，一个生活于当代的人，不仅需要精通专业，而且还要有广博的知识，通才成为现代社会世界各国所要求的人才。早在1945年，哈佛大学校长康南特组织撰写的《自由社会中的普通教育》报告中就指出：“高等教育不仅是让学生获得信息，或获得特殊技能和才能，……作为高等教育，必须对学生进行普通教育，为其社会成员提供共同的知识体系。如果没有这种共同的基础，社会就会分崩离析。”③ 1987年，卡耐基教学促进基金会主席博耶在其著作《学院：美国本科生教育经验》中也强调，大学生要用更多的时间学习普通教育课程，这样，“你将不会仅仅生活在一个阶层中。你将不会单纯从个人的角度来看待这些事物。最起码，你将在有些时刻把你自己的命运——不管它是什么样——视为人类

①唐玉光，房剑森.高等教育改革论.南宁：广西师范大学出版社，2002，209

②王英杰.美国高等教育改革与发展.北京：人民教育出版社，1993，96

③陈学飞.美国、法国、德国、日本当代高等教育思想研究.上海：上海教育出版社，1988，61

地位和人类命运的写照。”①日本作为科技高度发达的资本主义国家，早在20世纪70年代就注意到培养通才的必要性，进行了高等教育改革，将大学各学术领域统一综合起来，重新编排科研内容，改革科研体制，加强边缘学科，促进了通才的培养。

就我国而言，高等教育培养目标存在两种看法：一种认为应当借鉴美国模式，在本科教育阶段实行通才教育，把专业教育放在研究生阶段进行；另一种意见则是调整专业设置，加宽专业面，培养目标仍然是专门人才。总体来看，培养既具有多方面基础知识和健全人格，又具有一定专长的人，是当代高等教育发展的一个重要特点。笔者以为，通才也好，专才也罢，都是高等学校对学生的培养要求。由于实际上很难两全其美，在具体进行教育和教学上会表现出一定的偏向，有的偏向“博通”一面，有的侧重“专精”一面。前者可视为“通才”，后者则为“专才”。他们之间只有通、专的程度之分，从人才的智能结构上属于不同类型，但没有绝对的、质的好坏的差别。从目前的情况来看，我国的人才培养目标应该是专业教育，但这种教育定位于通才是比较合适的，当然这种通才不是全能的人才，而是在一定的专业基础之上，通晓现代科技发展和人文科学的T型人才。只有这种T型人才，才有可能适应未来社会发展的要求。

（二）通才教育与专才教育

与上一对范畴相关，专业教育可以培养专才，也可以培养通才。也就是说，专业教育不等于培养专才，普通教育不等于培养通才。那么，大学是应该进行专才教育还是通才教育？这一争辩古来有之，一直没有定论。这个问题理应引起我们的重视。因为从世界范围看，高等教育应坚持“通才教育”还是“专才教育”还一直是存在争议、尚无定论的话题。

1. 通才教育

大学之大在于大学是研究高深学问的地方，大学之大又在于

①国家教育发展与政策研究中心.发达国家教育改革的动向与趋势（第二集）.北京：人民教育出版社，1987

大学知识的广博。古代大学十分重视通才教育，西周时期的教育内容以“六艺”为主，古希腊时期大学的主要内容是“七艺”。这些都是比较古老的通才教育。文艺复兴时期，大学的专业化受到批判，19世纪末大学教育的通识性再次受到重视。20世纪上半叶，全球范围掀起通才教育回归的浪潮。20 世纪 50 年代的英美等西方国家采取了一些措施加强通才教育。它们的具体做法是学生进入大学后，在完成基础课的学习后可自由转系、转院甚至转校，学校之间互相承认学分。在1984年，美国有关研究报告突出了广博通才教育的重要性，认为：“谁也不能确切地知道，新技术将会怎样影响我们未来劳动力所要求的知识与技能。因此，我们的结论是：为未来的最好准备不是为某一具体职业而进行的面窄训练，而是使学生能够适应不断变化的世界的一种教育。”①同时，“没有一门科学或两门科学或一个科学领域，甚至所有的世俗科学可以构成整个真理，把任何一门科学（包括神学）排除在大学的课程之外，都会造成人才培养的缺陷。因此，学生要掌握广泛而完整的知识，不仅要掌握自然科学知识而且要掌握人文科学知识。”②通才教育强调以人为本，以人的自我实现为根本目标，要求自由、平等、个性解放，十分看重普适化、综合化、基础化、自由化和人文化③。它具有以下明显特征：知识的基础性和经典性；内容的综合性和广泛性；教育形式的多样性和灵活性。大学的通才教育满足了社会对人才的多种需求，也较好地促进了受教育者的全面发展，最重要的是，它把学生引向了更宽广的世界。

2. 专才教育

作为学校教育体系的最高层次，大学承担着培养高级专门人才的重要任务，与其他层次的教育不同，大学教育强调的是知识

①教育部教育发展与政策研究中心.当代国际高等教育改革的趋向.北京：高等教育出版社，1998，17

②王英杰，刘宝存.国际视野中的大学创新教育.太原：山西教育出版社，2005，18

③曹薇.通才教育，专才教育.首都师范大学学报(社会科学版).1998 (3) ,81～82

的专业性与专门性。在大学中，无论是教学活动还是科学研究活动，都必须以高深的专业知识为基础。因此，现代意义上的专才教育主要是强调专业性课程，目标是培养某一领域的专门人才，为学生毕业后直接从事某一职业而做准备。

与通才教育一样，专才教育的思想也由来已久，清朝曾文正就说："求业之精，别无他法。日专而已矣。谚曰：'艺多不养生'，谓不专也。吾掘井多而无泉可饮，不专之咎也。"在西方，从中世纪大学实行分科教学以来，大学的专业性一直受到重视。17世纪的产业革命要求大学为社会提供大量专门人才，进一步突出了大学教育的专业性。到了现代，进入21世纪后，随着社会分工进一步细化，人类社会知识体系进一步向专深发展，各门学科的分支学科不断出现，大学的专业种类大大增加，大学人才培养的专门化程度也在不断提高。

辩证地讲，专才教育具有一些明显的优势。比如：主要通过分科进行，教学内容与社会生产和生活紧密联系，偏重应用，比较注重学生实际工作能力的培养，培养的人才短期内具有不可替代性，毕业后能较快适应社会的需要。这在历史上迎合了社会生产急需的专业人才的需要，在很大程度上推动了教育与经济建设的紧密结合，其历史作用不容抹杀。但是，如果过分强调专才教育，只注重知识的传授和技能的训练，而忽视人格的培养和心灵的完善，造成学生知识面狭窄，并影响其后期发展。

由此可见，通才也好，专才也罢，都有其优势与不足。同时，专才教育与通才教育也是高等教育理论中的一对基本范畴。从社会发展来看，社会生产力的发展推动了人类社会的进步，人类社会的进步对人才的需求呈现出两个变化趋势，一是由社会分工日益细化带来的对人才专业性的要求逐渐提高，二是由知识的综合化程度日益提高带来的对人才知识广博性的要求不断提高。这就要求大学在人才培养上必须能够做到兼顾受教育者所学知识的专业性和通识性，在两者之间寻找适当的平衡点，以确保大学所培养的人才能够适应社会发展的需要。

笔者以为，应让学生突破学科的局限，在普遍经验的探索中更好地理解自然、理解社会、理解自我；把专才教育建立在共同教育的基础之上，让受教育者首先是人、是公民、是大学生，然后才是某一专业或未来职业的训练有素的成员。也就是说，普通教育充分体现它在高等教育中的共同性和奠基性①。同样，我们不能排除专门教育。因为它在现代社会中保证学生的主修科目，提供就业机会，满足社会需求，并为今后的职业变迁培养必要的应变能力；在学术上为今后的专攻打下重要基础。也就是说，我们应该把普通教育与专门教育两者有机结合起来，以普通教育为基础，以专门教育为核心，使我们培养的高级人才有可能在具备较好的全面素质的基础上去精通某一专门学术领域。这种教育应当被视为一种成功的教育，也是一种理想的教育。正如麻省理工学院前院长詹姆斯•基利安所言："只有通才教育会导致肤浅，只有专业教育则导致狭隘和缺乏远见，只有实现两者之间的结合和整体化，才能培养出具有创造性的人才。"② 哈佛大学校长科南特面对通才教育与专才教育的矛盾，企图折中调和。他阐述道："美国大学的任务有四：一是学术研究，二是培养专业人才，三是实施普通教育，四是充实学生生活。在我看来，大学教育要求四项任务的平衡，不可偏废；否则大学便无法发挥其职能。"他的理由是：大学如果只完成第一项任务，就成了研究所；如果只顾第二项任务，就成了职业学校；如果偏向第三项任务，就成了学院；如果只重第四项任务，就成了俱乐部。今后要统筹兼顾，不能片面和偏颇，以便全面地完成大学的任务。博耶在这方面也有类似的看法，认为二者是相互依存，联结在一起的。只有当我们以人道的方式运用掌握的知识，这些知识才变得有重要意义。

---

①文辅相.提高学生整体素质，促进社会全面进步.教育研究.1994，11
②张成林.MIT工程教育与思想初探.高等工程教育研究.1988，1

从我国的状况来看，“通才教育”和“专才教育”的关系也是高等教育改革中的一个老问题。当前在讨论高等教育如何迎接知识经济挑战的过程中又被重新提起自然有着新的意义。因为现代科学技术的发展和学科分化，使得我们要培养“百科全书式”的专家已经不可能了。因此，所谓的“通才”，只能是建立在专业教育基础之上的、能通晓相关学科领域知识、视野开阔并具备较强知识迁移能力的人才。知识经济的发展，的确要求人才具有较宽的知识面，具备多方面的素质和能力。因此，必须改革我国目前的专业教育。但改革专业教育，不能否定专才教育，而是要拓宽专业口径，加强基础，通过文理渗透、学科交叉等措施发展学生的能力，使学生的适应面更广一些，在分析问题、解决问题时视野更开阔一些，做到“通中有专，专中有通”。也就是说，通才教育和专才教育并不是绝对对立的，应使两者相互结合，互取所长。

(三)专科与本科

有人认为，中国的本科人才太多了，专科层次已经不需要了。实际上，这种观点有失偏颇。因为高教层次结构本身应呈现出一定的梯度结构，层次结构应该满足社会经济发展对不同层次人才的需求。尤其是在知识经济和信息化如疾风骤雨般袭来的特殊历史时期，人才使用的效率与这种人才需求的层次梯度结构的吻合程度应该更高。

从现实情况来看，社会需要不同类型的人才，既要有理论型的，又要有应用型的，而专科与本科是两个不同的学历层次，二者在入学层次、培养目标等方面都有一定的差距。按照我国当前的社会发展状况，大力发展专科教育应该成为我国高等教育发展的战略重点。“专科生在全体在校大学生中的比例应该远远高于美国的38%这一相应比例。”[①]在这方面，我国已经采取了一系列的政策，并取得了一定的效果，尤其是在高等教育大众化之后。

①王英杰.美国高等教育的发展与改革.北京：人民教育出版社1993，188

比如：专科层次在整个高等教育层次结构中的比例在大众化初期较之精英阶段有较明显的提高。“1998年全国本科在校生223万人，2004年增至736万人，扩大了3.3倍。1998年专科在校生117万人，2004年达到548万人，扩大了4.7倍。尽管专科在校生总规模依然小于本科，但专科在校生规模的增长幅度超出了本科。到2004年，本科比重降至55.3%，专科达到44.7%”，“具体到不同学科中，本科教育逐渐在历史、哲学、理学等基础学科中占据主导地位，而工学、经济学与管理学、农学等应用学科中专科的地位逐渐得到加强”①。

由此可见，我国高等教育规模增长的重点已逐步从本科层次转移到专科层次，这是高等教育发展模式在层次结构上的一个明显变化，而这一变化对于整个高等教育层次结构的优化十分重要。但是，也有些人认为我国不能再继续发展专科教育，因为在高校毕业生就业中，专科毕业生就业难是一个突出问题。笔者以为，专科毕业生就业困难一是因为专科教育质量存在问题；二是结构性问题，包括不同学科中本科与专科的比例不合理，以及不同地区本科与专科的比例的趋同性等；三是专科教育缺乏清晰的特色，与本科教育模式趋同，以至于出现相互的替代性，进而造成了就业中本科毕业生挤占专科毕业生的现象。所以，不能单纯因为专科毕业生出现就业困难的现象就简单地否定发展专科教育的必要性，更不能因此得出我国社会经济发展不需要专科毕业生的结论。因此，我们需要进一步创设有利于专科教育发展的环境，提高专科学校的办学质量，鼓励专科学校办出特色，以使其培养的人才符合社会发展的大力需求。

（四）统一性与多样性

新中国成立以来，我国高等教育的人才培养规格具有很大的统一性，强调整齐划一，抹杀人的个性、特长与爱好，比如：

---

①刘微.怎样看待大众化的高等教育？———清华大学副校长、教育研究所谢维和教授访谈.中国教育报，2007-1-22，5

主张同一模式，通过相同的方式方法、内容，培养同一类型的人才；注重专才培养，过于强调专业教育而忽视普通教育，培养目标狭窄，重视一技之长、专业对口、不重视全人的养成；强调继承性教育，突出对前人知识的传承，忽视创造性的培养。在这种强调“统一性”的观念指导之下，导致培养出来的人才“千人一面”，不能满足经济和社会发展对多样化人才的需求。

改革开放以后，随着经济体制改革的深化，产业结构的变化，经济成分的多元化与经营方式的多样化，对人才规格的要求必然是多样的，我国高校开始了人才培养多样化的探索，在不同专业、同一专业的不同学校、甚至同一班级，由于选修课和学分制，学生的发展呈现多样化的特点。

二、高等教育培养的人才标准及要求

未来学家奈斯比特在《大趋势》一书中指出：“处于伟大变革时代，我们最需要创造力和创造精神。”目前，人类正在步入一个以“智力资源的占有、配置，知识的生产、分配、使用和消费为最重要因素的经济时代。”在这个时代中，占主导地位的是一个“远远超过历史上任何时候的高速运营的崭新的经济体系”，在这样的经济体系中，“常规型的生产要素——土地、劳动力、原料和资本等，其重要性日渐下降，取而代之的符号化知识的重要性却在与日俱增”，“新的英雄不再是某个蓝领工人，某个金融家或经理，而是把想象力丰富的知识同行为结合起来的创新者。”可见，时代的发展对高等教育的人才培养提出了新的要求。笔者以为，这些要求大致包括：

（一）具有创新精神和实践能力

众所周知，知识经济的核心是知识的创新，知识创新就需要具有创新意识和能力的新型人才，而教育的质量直接决定着社会经济的知识化程度和人们的创新能力。与这一要求相适应，世界各国都非常重视学生创新精神和实践能力的培养。总体而言是从以下三个方面培养学生的综合素质：

1. 多种知识的综合及多元文化的融合能力。作为知识经济的主体，强调的不仅仅是对某一方面知识的掌握和运用，而是对各类知识的整合。作为知识化的人才，必须具有对各种知识的系统掌握、融会贯通、互相渗透、综合运用的能力。有人提出了知识经济时代知识分类的新视角，它们把知识分为四类，即关于事实的知识、关于原理的知识、关于技能的知识和关于人力的知识，认为技能知识和人力知识对经济的发展，特别是对知识经济时代的企业具有非常重要的意义。因此，我们在人才培养中必须加强素质教育，注重人才的知识积累和各类知识的融会贯通。同时，还要重视多元文化的融合以及能力的培养。正如日本临教审的报告中所说："以国际化的观点进行教育应该是关系到我国生存与发展的重要问题。为了不辜负世界对我国的巨大期望，我国必须怀着对本国文化深刻认识和敬爱之情，对异国文化采取广泛理解和宽容的态度……"①。

2. 运用现代技术手段获取新知识的能力。未来知识经济的竞争，将主要取决于知识经济主体的更新和知识创新能力，因此，必须充分重视获取新知识的能力的培养，高等教育在这方面发挥着重要的作用。美国学者柯尔曼在《教育与政治发展》一书中就曾强调："教育是开启通往现代化大门的钥匙。"②美国总统克林顿也曾提出，必须使所有的学校都感受到信息时代的力量，使所有学生都将第一次平等地分享同样的知识。也就是说，在即将到来的知识经济时代，学生运用现代技术手段获取新知识的能力将被看成是一项必备的素质。

3. 具备发现问题和分析问题的能力。罗素曾经说过，科学和知识始于发现问题，发现问题比解决问题更为重要。创新型人才应该具备非常规的思维方式，应该善于发现问题，因为只有把一

---

①陈学飞.美国、德国、法国、日本当代高等教育思想研究.1988，279

②唐玉光，房剑森.高等教育改革论.南宁：广西师范大学出版社，2002，292

切都引入问题的领域，才能在既有的知识范围内找到突破口，把问题引向创新。创新人才不仅要有发现问题的能力，更要有分析问题的能力。发现并提出问题是创新之始，而分析问题才是真正的确定创新的方向，较强的分析问题的能力能够保证问题的分析过程走向问题的解决，最终导致创新成果的出现。

4. 把知识转化为现实财富的观念和能力。知识经济的重要特征就是把知识作为财富增长的崭新因素融进生产过程，直接促进财富增长。运用新技术获取知识只是手段，服务于经济社会的发展和财富的增长才是目的。把科技创新成果转化为现实的生产力成为创新活动的正确方向。在知识经济时代，创新型人才必须加强成果转化的能力，努力推进科技成果向现实生产力的转化，这是高等教育事业服务社会的客观要求。事实上，也只有将成果转化为现实生产力，创新性科技成果的价值和意义才能得到充分体现。因此，在大力推进产学研一体化的过程中，要重点培养学生运用新知识解决经济发展问题的能力、运用新知识培育经济发展增长点的能力，运用新知识实现经济创新的能力[①]。

（二）良好的科学素质与人文素质

高等教育要培养面向未来社会的合格人才，要培养适应知识经济时代的人才，这样的人才应具有良好的科学素质与人文素养。

首先，具备良好科学素质的人，要有高度发达的智力和良好的理性思维能力。高等教育应着重培养学生的独立思考能力、独立获取知识的能力、表达能力和创新能力。在诸多能力中，应特别注重创新能力的培养，因为在当代社会中，创新是一个民族的灵魂，也是个人实现自身目的的手段。也就是说，开拓创新是一个国家、一个民族以至每一个人，有竞争力、不落后、不被淘汰的关键因素。正因如此，在近期的大学教育改革中，不少大学如牛津、普林斯顿等都非常重视培养学生的探究能力和创新能力。

---

①唐玉光，房建森.高等教育改革论.南宁：广西师范大学出版社，2001，208

就人文素养而言，需要通过人文教育去培养。在这个意义上，人文教育的价值在于培养人文素养，陶冶人文精神。在我国古代就把教育称为“教化”，这个“化”字道出了人文教育的真谛，排除其中的贬义，“化”就是人类文明的开化，人的心灵的净化，人格的感化，显示出人文教育的巨大感染力和潜移默化的作用。人文素养较高的个体，不仅善待自己，善待他人，善待社会，而且还能善待自然，善待我们今天的生存环境，充分理解人生的意义，并把人生意义升华和社会价值统一起来。

从现实情况来看，由于当今的高等教育过分注重满足科技发展和社会经济发展的需要，对学生人文精神的培养有所忽视。斯诺在剑桥大学发表的《两种文化和科学革命》的著名演说中所提出的问题至今仍然是人们讨论的一个焦点。该演说深刻分析了当今西方世界存在的自然科学和人文科学之间的严重分裂，提出教育不仅应该重视科学技术的发展，而且要注意人的人格陶冶和道德追求。很多大学都开始重新挖掘人文学科在发扬民族优良传统、继承文化遗产、形成学生个性、提高学生个人修养、使人回到自身的感觉世界、认识自身存在的意义等方面可能起到的作用。因此，在美国，有人认为，人文学科是有理性的工程人才的保证；在法国，有人提出人文学科是防治学生发展不平衡的手段；在日本，有人认为，人文学科是传授共同文化和共同公民准则的方式。这些国家以及其他一些国家的高等院校都采取了措施，将科学技术教育和人文教育结合起来，培养学生对祖国和人民的热爱，在科学研究中追求真、善、美①。也就是说，既重视学生科学素质的培养，更重视学生人文素养的养成。这样的人才是符合时代要求的人。

（三）健全和谐的个性

适应知识经济社会的人应该具有健全和谐的个性，是一个情

①邢克超.共性与个性——国际高等教育改革比较研究.北京：人民教育出版社，2004，36

感丰富而富有同情心的人，是一个有创新意识和创新激情的人，是一个意志品质坚定的人。

首先，由于他情感丰富而富有同情心，因此不仅能够从自己的角度考虑问题，而且能够设身处地地为他人着想。并且善于与人交往，在共同的工作和活动中具有合作精神。其次，他要有创新意识和创新激情。作为知识经济时代第一资源的知识是指创新性知识，江泽民同志在多次讲话中指出，我们必须进行知识创新，开发原创性科技成果，因为失去了知识的原创性，永远跟在别人后面是没有活力的，也是没有前途的。因此创新型人才必须具有强烈的创新精神和创新激情，要敢于创新、勇于创新和善于创新，只有创新型知识和成果才是推动经济和社会发展的原动力。第三，他是一个意志品质坚定的人，坚信人的力量，在困难面前从不轻易言败，有脚踏实地、不怕困难的精神。创新是具有开创性、探索性、先导性、前瞻性和尝试性的活动，是在走着前人没有走过的路。因此，创新活动绝不会是一帆风顺的，创新之路必然是充满荆棘、充满坎坷和充满挫折的。因此知识经济时代的创新型人才必须具有坚强的毅力，有着不怕困难和战胜困难的勇气和精神。

第六章　高等教育体制创新

什么是体制？对于这一概念，人们从不同的角度进行解释与说明。按照一般的解释，体制就是“国家机关、企事业单位机构设置和管理权限划分的制度”①，这是从行政管理的角度来解释的，主要是讲权限划分和隶属关系。还有学者指出，“体制是国家机关、企事业单位的组织制度，它主要针对组织的基本构架而言，如学校体制、领导体制。”②按照政治经济学的解释，经济体制是生产关系的具体实现形式，“是人们在产生过程中各种经济关系的具体形式、经济行为规则和组织管理、经济协调、监控机构的总和”③。把这种解释推而广之，可以说体制是社会活动的组织方式，是指运用什么手段把构成社会活动的各种要素组织起来，使其正常运转。也就是说，体制是社会系统的各构成要素的体系结构及规定其相互关系的制度。

关于教育体制的概念，有几种不同的表述。有的学者认为，教育体制就是“国家各级教育行政机构和企事业单位的教育行政机构设置、隶属关系、权限划分等方面的体制和制度的总称。”④还有人认为，教育体制主要是指国家对教育带有根本性、全面性的职责和权益划分的制度，其核心内容是对政府、社会、学校三者在教育运行中的职责和权益的划分。因此，高等教育体制也就是政府、社会和高等学校之间的关系，主要是政府和高等学校、高等学校和社会之间的关系。

一般来讲，高等教育体制的主要内容包括以下五个方面：

①辞海（缩印本）.上海：上海辞书出版社，1979，228
②方明，谷成久.现代大学制度论.合肥：安徽大学出版社，2007，268
③陈秀山.比较经济学概论.中国人民大学出版社，1992，9
④李冀.教育管理辞典.海口：海南人民出版社，1989，102

一是管理体制，即政府与高等学校的关系，亦即高等学校由谁来领导和管理。主要是高等学校的办学自主权和政府的宏观管理职能。这是高等教育体制的核心问题。二是高等教育的办学体制，即由谁来举办的问题。三是高等教育经费的筹措体制。四是高等学校的招生和毕业生就业制度。五是高等学校内部的管理体制和运行机制。

我国高等教育体制之所以要改革，主要基于三个原因。首先，经济和政治体制改革是高等教育体制改革的直接动力，每一次高等教育体制改革的深化与发展都与我国经济和政治体制改革的深化相联系。其次，提高办学效益是促进高等教育体制改革的内在动力。第三，现代科技和经济发展是促进高等教育体制改革的根本动力。现代科技的快速发展和知识经济时代的莅临，对人才素质提出了新的要求，打破封闭发展的局面，强化政府宏观管理，确立高等教育办学自主权，多方拓宽高等教育办学经费，深化招生和毕业生就业制度改革，进一步健全高等学校内部的管理体制是高等教育体制改革的必然。本章将在回顾高等教育体制改革历史的基础上，就以上五个方面展开论述。

第一节　高等教育体制改革的历史回顾

新中国成立以来，在政治经济形势和国家政治经济体制的影响下，高等教育管理体制也几经变化，大致经历了从中央高度集权、中央与地方分权、扩大学校办学自主权到逐步形成中央和省级人民政府两级管理，以省级人民政府管理为主的体制等几个阶段。

一、高度集中统一的中央集权管理体制（1949—1956年）

1950年7月，政务院颁布了《关于高等学校领导关系的决定》，确定了中央人民政府教育部对全国高等教育实行统一领导的原则。中央教育部根据条件，有计划、有步骤地将各地区高等学校收归中央教育部领导。为此，1952年11月中央人民政府决定设置高等教育部。

1952—1953年，根据"全面学习苏联"的指导思想，我国高等教育实行大规模的院校调整。同时，在管理体制上也照搬苏联的做法，1953年5月，通过了《关于修订高等学校领导关系的决定》，再次强调对全国高等学校实行统一与集中的领导，决定由中央教育部门和一些业务部门分别直接管理大部分高等学校。当时管理的原则是：①综合大学由教育部直接管理；②与几个业务部门有关的多科性高等工业学校由高等教育部直接管理；高等教育部认为必要时，委托中央有关部门管理；③为某一业务部门或主要为某一业务部门培养人才的单科性高等学校，可委托中央有关部门负责管理，如有困难，由高等教育部管理；④对于某些高等学校，当高等教育部及中央有关业务部门认为直接管理暂有困难时，委托学校所在地区行政委员会或省、市、自治区人民政府负责管理①。高等教育部根据政务院的这一精神，确定了148所高等学校的隶属关系，其中高等教育部管理8所，中央各有关业务部门管理30所，大行政区政府管理72所，委托省、市、自治区人民政府管理8所。到1955年，全国共有高等学校277所，基本上隶属于高等教育部和中央各业务部门领导。

新中国成立初期，国家处于国民经济恢复时期，高等教育也处于整顿和发展的初期，学校数量少，结构也比较单一，形成和建立集中统一的教育管理体制，保证了党对教育事业的集中统一领导，对于当时恢复和建立正常的教学秩序，普遍提高教学质量，保证教育事业有计划按比例地发展起到了重要的作用。但由于过于强调集中统一的管理体制，统得过死，管得过多，卡得过严，压抑了地方和学校的办学积极性。正如1956年6月全国人大一届三次会议所认为的，集中统一过多影响地方办学积极性，从此，高等教育管理体制进入了调整时期。

---

①郝克明等.90年代中国教育改革大潮丛书(高等教育卷).北京：北京师范大学出版社，2002，56

二、中央与地方两级分权管理（1958—1966年）

为了改变高等教育办学和管理权限过分集中，发挥地方办学的积极性和主动性，1958年，高等教育部开始着手考虑克服在学习苏联经验过程中出现的问题，进行高等学校管理权限下放工作。1958年4月，中共中央发布《关于高等学校和中等技术学校下放问题的意见》，作出了高等学校管理权下放的决定。即除少数综合性大学、某些专业学院仍旧由教育部或中央有关部门直接领导以外，其他的高等学校都可以下放到省、市、自治区领导。根据这一规定，教育部会同中央有关部门将原由中央领导的229所高等学校中的187所学校和绝大部分中等技术学校先后划归地方领导。这一决定对改变高等教育事业管理体制上以条条为主、过于集中的状况，发挥地方办学的积极性起到了很大的作用。

随着地区经济和社会的发展，各省、自治区、直辖市也创办了一批为本地区服务的高等学校。但是在权力下放以后，国家缺乏宏观指导，没有建立必要的法规，又由于当时正处在“大跃进”的社会环境之中，教育领域也出现了所谓的“教育大跃进”，致使高等学校的数量急剧增加。仅三年时间，全国高校由1958年的229所猛增至1961年的1289所，增加了4.6倍，不仅超出了国民经济和教育系统本身的承受能力，而且也违反了教育自身的发展规律，教育质量受到严重影响。

1961年，中央提出了“调整、巩固、充实、提高”的八字方针，国民经济进入调整时期。1963年6月，中共中央、国务院颁发了《关于加强高等学校统一领导，分级管理的决定试行草案》，《决定》明确指出为了加强对高等学校的领导和管理，中央和国务院决定对高等学校实行中央统一领导，中央和省、市、自治区两级管理的制度，并对两级分工作了具体规定。这对加强国家对教育工作的宏观管理和指导，同时调动各方面办学的积极性起到了积极的作用。但很明显，这次调整在某些方面带有着强化集权的趋势。到1965年，调整后的全国高等学校共有434所。其中，教育部直接管理的34所，中央各业务部门管理的149所，各省、市、自治区管理的251所，形成了中央统一领导，中央与地方分级管理的格局。

三、“文化大革命”期间（1966—1976年）

在十年“文化大革命”期间，高等学校被大规模下放和搬迁，高等教育管理处于一种无序状态，造成了空前的灾难。原中央部属学校176所，经调整后保留下来的132所中，除军工院校实行以地方为主与地方双重领导的管理体制外，由中央有关部门领导的只有6所。实际上，“文化大革命”运动开始后，高等学校管理就陷入了瘫痪和半瘫痪状态。这期间总的趋势是将高等教育的领导权、管理权下放给地方。

四、高等教育管理体制逐步完善时期（1978年以来）

党的十一届三中全会以来，党对政治、经济领域进行全面地拨乱反正，高等教育管理体制也进入了调整恢复时期。这期间，以强调集权为主，逐步恢复了中央统一领导、中央与地方两级管理的体制。1979年9月，中央批转教育部党组《关于建议重新颁发关于加强高等学校统一领导，分级管理的决定的报告》，要求各地研究执行，这对拨乱反正，重建高等教育秩序起到了很大的作用。此后，逐步恢复了1963年确定的“中央统一领导，中央和省、市、自治区两级管理”的体制。

到1994年，全国普通高等学校数量为1080所，其中原国家教委学校35所，中央63个业务部门和单位所属学校325所，分别占全国普通高校总数的3.24%和30%；省、自治区、直辖市所属学校713所（其中省、自治区、直辖市教育行政部门直属约占57%，其他业务部门办学约占21%）；民办学校7所；中心城市办学约占22%。这说明，业务部门所属高等学校是我国高等教育事业的重要组成部分①。

①朱开轩．积极推进高等教育体制改革．中国高等教育，1995（1）

从历史上来看，中央对于教育管理权力几度“下放”和“回收”，只是在解决学校的领导关系，并未解决高等学校的自主办学及促进条块结合的问题。当面临知识经济的时候，这些问题如果不加以解决，处于教育层次顶端的高等教育则难以适应时代的要求。“平淡时代的那些心跳已经跟不上风云变幻的现实。当现实中充满了困难，我们必须勇往直前；当情况与以往如此不同时，我们必须重新思索。”[①]为迎接知识经济的挑战，我国高等教育体制必须进行改革与创新。

第二节　宏观管理体制创新

高等教育宏观管理体制既是高等教育体制的重要内容，也是国家行政管理体制的一个组成部分。它涉及政府与社会、高等学校三者之间的关系，良好的高等教育宏观管理体制能够保证政府与社会、高等学校之间的良性互动，使高等教育更好地发挥其职能。从世界范围来看，由于各个国家政治经济制度、社会历史条件和文化传统的差别，高等教育宏观管理体制不尽相同，就权限划分来看，有三种类型：中央集权、地方分权、中央和地方均权三种形态。这三种高等教育宏观管理体制均集利弊于一身。从我国来看，20世纪80年代以来，高等教育宏观管理体制一直是整个高等教育体制改革的重点和难点。20多年来，为解决国家对高等教育包得过多、统得过死、条块分割、各自为政、重复建设等问题，以“共建、调整、合作、合并”为方针的改革取得了明显的成效，高等教育宏观管理体制改革确实取得了突破性的进展，但是继续深化改革的任务依然十分繁重。要适应知识经济时代的要求，要跟上世界高等教育改革的步伐，我国高等教育宏观管理体制创新要从以下几个方面入手：

---

①詹姆斯·杜德斯达.21世纪的大学.北京：北京大学出版社，2005，3

一、转变政府职能，加强宏观管理

随着高等教育在知识经济社会中地位日益突出，作为反映社会整体利益的政府，必然要加强对它的宏观调控，其目的是为了很好地为社会经济发展服务。对此，著名教育家阿什比曾做过深刻地分析："在过去，每所大学都是独立的有机体，各按其内在的规律去吸收营养和发育成长。如今的大学已经成为经济发展和国家生存绝对不可或缺的事物。过去在封建王后和天主教会的羽翼下，大学被培育成为美丽的花朵，他并不比宫廷中的乐师具有更多地推动经济发展的作用。"因此，"以前政府对大学采取听之任之的态度，如今却想逐步加强对大学的控制了。对此，抱怨之类的反抗是最没有用的。现在办大学是很花钱的事，如果没有政府给大学以资助，大学将失去存在的希望。"同时，"高等教育越卷入社会的事物中就越有必要用政治的观点来看待它。就像战争意义太重大，不能完全交由将军们决定一样，高等教育也相当重要，不能完全留给教授们决定。"①具体而言，政府对高等教育的宏观管理主要通过以下几种方式：

（一）政策指导

从世界高等教育发展的共同趋势来看，无论哪种教育管理体制，在高等教育宏观管理上都十分重视政策的引导作用。正确制定和执行高等教育政策，是教育事业取得成功的重要保证。在我国，高等教育政策就是党和政府用以规范、引导高等教育而制定的行动准则，通常以决定、决议、纲要、通知、报告、纪要等文件形式表现出来。党和政府正是通过制定、实施和不断完善高等教育政策，来领导、控制和调节高等教育实践活动，使之具有一定的目标，朝着特定的方向发展。政府颁布的高等教育政策对高等教育发展意义重大，它首先可以为高等教育实践的发展指明方向。正如有学者指出："过去一二十年来，高等教育的发展是以

---

①布鲁贝克.高等教育哲学.杭州：浙江教育出版社，1998，33

众多的新政策和新改革为特征的。高等教育的每一次改革都表明或反映一种政策。”[①]也就是说，各国都是通过政策来引导高等教育的改革和发展。其次，通过政策可以规范人们的高等教育活动和行为，使高等教育沿着与经济和社会发展相适应的目标顺利发展。最后，通过政策可以协调关系，主要是协调利益关系。西方有学者认为：“公共政策本身就是对全社会的价值最有权威的分配。”[②]高等教育是一个复杂的系统，涉及国家、地方、学校之间的关系，涉及各层次、部门之间的权限划分等等，这都需要政府用明确的政策来协调各方面的关系，调动各方面的积极性，促进高等教育的快速发展。

（二）教育立法

通过立法，制定有关高等教育的法律法规并付诸实施，是政府对高等教育进行宏观管理的重要手段之一。通过教育立法，可以确定和实现高等教育的目的和任务，调整高等教育内部和外部的关系，建立、维护和发展有利于国家的教育活动秩序，因此，高等教育法律法规是现代国家高等教育管理的基础和基本依据。二次世界大战之后，世界各国都非常重视高等教育立法。比如美国，早在1862年美国国会就通过了《莫雷尔法案》，规定联邦向各州提供土地，以资助各州农业和工艺教育的发展。向各州拨赠的土地面积依照各州拥有的国会议员人数而定，每名议员赠地3万英亩。这个法案作为第一个高等教育法案在美国高等教育发展史上意义重大。它表明，联邦政府能够并愿意通过直接向各州资助的方式，来促进那些往往被州忽视而对国家发展意义重大的事情。再如，美国国会1958年通过的《国防教育法案》是二战后对美国高等教育具有最深刻影响的立法之一。该法案在美国历史上第一次把教育与国防、教育与全球战略联系在一起，因而把教育提高到了前所未有的高度。此后，美国对于科学技术愈加重视，

---

①伯顿·克拉克.高等教育新论——多学科的研究.杭州：浙江教育出版社，1988，265

②桑玉成，刘百鸣.公共政策学导论.上海：复旦大学出版社，1991，2

对美国教育质量的提高起到了很大的促进作用。美国政府就是通过立法把教育政策渗透到高等学校之中，从而影响乃至决定了高等教育的发展方向。此外，日本等国也十分重视通过立法来加强对高等教育的宏观管理。

在我国，改革开放以后，高等教育立法进入了一个崭新的时期，尤其是1998年第九届全国人大常委会通过的《高等教育法》为我国高等教育事业走上法制化道路奠定了基础。《高等教育法》确立了我国高等教育领域的基本制度，为今后制定有关高等教育的法规、规章和规范性文件提供了基本依据。各有关部门应该依据《高等教育法》的规定，转变管理高等教育的方式，通过法律手段来加强对高等教育的宏观管理与调控，把高等教育的行政管理纳入法制化轨道。

（三）财政拨款

高等教育是耗资巨大的事业，它的生存和发展必须依靠外部的资源投入。在政府、企业事业单位和个人这三类投资中，政府拨款是教育投资的主要来源。从世界范围看，不仅公立学校的经费大部分来自政府，许多私立大学也大量接受政府的资助。当今世界，虽然各国政府都面临日益严重的财政压力，但依然竭力增加对高等教育的投资。因为高等教育对国家发展意义重大，政府自然会通过投资介入对高等教育的管理。正如美国学者菲利普•G•阿特巴赫所指出的：“高等教育增加的资金大部分来自政府，这就增加了政府和公众对学术机构如何使用他们所提供的资金这一问题的兴趣，因而要求对大学的目的和经营加以更大的控制。”①比如在美国，联邦政府通常通过拨款等间接方式控制高等教育，鼓励开展那些国会或总统认为与国家利益相关的教育活动，使高等教育按照政府的意图来发展。二战后，美国更加重视基础研究对整个国家技术发展的核心作用，而政府认为高等教育是最好的

①姚启和.高等教育管理学.武汉：华中理工大学出版社，2000，160

研究基地，于是长期以来将全国基础教育经费的60%以上拨给高等教育，使美国高校成为全国基础研究的主要承担者。

在发展中国家，高等教育系统在独立后多由政府建立起来，经费几乎全部来自政府，因此，政府对高等教育的控制更为直接。在我国，从新中国成立以来宏观管理体制一直以集中管理为主，高等教育经费由政府全部包揽。这种拨款方式的实权掌握在各个部门，高等学校成为主管部门的下属单位，缺乏自主权，难以办出特色。知识经济时代的到来，要求高校办出特色，拥有自主权。为调动学校的积极性，传统的拨款方式必须改革。但是应该认识到，财政拨款仍然是对高等教育进行宏观调控的重要手段。《中国教育改革和发展纲要》指出，要“充分发挥拨款手段的调控作用，对于不同层次和类型的学校，拨款的标准和方法应有所区别。”总之，高等学校办学经费尚不可能完全独立，这就决定了高等教育在取得国家经济支持的同时必须承担相应的责任和义务，也就在一定程度上必须接受政府的管理和控制。

二、加强中介机构的作用

在知识经济时代，大学的社会作用越来越大，政府对大学不可避免地要加强管理。为了提高政府管理高等教育的科学性与有效性，也为了避免政府和大学之间的摩擦，世界上许多国家都借助中介机构对高等教育实施宏观管理。这些中介机构“吸收学者参与其中，允许学者向政府提建议，并共同对有关院校和学科命运的问题做出决策；他们了解大学的需要并为它们向政府讲话，又能较好地贯彻政府的意图。既可以约束政府过强的行政导向而忽视办学规律的行为，也可以约束学校只强调学术需要而忽视社会现实需要的行为，有利于政府行政导向和学校学术权威的有机结合。”[①]这些中介机构有半官方的，也有民间的，比如：美国的“教育理事会”、德国的“教育审议会”、英国的“中央教育审

①姚启和.高等教育管理学.武汉：华中理工大学出版社，2000，166

议会”等等都属于中介机构，这些机构在帮助政府决策、提供咨询服务、参与教育管理方面发挥了积极的作用。

在我国，《中国教育改革和发展纲要》指出：“要重视和加强决策研究工作，建立由教育界和社会各界专家参加的咨询、审议、评估等机构，对高等教育方针、政策、发展战略和规划等提供咨询建议，形成民主的、科学的决策程序。”这里的咨询、审议、评估等机构其实就是中介组织。自20世纪80年代以来，我国建立和利用高等教育中介机构的工作总体而言是不错的。目前，在高等学校的设置、学位点的确定、招生考试方面都已有了有影响力的咨询审议机构。这些机构在沟通政府和学校的关系，避免政府和学校的摩擦，决策的民主化、科学化方面产生了积极的作用。

今后，在高等教育的宏观管理方面，中介机构的作用还应进一步加强。从目前的情况来看，建立高等教育中介组织应当做好以下几方面的工作：“首先，要转变观念，充分认识到中介组织在高等教育管理过程中的作用；其次，要赋予中介组织以权威性，并要有相应的政策保证；再次，中介组织自身的建设要不断加强，素质要不断提高；最后，要健全中介组织的结构”[①]。

三、高等学校办学自主权继续扩大

所谓高等学校办学自主权主要是指高等学校在教学、学术上应有充分的自主权，使自己培养的人才和研究的成果以及提供的服务适应经济、社会发展的要求。美国卡耐基教学促进基金会主席博耶博士认为，现在需要给大学充分的自主权，使其保持自身学术风格，同时还要使大学对国家和人民负责。联合国教科文组织亚太地区办事处萨利姆博士强调，高等学校的自主权，实质上是赋予高等学校更多的责任和义务。所以，高等学校办学自主权的实质，是高等学校具有能主动适应经济和社会发展需要的自我调节能力，而不是具有在封闭的环境里自我完善的权力。

①帅相志.市场经济与中国高等教育体制改革.济南：山东人民出版社，2005，37

赋予高等学校办学自主权，并使高等学校办学自主权进一步扩大，是由高等学校的主要任务和管理体制改革的目标决定的。高等学校是以研究高深学问为己任，为追求和传播知识而存在的社会机构。在现代，高等学校要通过传播知识培养人才，通过研究发现新知，通过推广知识促进成果转化。这些职能的充分发挥，要求高等学校具有很大的办学自主权。正如唐纳德•肯尼迪所说："教授和他们的机构团体应该独立于政治干涉，这是学术界——而不是美国生活的其他领域——维护这样的权利，即异端的思想和非常规的行为应该受到特别的保护"[①]，从管理体制改革的目标来看，高校办学自主权的扩大也非常明确，即：改革要使高等教育与社会需要更好地结合，使高等学校具有适应经济和社会发展的积极性和自我调节能力。在我国，《高等教育法》赋予高校七项办学自主权:自主调节系科招生比例；自主制订教学计划、选编教材、组织实施教学活动；自主开展科学研究、技术开发和社会服务；按国家有关规定自主开展与境外高校之间的科学技术文化交流与合作；自主确定内部组织机构的设置和人员配备；依法自主管理和使用学校的财产。自主权的扩大，意味着学校的责任也大大加大。因此，就高等学校而言，应善于行使自己的权利，承担相应的责任，建立起主动适应经济建设和社会发展需要的自我发展、自我约束的运行机制。

从世界范围看，各国的高等教育改革都给予大学以充分的自主权。无论传统上强调中央集权的国家，还是传统上强调大学自治和教授治校的国家，都把高等学校的办学自主权看得非常重要。例如，日本的高等教育曾长期处于高度集权主义的控制之下，二战以后，日本改革了教育体制，通过立法为中央集权型的高等教育提供学术自由的法律保证，从而使高教行政管理有了根本性变化。现在，文部省虽然仍有很大的职权，但对各大学只能进行原则指导，各大学依据《大学设置法》、《学校教育法》等

---

①唐纳德·肯尼迪.学术责任.北京：新华出版社，2002，3

法规要求，在办学上享有较大自主权。又如教育管理权力比较分散、地方和学校办学自主权较大的美国，在二战以后由于科技的日新月异并迅速应用于生产实践，美国整个经济的技术结构发生了深刻变化，科学技术的发明和创新在社会的发展和进步中发挥越来越重要的作用，素有“科学之家”之称的高等学府在社会上的地位因此进一步提高，联邦政府把握住这种时机，视高等教育为决定国家前途命运的关键因素，频繁地通过立法，通过向包括私立大学在内的全美几乎所有高等学校提供资助等途径，加强了对高等教育的影响和控制，但仍然给予高校以充分的办学自主权。

总之，在西方发达国家中，学校自主办学已逐渐被纳入高等教育的运行机制之中，各国对高等教育的宏观调控再也不排斥高校的自主权；而高校的办学自主权再也不是脱离高等教育运行机制的自治。高等学校面临着伴随立法、拨款、政策、规划而来的国家越来越多的宏观控制，市场机制中竞争的压力和威胁、民主化和社会参与浪潮的冲击和牵制，还有新的技术革命的挑战，学校自主是与上述高教运行机制各环节互相制约，共同发挥作用的。高校的活力正是来自政府、市场、社会的压力、推力、引力和学校的有限自主权的结合，来自外力和学校有限自主权的相互作用。与此同时，高校的一定的自治权力又是高教运行机制中相对独立的一个环节，在一个运行灵活、有效的机制中，这一环节使学校得以主动地调整自己的内部行为，提高适应社会需求的能力。

在我国，依照我们的实际情况，参照国外的经验，在扩大高校的办学自主权的过程中，有以下两个方面的问题必须特别注意：首先，要解决观念上的举办权和管理权分离的问题。政府部门必须改变观念，实行举办权、管理权分离。因为高等教育本质上不是经济活动，与企业生产资料所有权不同，投入学校办学经费不是盈利的资本和手段，而是培养人才和发展科学文化的条件，它不是以营利为目的，应该实行两权分离，不能因为政府出资办学就由政府有关部门直接管理。同时，现代企业制度要求有明确的产权关系，现代大学制度也要求举办权和办学权分离。高等教育的办学主体是高等学校，而不是出资举办学校的政府或其他举办者，政府只能对高等学校实行宏观管理。

其次，高等学校必须依法办学，在政府放权和深化改革的过程中，主动适应市场经济和社会发展需要，增强办学活力，建立起有效的自我发展和自我约束机制。高校自我发展的动力来自于外部和内部。从外部来看，政府的规划任务和市场直接反映的社会需求是高校自我发展的动力。从内部而言，正确的办学指导思想、广大教职工工作积极性的充分发挥以及必要的工作条件和良好的工作环境是高校自我发展的内部动力。高校的自我约束机制，也包括外部和内部两个方面。政府的宏观调控、市场的供求矛盾和竞争机制，还有社会参与，对高校来说都是外部约束。高等学校的自我约束机制形成的主要标志是学校在面向社会自主办学的过程中，能够遵循教育规律，适应经济建设和社会发展的需要，正确处理需要与可能、数量与质量、经济效益与社会效益、局部利益与长远利益之间的相互关系。高校的外部约束与自我约束是相辅相成的。政府的宏观调控等外部约束要辅之以学校的自我约束才能真正落到实处；高校的自我约束又要以外部约束为依据，或者受外部约束的制约。

此外，扩大高校的办学自主权，还应该鼓励高校面向社会自主办学。因为无论是人才培养还是开展科学研究，都是进行社会服务。为了适应社会的需要，许多西方国家在高等学校管理中引进了“社会参与”机制。社会参与是除了市场机制作用以外对高等学校自主办学和政府宏观调控的必要补充，是高等教育体系运行调控的重要环节。我们可以吸引社会力量参与高等教育的决策、参与高等教育办学、组织对高等学校办学水平和培养人才质量的社会评估等等。

综上所述，要实现我国高等教育宏观管理体的创新，要继续转变政府职能，把对学校的直接行政管理，转变为主要运用立法、拨款、规划、信息服务、政策指导等必要的行政手段进行管理。具体来说，要对教育事业发展规划和发展规模，经费预算及统筹安排，教育质量、各类学校设置标准和各类证书学位标准等进行宏观管理。也即，政府主要对教育发展的规模、速度、质量、结构进行宏观调控，使之适应经济、社会发展需要，不断提高高等教育的综合效益。同时，确保学校面向社会自主办学的法人地位，要加强教育决策系统、信息系统、督导评估系统以及其他中介机构的功能。

第三节　办学体制创新

在我国，从改革开放以来高等教育改革就不断地进行并逐步深化。在已经进行的一系列改革中，管理体制的改革始终是重中之重。人们一直把理顺各级政府之间以及政府与高等学校间的关系作为高等教育改革的核心问题。然而，当人们一方面称道管理体制改革的进展时，另一方面又对进展中的改革不尽满意。显然，在这种层面上进行改革并不够，它需要在更深更广的层面上进行。笔者以为，可以从改革高等教育的办学体制入手推动管理体制创新。因为在办学体制没有根本触动的状态下，政府与教育主管部门之间以及政府与高校之间的关系难以理顺的。从这种意义上讲，办学体制改革是深化高等教育改革的突破口。

高等学校办学体制，是高等学校办学活动的组织结构形态和有关制度规范的总称。我国高等学校办学体制的改革继社会主义市场经济体制确立以后，逐步走向深入，以国家和省级政府包揽举办高等教育事业的格局已被打破，以政府举办为主，各级人民政府、企业、事业单位、社会团体和公民个人依法独立或联合举办高等教育机构的格局正在形成。但是，与经济体制改革与发展相比，我国高等学校办学体制改革的进程显得落后、保守，既不适应高等教育大众化发展的趋势，也不利于我国高等教育的长期可持续发展，应该继续加大创新的力度。

一、政府继续举办并重点办好高等教育

长期以来，由于政府对高等教育大包大揽，致使我国公立高等教育比较庞大，并且在今后相当长的时间里，政府举办的公立高等教育在整个高等教育结构中还将处于主导和绝对优势的地位。正因如此，在高等学校办学体制创新中，必须把公立高等教育办学体制的改革作为重点和突破口，使公立高等教育真正成为促进知识经济发展的主要力量。具体而言，应从以下几方面入手：

第一，应从有利于高等教育为知识经济服务和高等教育自身发展，有利于高等教育为区域经济发展的服务等指导思想出发，制定公立高等教育结构布局的总体目标，形成“条块结合”的具有区域特色的结构和布局。由于我国各地经济发展不平衡，中央政府应集中办好若干所代表国家水平和为国家目标服务的高水平的重点大学，比如，20世纪90年代以来，我国推出的“211”工程建设和创建具有世界先进水平的一流大学的重大举措，这些措施正在发挥积极的作用。其他公立普通高等院校则由省级政府按区域发展的要求，进行统筹规划，其层次、类型、形式、布局都紧密结合区域经济和社会发展需要，反映区域发展的水平和战略，形成各地有特色的区域性高等教育体系。在一些经济较发达的地区，一般应有面向全国的、面向区域或既面向区域又面向行业的、面向社区服务的多种类型、多种层次和多种模式的高等学校。而从全国来说，则应在巩固提高普通高等教育的同时，注意重点发展面向农村和中小型企业人才需求的高等专科教育和高等职业教育。

第二，充分发挥市场机制的作用，实行行政干预和市场调节相结合。在市场经济体制下，高等学校的办学活力关键在于其在生源等社会需求市场上的竞争力，而这种竞争力来自于其良好的教育质量、学术声誉和育人环境，也来自于其办学活动对社会需求的适应和与社会的密切联系。在知识经济大潮中能够主动适应社会需求，注重教育质量和办学效益的高等学校，总是能寻找到

生存和发展空间的；反之，社会需求少、教育质量和办学效益低下的高等学校，则迟早是会被淘汰的。因此，在高等学校办学体制改革中，也要注重发挥市场调节的作用，重视社会对学校的客观评价，一方面促使办得好的学校能更上一层楼，另一方面则促使那些办得不好或难以走出困境的学校或转制、或被他校合并、或寻找其他出路。

第三，应推进高等学校办学主体结构的优化，要推进"条块结合"的"共建、调整、合作、合并"。在此过程中，应注意从有利于学科优势的互补、教育资源的共享、专业结构的优化、学校实力的提高、办学机制的转换、服务面向的开拓等方面进行科学性和可行性的论证和决策，并制订严密有序的实施方案，使学校合并真正达到"1+1>2"的效果。

二、大力发展民办教育

我国历来就有私人办学的传统。自孔子开办私学起，几千年来，一直是公办学校与私学并存。在新中国成立初期，全国尚有私立高等学校89所，占当时全国227所高校的39%。今天，当我们面临知识经济的挑战的时候，大力发展民办高校意义重大。

（一）大力发展民办高等教育的意义

1. 民办高等教育可以更好地满足我国日益增长的高等教育需求。我国在未来相当长的一个历史时期内，将出现一个对高等教育需求不断增长的状况，高等教育大众化水平将向纵深发展。这既与我国的特殊国情有直接的关系，也反映了当今世界高等教育发展的一种趋势。比如日本、韩国等工业化国家就是通过发展私立民办教育走上了高等教育大众化的道路。另外，"按照国际比较，在人均收入从300美元到1000美元之间，高等教育大体都有个加速发展的过程。"①20世纪90年代中期我国人均国民生产总值近500美元，正处于国际上认同的高等教育发展的中间阶段。在我国

①谈松华．我国高等教育发展战略若干问题的探讨．中国高等教育．1994（2）

目前以国家办学为主体的条件下，要对其做出迅速的反映是相当难的。而私立高等教育正可以缓解这一压力，满足人们日益增长的接受高等教育的需求。

2. 民办高等教育可以缓解我国教育经费不足的矛盾。随着高等教育需求的不断扩大，现在几乎世界上所有国家的大学都面临着财政困难，即使最富裕的美国也不例外，而我国教育经费不足的状况比其他国家更为严重，其中较重要的原因是政府主渠道投入不足。但就我国目前的经济发展状况，完全依靠政府投入是很难甚至是不现实的。近年来，我国高等教育管理体制改革的一些举措，拓展了高等教育经费的来源渠道，但并没有从根本上解决问题。由于我国民办高等教育体系并不健全、发达，社会集资只能用于公办学校，作为“公办民助”，因而所集资金实属有限。“捐资助学与投资自办，对于出资办学者的心理来说，在责任上、权益上有所不同，因而其责任心、积极性也有所不同”①。

3. 民办高等教育有利于在高等教育体系内实现竞争机制和调整高等教育结构。我国大力发展民办高等教育，主要目的之一还在于引进市场竞争机制，打破国家办高等教育的一统天下，促进高等教育改革的深化。正如邬大光教授所指出的:“……从更深层次的意义分析，民办高等教育在中国的使命恐怕绝不仅仅是促进高等教育大众化，这只是其中的一个主要方面。民办高等教育在中国存在与发展最根本的使命，在于盘活现有的高等教育资源，形成公立与民办高等学校相互竞争、共同发展的格局，它将引发高等教育从现存的‘计划经济式’的改革真正实现引进市场机制的改革，促进高等教育产业化的进程。”②但是从现实来看，由于办学体制的单一性，各高等学校之间并没有形成强有力的竞争氛围，高等学校对国家政府的依赖程度仍然十分强烈，“供给型”的思维方式仍在起主导作用，高等学校的自我发展机制和能力都

①魏贻通.民办高等教育研究.厦门大学出版社，1991，11
②邬大光.21世纪民办高等教育的使命.高等教育研究.1999 (4)

十分薄弱。在高等学校内部，符合高等教育发展规律的教师聘任制、教师流动制等竞争机制目前并没有从根本意义上得以实施。而私立高等教育由于自身拥有较多的办学自主权，条条框框限制较少，有利于促进竞争机制的形成，能够对国家举办的高等学校形成一股冲击力量，从而促进两者的共同发展。

（二）民办高等教育的发展状况

正是由于发展民办高等教育意义如此重大，1984年诞生了全国第一所国家承认学历的民办公助体制的北京海淀走读大学。到1986年底，全国已有民办高校370所。到1991年底，数量增加到450所。1997年，全国民办高校已发展到1274所，在校生200多万，使许多高考落榜青年圆了大学梦。此外，在全国民办高校中，还有一些通过全国统一考试录取学生、国家承认其颁发的学历文凭的学校在1999年有37所。到2004年6月，全国民办高等教育机构共1104所(不包括独立学院)，在普通高等学校1915所中民办高等学校有214所。可以说，从20世纪90年代以来，民办高校在极短的历史时期内，最大限度地积聚了全社会的教育资源，实现了教育界超常规发展。但是，也存在着制约民办高等教育发展的瓶颈。比如：人们对民办高等教育的地位和作用认识不到位；由于公立高校规模扩张太快，给民办高校的生源数量、质量带来了不小的压力。这些问题如果不解决，民办高等教育将难以适应知识经济时代的要求。

（三）民办高等教育发展过程中存在的问题

如前所述，民办学校从20世纪90年代以来确实取得了重大的发展，但是在发展过程中也出现了不少问题，主要表现在以下两个方面：

1. 缺乏有效的管理

尽管随着民办学校的发展，管理在逐步加强，如1998年全国民办高等教育委员会评出100多所优秀办学单位。但是总体而言，对民办高等教育的管理还是相对薄弱。这表现在：政府对民办高等教育的管理由原国家教委成人教育司转为由高等教育司的远程教育处监管，这样的管理机构难以适应民办高等教育大力发展的需要。就全国范围来说，还需要一个自上而下的机构调整和建设过程，一些管理人员的认识和素质也亟待提高等等。总之，管理的薄弱严重束缚着民办高等教育的发展。

2. 缺乏应有的资源

首先是办学经费困难。根据对100所民办高校1994年收支情况的调查，其中有82所学校学费收入占学校总收入的90%以上[①]。尽管民办高等教育极力从多方面筹集资金，但是所能得到的社会资源依然非常有限，而学费收入是不稳定的，许多民办高校由于经费短缺影响了办学条件的改善和教育质量的提高。

其次是办学条件差。根据百校调查显示，有68%的院校长期租用校舍，即便有自己的学校，面积超过3万平方米的也只占10.8%，一般都不超过9000平方米。实验设备亟待改善，在百校调查中，实验设备资产少于50万元的占43.3%。就师资队伍而言，大多数学校依靠兼职教师[②]。显然，这样的办学条件是难以保证教学质量的。

笔者以为，为使民办高等教育在知识经济社会中发挥其应有的作用，政府应该大力扶持民办高等教育的发展，应当采取适当的财力与物力资助，以及在政策上适度放宽，为民办高等学校的生存与发展创造空间与条件。同时，主要通过民办高等教育规模的扩大来实现高等教育大众化。另外，还要借鉴国际著名私立大学的发展经验，如美国的哈佛、日本的早稻田等，从法制化、制度化入手，把提高办学层次、办学质量作为发展之根本。惟其如此，民办高等教育才能不断发展，才有可能在知识经济社会中发挥其应有的作用。

①亚太地区私立高等教育研讨会论文集.厦门大学出版社，1996，60

②民办高等教育委员会.中国民办高等教育的理论与实践.北京：大众文艺出版社，1999，229～258

三、创办新式大学

高等学校办学体制创新要结合我国高等教育的现状有所突破，独立学院的发展是一个新的思路，也是改革的新的突破。独立学院是专指由普通本科院校按新机制、新模式与社会力量合作举办的本科层次的办学机构。独立学院既有公立大学的特征，又有民办大学新的运行特色，是介于公办高校与民办高校之间的一种新的办学模式。独立学院是我国公办高校优质教育资源外延性扩张过程中出现的新生主体①，具有办学起点高，见效快，易上规模、上档次等特点。在国家“积极支持，规范管理”方针的指导下，我国独立学院迅速发展，截止到2006年底，经教育部批准的独立学院已有318所，分布在29个省、市、自治区，成为我国高等教育的重要组成部分。

独立学院的产生与发展，既是我国特殊国情背景下、特殊时期顺应高等教育急剧扩招的特有产物，又是我国民办高等教育发展中合乎逻辑的一种特殊形式。其发展是整个高等教育布局结构改革的一个重要组成部分，是新形势下高等教育办学机制与模式的一项探索和创新，是扩大高等教育资源的一种有效途径。它通过全新的市场配置，实现公办高校规模的扩大，推动高等教育大众化、现代化的进程，对进一步解决好我国高等教育发展与国家、社会需要之间的供求矛盾具有深远的意义。

然而，独立学院在发展的过程中，出现了种种问题，比如：部分独立学院没有独立的法人地位，产权界定不明晰，管理体制不健全；不少独立学院教学质量不高，办学模式上缺乏特色和质量标准。从发展趋势看，独立学院无非存在着两种大的前景。一是走向健康成长的良性循环，形成有中国特色的优质民办高等教育发展道路；二是学校发展不稳定，违规操作增多，声誉下降，独立学院试验失败。

①秦惠民，胡林龙，陈立鹏.公办高校优质教育资源外延性扩张中独立学院法律地位之探讨[J].中国高教研究，2005（1）:43～46

为了努力促进独立学院健康发展，独立学院当然需要加强自律工作，国家政策也需要正确加强引导[①]。具体而言，可以从以下几方面入手：

1.独立学院健康发展的基础是质量和特色。近几年来，独立学院如雨后春笋，发展的速度很快。已产生一批万人学院，有的学校在校生规模接近两万人。所以，当前独立学院最首要的任务是保证质量。其次，在质量稳定的基础上，独立学院应当在特色创建上下大工夫。独立学院的办学模式不应雷同于其他本科院校，否则学校发展的空间会受到限制，国家和社会多方面的需求也不容易得到满足。独立学院应当很好地研究自己的历史机遇，探讨自己的办学定位，科学利用分类空档占据自己的市场份额，走出一种新的办学模式来。政府对独立学院的质量管理，也应该按照独立学院的情况建立独立的、不同于母体大学要求的评估体系，以利于独立学院形成特色、不断发展。

2.独立学院发展稳定的保证是产权明晰。《民办教育促进法》第35条规定:“民办学校对举办者投入民办学校的资产、国有资产、受赠的财产以及办学积累，享有法人财产权。”教育部文件规定:“独立学院的财产、财务管理以及变更和解散、撤销，依据国家有关法律和政策、规定及合作办学的协议处置。”这说明在法律意义上独立学院的产权属于独立学院，但在具体操作上仍要参看合作办学的协议。目前独立学院这种混合所有制形式，应进一步明确为投资公司(基金会)式的民办学校模式。投资人可以更换，但是学校是独立法人，投资公司(基金会)是学校的“防火墙”，投入学校的资产不可以抽逃，投资人的破产影响投资公司，而不能直接影响学校。独立学院的产权问题应该扎实地朝着独立学院自身拥有产权的方向模式发展，形成一批真正意义上的民办本科大学。

①范文曜，马陆亭.独立学院发展的现状、问题与对策.理工高教研究，2005，3

3.独立学院健康发展需正确处理的几个关系

（1）明确独立学院与投资方的关系。独立学院要实现发展的自主、独立和良性循环，必须明确独立学院与投资方的关系。投资方通过校董事会协商和表决影响独立学院的重要决策，投资方不干涉独立学院内部具体事务运作和人员安排，投资方所有投资归独立学院所有，以保证其可持续发展，投资方保证资金按时到位和独立学院建设计划的实现。

（2）明确独立学院与举办方(母体学校)的关系。明确独立学院与母体学校的关系是实现独立学院发展的独立运行机制的又一重要条件。举办方通过校董事会协商和表决机制影响独立学院决策，举办方不干涉独立学院内部具体事务运作和人员安排。在开办初期，举办方有义务提供合适的院长、教师和管理人员人选，举办方有责任监督独立学院教育教学质量。

（3）确保独立学院独立法人地位的实现。建立现代学校制度是实现独立学院发展的制度保证。独立学院应当有自己的章程(学校宪法)，主要包括:名称位置，基本规格，资产情况，决策机构及程序，法人代表，教学和管理人员，利益分配，终止和清算，章程修改办法。独立学院实行校董事会领导下的院长负责制，院长应尽可能实行任期制，保证学校的持续、健康发展，避免短期内频繁更换领导人。

总之，独立学院，要有独立的法人资格，要独立颁发证书，有独立的校园，实行独立的财务核算。强调“独”，既有利于防止出现“校中校”，影响教育公平，消除由于办学机制不统一可能引发的学生不稳定事件的隐患；也有利于避免校本部对独立学院今后发展可能出现的民事纠纷，特别是债务纠纷中承担无限连带责任；还保证了独立学院的独立地位和相应的权利，有利于独立学院在办学机制和模式方面进行大胆的、独立的改革和探索。可见，坚持一个“独”字，是实现独立学院和校本部双赢的制度保证。

综上所述，高等学校的办学体制从根本上说只是一个谁出资办学的问题，并不像一些人所想象的那样，由于举办者的不同会影响高等教育的性质、会造成质量不高等问题。其实这些问题在公立高校并非就不存在。无论谁是举办者，都必须按照相关的法律要求办学才能取得合法性，都必须关注质量才能解决好生存问题。从利益的理论来看，任何一个正常的投资者都不会希望自己的学校越办越差，并最终关门。正如有学者讲，“教育的最终检验是社会，如果一所私立大学的教育质量得不到社会的认可，那么它自然就没有生源，没有生源它就维持不下去，自然就要关门。所以我们大可不必为私立大学存在过多的前途担忧。”①可见，问题不在于谁来办，而在于如何通过有效的管理，使其真正达到规范化。这是我们在高等教育办学体制创新中需要进一步深入思考的问题。

第四节　投资体制创新

高等教育投资体制是指筹集高等教育经费的运作方式。早期的高等教育投资体制与办学体制有很大的重叠性，尤其在以私人办学为主体的条件下更是如此。但是，随着高等教育规模的逐渐扩大，高等教育投资渠道和拨款方式发生了很大的变化。因为投资体制和办学体制、管理体制一样，受到政治经济体制的制约。由于我国的政治经济体制改革在不断地深化，因此高等教育的投资体制也在不断变化过程中。在即将到来的知识经济时代，我国高等教育投资体制应不断创新，为高等教育提供雄厚的物质基础，以促进我国高等教育的不断发展。

一、高等教育投资基本特征

高等教育承担培养高级专门人才和发展科学的任务，无论是

①谢泳．中国现代大学的制度设计．高教文摘．2003，8～9

人才培养还是发展科学都需要大量资金。这一高等教育的基本职能，就决定了举办高等教育必须主要由政府投资或社会支持。同时，我们也必须清醒地认识到，教育要发展必须有经济作基础，可以说，一定的经济基础，决定着教育的发展规模、发展模式和发展速度。根据我国目前的经济发展水平和基本国情，就高等教育而言，如何在保证尽可能多的人能接受高等教育的指导思想下，解决高等教育的投入问题，是一个至关重要的问题。也就是说，高等教育投资首先解决的就是谁是高等教育的投资主体的问题。我国正在建设社会主义市场经济体制，高等教育的投资也要逐渐建立符合这种体制的制度。那么在市场经济体制下，高等教育这种服务应该由谁来提供？也就是说用于高等教育的资源是以何种方式配置到高等教育领域的，或者说高等教育产品是由谁实现的。

这个问题涉及对高等教育服务型产品属性的认识问题。关于这个问题，国内外经济学者仁者见仁，有着不同的看法。有的学者认为，高等教育是私人产品，高等教育的供给和生产应该采取市场调节，只是政府为了社会公共目标的实现，以期获得高等教育的外部收益和实现社会收入公平分配才对高等教育市场进行干预。有的学者提出，高等教育是一种混合产品，由政府提供，个人部分或全部付费，即把高等教育看作是准公共产品。这是因为高等教育的成本较高，在一定经济发展水平下，政府不可能对所有的人无偿提供教育，可对受教育者收取一定的费用。从现实来看，大多数国家在高等教育的投资问题上采取了非常实际的做法，因为各国高等教育经费都面临着短缺问题。各国都采取混合方式提供高等教育资金，建立多元化的高等教育投资体制，刺激高等教育规模的不断扩展，以满足人们日益增长的对高层次教育的需求。这一实践也得到了经济学家的理论支持。1986 年，美国经济学家约翰•斯通提出由于个人和社会都会从高等教育中受益，高等教育成本应该由纳税人、学生、家长和社会人士共同分担，即著名的“谁受益谁负担”的成本分担理论。我国高等教育投资体制改革也正在遵循这一原则，改变过去以政府财政单一提供的高等教育投资体制，变为现在的以政府为主、家庭和社会共同分担、多元参与的高等教育混合投资体制。

二、高等教育投资体制存在的主要问题

从理论来看，高等教育投资的基本特征要求建立多元化的投资体制。从实践来看，随着国家经济管理体制和教育管理体制改革的不断深入，中国在高等教育投资体制方面进行了一系列重大改革，以拓宽高等教育经费来源。在这其中既有国家高等教育宏观投资体制的改革，也有在院校层次上实施的微观财务管理体制改革，并随着投资体制改革的步步深入，在增加高等教育投资、提高经费使用效益、增强高等学校的活力等方面，收到了较好的效果。但是，仍然存在许多问题期待解决。

（一）投入不足矛盾突出

20世纪80年代开始我国就进行了以“分级管理”为基本特征的高等教育投资体制改革。这项改革的推行，一方面促进了地方高等教育的发展，另一方面也造成了全国高等教育发展条件的极其不平衡。在经济比较发达的地区，高等教育经费比较充足，办学条件相对较好；而在经济比较落后的地区，高教经费相对短缺，办学条件相对较差，有些高校的基本运转非常困难。其实，早在1993年的《中国教育改革和发展纲要》中就明确规定，20世纪末，国家财政性教育经费支出占国民生总值的比例要达到4%。从具体执行情况来看，无论是中央财政还是大部分省市区财政都没有达到这一标准，高等教育投入严重不足，教育经费占 GDP 的比例和预算内教育经费占财政支出的比例一直处于较低的水平，如以预算内教育经费占国民生产总值的比例为标准，1995年世界平均指标为5.2%，我国2002年仅达到3.32%，2003年是3.28%。1999 年后，高校大幅度扩大招生规模，使资源短缺的矛盾显得更

加尖锐，投入不足已成为制约我国高等教育大发展的“瓶颈”。

笔者以为，造成国家在教育方面投入不足的原因主要有两条：一是国家财政收入能力下降，二是大量的财政投入以预算外方式支出，而预算外财政支出又大量地不能用于教育等公共领域。高等教育体制内部的原因则在于，单一的高等教育的政府举办模式没有得到根本改善，高等学校所有制实现形式的单一，加之高等学校的融资主体地位不落实，使大有潜力的民间资金投向高等教育的渠道不畅或受阻。与此同时，由于中央财政的加强，来自中央的专项补贴性的转移支付经费大大增加。由于专项的转移支付比例过高，相关制度不正规、不透明，它的后果就是相关政府部门的权力很大，决策受非制度化的人为影响过大，极易导致“寻租”行为。

（二）效益不高问题严重

与投资不足问题并存的是，我国高等教育的投资效益也不高。由于校均学生规模小，我国高校生均消耗的高等教育资源大大高于国际标准。1999 年在校生超过 3000 人的普通高校的比例仅为 45.2%。我国高校的生师比也不高，1999 年全国普通高校的平均生师比为 12:1。在高校中，教师和学生的时间资源流失也比较严重。为了弥补因教书和上学而付出的机会成本，教师兼职和学生打工的现象比较普遍，甚至发生“身在曹营心在汉”的问题，把大量宝贵时间花在了本职学习、教学和科研工作以外，降低了教育和学习的质量和效益。在科学研究和成果转化方面也存在着严重的低效益问题。由于缺乏严肃、健全的学术评价和质量控制制度，产生了不少“滥竽充数”的所谓的学术成果。高等教育投资效益不高在经济上的原因在于，高等学校缺乏科学的成本核算机制与竞争机制，在制度安排中漠视了成本效益在高等学校经济运行中的重要性。

（三）成本结构不良

除了投入不足和效益不高，投入到高等教育中的有限资源，又有许多没有花在教学与科研的“刀刃”上，甚至花在与教学科研无必然关系的方面，造成了不必要的浪费。首先是高校行政和后勤的运行成本过高。作为以高等教育活动为专门职能的高等学校，不得不承担本应由社会承担的成本。如师生员工的住宅、医疗、生活后勤等。同国有企业一样，高校“办社会”不仅严重浪费了稀缺的教育资源，同时，还造成机构臃肿、人员冗杂。1999年，在我国普通高等学校中，专职教师占教职工的比例平均只有48.3%。其次，在高等学校的成本结构中，存在着投资“重物不重人”、“重官不重学”的失调现象。在高校内部，一线教学和科研人员的工资、待遇与行政后勤人员没有明显的差距，部分高校甚至出现倒挂。这种情况与迅速发展的劳动力市场化的现实形成了强烈的反差，加剧了高等学校人才资源的流失，造成教师或学生人力资本的贬值浪费，也加剧了高等学校的人才和时间资源的流失。导致我国高等学校成本结构不良的原因固然有高校自身管理水平的因素，但究其根本，是由于计划经济时代形成的“单位体制”的制度安排造成的。长期以来，我们都把高等学校当成所谓“事业单位”，而“单位体制”中的“官本位”、“大锅饭”和“办社会”的制度缺陷必然造成上述成本效益上的惊人浪费。

（四）政府财政拨款制度亟待改革

目前我国高等教育已经进入大众化教育阶段，政府如何切实增加对高等教育的公共投入，将是政府高等教育拨款制度面临的最严峻挑战。目前政府的财政及预算体制是不适应这个挑战的。政府预算内拨款不足与预算外拨款随意的问题尚未得到根本解决。另外，目前的政府拨款方式对高校间竞争机制的引入激励不足，政府拨款基本上起到的只是“输血”的作用，而对高校提高成本效益、提高自主融资能力的激励不够。同时，政府拨款在缩小高校间固有的地区差距和历史背景而造成的不平衡方面，发挥的作用也不够。例如，近年来，由于非竞争性因素造成的东西部地区高校间的投入差距正在拉大。政府拨款制度的改革应当在努力提高财政预算拨款比例的同时，考虑如何处理好效率与公平之间的平衡。

三、完善高等教育投资体制改革的思路

如前所述，《中华人民共和国教育法》对我国高等教育投资体制进行了比较成功的改革，建立了“多渠道筹措教育经费”的新体制。这种体制的运行，极大地促进了我国高等教育事业的快速发展。然而，目前“投入不足”仍将制约着我国高等教育发展的步伐。这里的关键是我国高等教育体制仍然受过去计划经济体制的束缚，高等教育与市场经济体制严重脱离，高等教育作为独立办学的主体地位没有得到完全确立。因此，完善高等教育投资体制改革势在必行。

（一）更新观念

观念更新是制度和方式创新的基础，是体制有效运行的先导。只有更新了观念，“多渠道筹措教育经费”的高等教育投资体制才能产生最佳的效果。

1. 借鉴国外筹资经验。高等教育比较发达的美国，采取的是以政府为主体的多渠道的投资体制。在公立高校的经费支出中，来自各级政府的投资占50%左右，这与我国情况有点类似。据统计，在我国，政府拨款在1995年占70%，1998年是64%，2000年下降到54%。但是，从省属专科层次的学校看，自筹部分却远高于国家投入部分。因此，在高等教育经费筹措过程中，我们一定要解放思想，转变观念，大胆借鉴国外筹资经验，特别要学习美国如何引进捐赠资金的经验。

2. 努力开拓国际教育市场。我国加入WTO以后，教育特别是高等教育已作为服务项目对外开放。大量学生包括优秀学生涌到国外留学，人为地造成了我国高等教育资源的流失，使本来就有限的学生及家庭支付能力转移到了国外，减少了对本国高等教育的投入。因此，高等教育必须切实转变观念，大力开拓国际教育

市场，充分利用我国高等教育的优势，创新留学生引进制度，并将开拓国际教育市场作为创新高等教育投资体制，增加高等教育投入的重要手段。只有这样，才能适应国际高等教育市场竞争的需要，才能主动应对加入WTO以后高等教育国际化的大势。

（二）强化法律政策

要实现高等教育经费投入总量和生均值的明显增长，必须调动政府、社会、团体、企业、受教育者及家庭投资高等教育的积极性，构建高等教育投资的法律政策体系，并要将政府投资高等教育的情况纳入一级政府及其主要官员的考核指标体系。具体说来，可在以下三个方面进行努力。

1. 强化政府投入的法律政策保障体系。从世界范围来看，政府投入是高等教育投资的主渠道。我国作为一个发展中国家也不例外。从现实来看，在我国公立高校占绝大多数，高校经费投入仍主要依靠国家财政的情况下，国家总体教育投入的不足，必将极大地限制高等教育的投入。因此，必须通过立法手段加大政府对高等教育经费的投入，确保预算内高等教育经费达到占国内生产总值的4%以上。如果没有法律作保障，恐怕“预算内高等教育经费达到占国内生产总值的4%以上”的目标只是水中花、镜中月。

2. 完善高等教育的拨款制度。由于我国高等教育经费的划拨权在财政部门和计划部门，高教规划和政策制定在教育部门，这样就导致了财权与事权的分离，拨款行为与政策调控的分离，导致了本来就不充足的高教经费的使用效率低下。因此，完善高等教育的拨款制度成为改善高等教育投资体制的重要措施之一。具体而言，拨款方式的完善，应主要服从三个“有利于”的原则，即有利于逐步改变高校对行政主管部门的从属地位，向独立的法人实体过渡；有利于政府将教育资源的统筹分配和必要的政策引导统一起来，使政府拨款行为和政策调控紧密配合；有利于统一拨款标准，提高拨款的整体效益，提高拨款程序的透明度，充分考虑学校在资源利用效益和社会效益方面的差别，在拨款中兼顾公平和效率，防止高校在资源分配上的过大差距，实现高校平等有序的竞争。

3. 完善高等教育捐赠的法律法规，大力支持民办和私立高等学校的发展和提高。对高等教育的捐赠，主要指国内企事业单位、社会团体和个人根据自愿和量力的原则捐资助学、集资办学及国外的资助和捐赠。这种捐助，在国外高等教育的办学历史上，起着十分重要的作用。改革开放以来，社会团体、公民个人集资办学的经费节节攀升。但是，由于政策法规的不健全，高校融资主体地位的不落实，使得大有潜力的民间资本投向高等教育的渠道不畅通。因此，应尽快制定《高等教育捐赠法》和个人所得税的相关政策，鼓励社会和私人捐赠。就支持民办和私立高等学校的发展和提高而言，政府可以采取赠地、赠产、无偿租用土地与设施以及财政拨款的方式，给予有条件的民办和私立高校实在的支持。国家对于民办和私立高校的教师，应实行一视同仁的政策与待遇，留住和吸引国内外一流人才到我国民办与私立高等学校任教和管理。一些公立高校可以进行“转制”的改革，或创办产权多元的高等教育机构。有的高等教育机构可以引入外资，建立对外合作机制。

（三）进一步促使多渠道筹措高等教育经费制度化

1. 发展一主多元的办学方式，推动民间资源进入教育产业

主动与企业联合办学，积极吸引民间资本进入教育产业，缓解教育经费短缺的压力，逐渐成为高等院校拓展教育投资渠道的一个不错的选择。比如，许多高校与企业联合举办的独立学院，企业进来的目的不是进行研究或发展生产，而是直接参与办学，实际上是利用学校的知名度与企业合作，这成为学校拓展教育投资渠道的一个有效途径。尽管联合办学要在一定的宏观调控范围内进行，但如果国家调控适当，加以有力引导，在公办为主的前提下，积极吸引民间资源进入教育产业，发展多元的办学方式，对于整个学院的收入将会有很大帮助。

2. 鼓励高校积极创收

高等学校的创收也是弥补自身办学经费不足的重要途径，是高等教育投资的形式之一。在国外，高校自身的创收在办学经费中占一定的比例。但我国高校自主创收从20世纪80年代才开始，直到今天，高校创收在其办学经费中所占比例依然比较小。同时，各校差距较大，有些理工高校，创收收入已经超过政府投入，占其办学经费的一半以上，而大多高校创收能力较弱。知识经济的到来为高等学校发挥优势和开拓创收渠道提供了机遇。比如，高校可以利用科研、人才优势，与大的企业和集团合作，走产学研一体化的道路，对于拓展学校资金渠道具有重要意义。笔者以为，高校的创收活动不仅应成为办学经费的重要来源，而且应成为高校与社会建立广泛联系的途径和直接为社会服务的重要形式。这既是知识经济发展的客观要求，也是知识经济时代高等教育或高等学校良性发展的必然趋势。

3. 建立各类教育基金，争取广泛社会捐赠

在我国高等学校办学经费中，教育基金和社会捐赠所占比例还比较小，说明还有很大的发展潜力。为此，我们可以借鉴国外高等学校的成功经验，积极采取各种有效措施，在国内外广泛吸引社会各界尤其是校友支持高等学校的建设和发展。各高校应把筹集教育基金和争取社会捐赠作为一项重要工作，并设立专门机构设专人负责。

第五节　招生与就业体制创新

我国历史上的高等教育招生和毕业生就业体制在为国家合理有效地选拔人才，为学生提供相对公平、公正的竞争环境等方面做出过积极的贡献。随着知识经济时代的到来，社会政治、经济、文化等各项事业不断发展，要求高等教育招生和毕业生就业体制适应时代发展的需要，进行创新。形成适应新时期的高等教

育招生和毕业生就业体制，是高等教育健康持续发展的保证，关系到我国经济建设、社会稳定和人民群众的根本利益。

一、高等教育招生体制创新

招生是高等教育培养人才的入口。如果招生制度不合理就会影响高等教育对人才选拔的质量和数量，约束人力资源的开发。从目前的情况来看，实行近30年的全国高考统一招生，形成了千军万马过独木桥的局面。近几年，虽然某些省市相继改革招生时间和考试形式，但高校参与的机会很少，仍是以政府行为为主。为此，在招生方面，要进一步加大改革的力度，改革的思路要始终坚持“三个有利于”:有利于高等学校选拔优秀学生、有利于中学实施素质教育、有利于扩大高校的办学自主性。具体而言，要从以下几方面入手:

(一)筹建民间考试机构

要探索高考的制度创新的新途径，实现高校招生的体制突破，筹建民间考试机构，实现高考市场化，是解决高考深层问题的根本举措。

从世界各国的情况来看，政府已经逐渐退出考试业，高等教育入学考试由考试中介机构来经营是一个总趋势，考试正在进入一个市场化、产业化、民间化、多元化阶段。适应这一趋势，政府和高校不应成为考试市场的主体，只能成为市场的监督者。具体而言，民间考试机构应在各省、市、自治区分别设置1～2所，接受国家或其他社会组织的委托，经营各种考试业务，自主经营、自负盈亏。

由民间考试机构组织实施高考，对政府来讲，可以减少开支，扩大就业、增加税收，把更多的经费投资于教育；对于高校，可以集中精力抓好教学科研和社会服务，通过民间考试机构招收到满意的生源；对中介机构自身而言，可以通过合法经营获得利润，通过合法竞争求得发展；对于考生来讲，可以增加考试机会，扩大选择范围，满足学生多样化的需求。总之，由民间考试机构组织高考，政府、大学、民间考试机构、考生都是赢家，是一个“多赢”的解决方案，如果能够在我国实行，对于解决高考的深层次问题将是一个突破性的创举。

（二）改革一年一次的高考招生考试制度，逐步扩大高等学校的招生自主权

新中国成立以来，我国一直采取的是全国统一的高等学校新生入学考试制度。虽然不断进行改革，但总体上进展不大。客观地讲，一年一次的招生考试制度弊端很多，对于考生而言更是如此。因为一年只有一次机会，学生考试失败就意味着必须等待漫长的一年才有第二次机会，大大提高了考试成本。由于代价很高，致使许多考生不愿再次冒险，造成了高中毕业生一考定终身的结局。

为了给学生提供更多的高考机会，教育部从2000年起在北京、上海、安徽等省市增加春季高考。但是，一方面参加春季高考招生的学校档次不高，影响了春季高考的吸引力；另一方面由于政府组织，牵涉政府太多人力、物力、财力，难以全面推开。

如果高考制度进行彻底改革，民间考试机构成为组织考试主体的话，就能从根本上消除增加高考次数的制度瓶颈，增加高考次数，改变一考定终身的状况，大大增加了考生选择的余地，在很大程度上缓解考生的心理压力，也有利于国家选拔优秀人才。

关于高等学校在招生方面的自主权问题，笔者以为，如果采取上述招生考试办法，每所高校可以提出自己要求的考试科目（根据专业）以及考试成绩（总分与各科分）的要求。在目前高校招生考试制度变化不大的前提下，高等学校的自主权可以体现为高等学校对入学新生进行复试，对不合格的学生退学；提出某专业招生的必考科目及该科目的考试要求等等。

（三）改革高等学校招生考试科目与内容，增强考试的科学性、合理性

高考到底应该考哪些科目？每门课程应该考哪些内容？一段时间以来，高等学校招生考试科目与内容成为人们关注的焦点。2000年，全国有五个省市实行了3+X试点，2001年，有18个省、自治区、直辖市进行类似的改革。当然，这样的改革能否达到理想的效果，人们还在争议之中。

众所周知，高考是中学教育的指挥棒。目前，大学生的基础存在问题，中学阶段的课程设置也存在问题。因此，改革高考的考试内容和形式是完全必要的。改革的重点是：①考试科目。从目前来看，3+X是考试科目改革的理想选择。X不应是某一学科，而应是综合科目，涉及面要广，理应涵盖社会科学、自然科学两大类。②考试内容。对于考试科目中的三门科目，应涵盖每一科目内容的主要方面，X则是基本的知识要点。

另外，我们应改革以高考成绩为唯一录取标准的评价制度，在这方面，可以借鉴世界一流学校“三合一”的审核录取制度。美国也有“高考”，而且竞争也很激烈。不同之处是哈佛这些世界一流大学在录取学生时，评价标准与我国差异较大，实行的是“三合一”：既看高考考分；又看高中平时成绩；还看社会活动、学术活动、文体活动、公益义工、工作经历等。中国的高考认分不认人，分数面前人人平等；而世界一流大学采用的“三合一”招生方式强调通过多种渠道去评价学生，既认人又认分。愿不愿认识“这个人”，其实反映的是两种截然不同的招生标准。一个干巴巴的高考分数，当然无法反映出一个活生生的人。因此，笔者以为，应改革以高考成绩为唯一录取标准的招生制度。

二、就业体制改革

就业，是目前高校面临的重大课题，也是制约高等教育发展的又一“瓶颈”。随着高等教育大众化的到来，1999年大学扩招

后的毕业生，从2002年陆续进入毕业生就业市场，因此，从2002年开始，高校毕业生有较大幅度增加，由2002年的145万人到2003年的212万人，2004年超过了250万人，大学生就业形势非常严峻。另一方面，入世后我国经济与全球经济的相互依存性增强，产业结构调整的压力加大，某些竞争力较弱的行业、企业会受到较大的冲击，因此从短期看毕业生就业形势中长期存在的结构性不平衡有可能会扩大，主要表现为:劳动力供给与需求不平衡问题;不同领域劳动力供求不平衡的就业结构矛盾等，这使毕业生就业难的问题更加突出。因此，加快就业体制改革势在必行。

（一）完善职业指导制度

职业指导就是高校及其相关就业机构对大学生进行职业生涯指导。目前，大多数高校对学生进行就业指导，其内容多为求职技巧与政策宣传，对象主要是高年级学生，有的高校甚至是四年级学生。这种制度有一定局限性。一段时间以来，教育部倡导“全程指导”，实际上就是职业指导。职业指导内涵丰富，包括职业生涯规划、职业素质教育、职业能力培养、职业道德培养和职业心理辅导等等，当然也包括正在进行的就业政策指导和择业环节指导等内容。这种职业指导应贯穿于学生在校的全部学习过程，它对学生职业能力的塑造、职业素质的提高、职业道德的养成，起着很重要的作用。

在西方，职业指导制度相对完善，他们的中学和大学职业指导不仅全面、丰富，指导人员也具有相当的专业素质。而我国的职业指导制度起步相对较晚，比较落后，特别是针对大学生的职业生涯教育尤其滞后，亟待完善。同时，应该拓展高校就业指导机构的功能，如就业观念指导、就业形势预测、就业信息发布等。

另外，还应加强毕业生择业观教育。由于长期计划经济的精英教育的影响，毕业生择业观念存在偏差，向往待遇高、环境好、社会地位高的职业。在高等教育大众化时代，这种观念应该转变。因此，对大学生加强择业观教育和引导，时间上应从入大学校门开始，不仅仅局限在毕业前的说教。内容上包括择业观念、就业能力、工作转换能力和创业能力的培养和开发，使他们尽早接触社会、了解社会、融入社会，建立市场经济条件下与人才市场需求相匹配的择业观。

（二）提高学生职业能力

当前的高等教育比较注重既成知识的传授，相对而言，有针对性的职业能力教育比较缺乏。学生毕业后，虽然拿到了学历和学位，但是相当一部分学生不具备相应的职业能力，就业比较困难。也就是说，学生通过了学校的相关科目考试，掌握了一定的知识，但是相应的能力比较缺乏。

要改变这种现状，首先，高校应主动适应市场对人才的需求，认真研究产业与就业结构的发展趋势和对各类人才的需求，从而确立自己的办学模式、办学层次、专业设置和教学内容，力求避免千校一面，努力办出学校特色。高校在教人知识的同时，更要培养学生的相关能力，尤其是实际动手操作的能力，为此，可以增设相关的课程，对相应的能力加以培养与强化。其次，建立并扩大高校与用人单位的人才需求、培养合作计划，这样学生在校学习目标明确，所选课程适应未来的工作，还可以专门安排时间到用人单位实习。在实习的过程中提高职业能力。同时，用人单位还可以从经济上给予支持，作为工资的提前“预支”。高校与用人单位进行广泛合作，开发人力资源，克服了现有就业市场上出现的一方毕业生“过剩”，另一方人才“虚位”的现象。第三，学生应深入进行自我分析，了解自己在职业能力方面存在的缺陷，有针对性地利用一切资源进行提高。

（三）改革单位用人制度

企业用人制度也存在着影响大学生求职的障碍。这种障碍主要是对大学生招聘与录用时存在着不公平、不公正、不透明、不科学的问题，也就是我们常说的“走后门”现象，尤其在国有企业比较突出，这当然与我国长时间实行的劳动人事制度密切相关。针对这种状况，单位的用人制度应该发生彻底改变，本着公正、公平、透明的原则，录用优秀大学毕业生。这一方面有助于企业自身的不断发展，另一方面也有助于大学生就业制度的改革。

（四）建立大学生创业制度

当前，每年有几百万大学生面临毕业，不能都等着国家和社会为他们创造岗位，他们当中的一部分人也有能力为他人创造岗位，也就是我们所说的创业。自主创业是大学毕业生的一条出路，但是我国现在的大学生创业制度门槛过高。比如，我们现在注册一个公司要几万，而在美国只需一美元。这么高的门槛必然会使有些有创业能力的大学生望而却步。因此，我们的大学生创业制度应该降低门槛，把注意力放在对公司合法经营和监控上来，使他们在国家允许的法律和经济范围内合法经营。另外，我们对大学生的经济支持也不够。建议实行面向大学毕业生的小额风险资金制度。如果我们建立这种小额风险资金制度，相信会有更多的毕业生投身到创业中去。还有，我国高校创业教育的缺位制约了学生创业意识的形成和创业能力的培养。因此，建立一个合理的创业制度体系，必须有一个完善合理的教育制度去配合。

另外，建立和完善大学毕业生就业和社会保障体系也是当务之急。由于高等教育与市场需求之间无法做到一一对应，在某个时期出现因长短线专业变化带来的人才需求结构形式失衡，使部分毕业生面临一段时间待业在所难免。另外，在市场经济体制下，不少企业因竞争力较弱而破产，一些毕业生刚就业就失业的状况也不少见。对于这些处于待业阶段的毕业生，社会除了制定政策保障毕业生的失业救济，还应该大力发展人才流动服务业，为他们提供信息储存、检索和交换的中转机构，为他们创造再就业的机会。

第六节　学校内部管理体制创新

高校内部管理体制改革，是高校综合改革的重要组成部分，它为高等学校各方面改革工作创造有利的内部环境和基础条件，是高等学校发展和建设的一项基础工程。高等学校内部管理体制改革的根本目的就是根据知识经济时代的要求，重新调整大学内部的资源配置，从而为大学的发展扫除障碍，为大学的活力与创造力的迸发创造一个良好的环境。近年来，高校打破了管理体制的界限，实行了“共建、调整、合作、合并”等不同形式的改革，为提高办学的质量和效益提供了一个良好的外部环境和发展空间。学校规模扩大了，硬件设施改善了，但学校内部环境的建设并未引起足够的重视。因此，这方面的改革急需加强。具体而言，要从以下几方面着手：

一、进一步健全和完善高校内部领导体制

纵观我国高校领导体制变革的历史轨迹，不难发现，高校的党政关系在我国不同历史时期表现出不同的形式，也表明高校中的党政关系一直未能得以有效理顺。1998年颁布的《高等教育法》明确了高校实行党委领导下的校长负责制，应该说体现了我国社会主义的办学特色。同时，还规定了校长是高校的法定代表人，全面负责本学校的行政管理工作，也赋予了校长应有的职权。但从实际操作过程来看，一所高校的党政关系是否能理顺，靠的是书记和校长二者的个人情感关系，有的高校由于书记和校长之间不团结、闹矛盾，甚至明争暗斗抢第一把交椅，对本校发展带来许多不利因素。因此，就现实情况而言，进一步健全和完善高校内部领导体制势在必行。做一个大胆的设想，为确保校长的法人地位和责、权统一，可以使书记、校长兼于一身。当然，强调校长的权威，并不意味着一长专制，高等学校毕竟还是一个学术性机构，研究高深学问是其重要特征之一。因此，在强

调校长负责制的同时，应该充分发挥学术委员会的作用。过去那种学术人员难得有机会参与学术事务决策的现象，极大地影响了他们的积极性，很不利于高校学术事业的发展，也就失去了高校的立校之本。所以，改革的方向应着眼于建立一个由高校党委、行政、学术三大系统共同作用、相互协调的管理体制。比如，我们可以借鉴西方高校领导体制的一些有益的做法，促进党委、行政、学术三大系统的相互协调。

二、高等学校的内部管理要把重心放在系（院）一级

高等学校的内部管理的创新要着眼于基层释放能量，这里的基层主要指“系”。系是相近专业的集合体，学校的教学、科研工作主要在系里进行。它是高校管理的基础。因为高校教学、科研人员主要是用知识在各自的学科、专业领域进行学术性工作，而且各学科、专业的学术权威是学校中权威的基石。因此，学校内部管理的重心应该放在系一级，尽量避免采取划一的行政措施实行高度集中的垂直控制，注意发挥各基层系的积极主动性，使之建立起自我调节机制，加强协调和信息交流，调动广大教学、科研人员的主动性，这是搞好学校内部管理的基础。

高等学校的组织结构是一种松散的组织系统，又是具有学科、专业和行政事业单位双重权力的矩阵式结构，系一级正处在矩阵式权力结构的交叉点上，这就使系一级组织居于重要的地位①。西方有学者研究认为：“大学本身可以被看作一个联盟系统，因为以学科为中心的半自主的各系，追求与整个大学的利益不同的利益，拥有与整个大学的权威不同的权威。”“不管系的自主权的精确范围是什么，这种自主权的存在使每个大学成为一个‘联邦制式的结构而不是一个高度集权的系统’”② 所以，不适合采用高度集中的垂直控制。

①姚启和.高等教育管理学.武汉：华中理工大学出版社，2000，194
②[英]迈克尔·夏托克.高等教育的结构与管理.上海：华东师范大学出版社，1987，37

从另外一个角度看，只有把管理的重心放在系（院）一级，才可能大大精简学校一级的行政管理机构，转变其职能。因此，高校应该建立“两级管理，重心在系”的管理体制。在学校的统一领导下，校一级机关简政放权，扩大系的自主权，把管理的重心放在系一级，这应是高校内部管理体制改革的重心所在。

三、尽可能吸收教学、科研人员参与民主管理

吸收教学、科研人员参与民主管理是高校内部管理体制改革的重要方面。高等学校设有许多专业，工作任务复杂艰巨，任何一位领导都不可能样样精通，不依靠集体智慧，肯定办不好学校。因此，学校的管理工作必须充分听取和善于集中教学和科研人员的意见。广大教学、科研人员参与民主管理一方面有助于提高他们的工作积极性，另 ·方面也有助于高校管理的科学化、民主化。比较研究西方发达国家的高等学校管理，我们不难发现，各国都要求高校尽量完善科学民主的决策机制 ，以便使高校实现自我激励、自我约束和自我发展，教学科研人员参与民主管理已经成为这些国家高等教育运行机制中的一个有机组成部分。

各国高校校一级管理机制，大体上可分为委员会制和一长制两种类型。一长制可以日本高校为典型，其内部管理的集权程度较高，校长是学校的办学法人，负责管理本校的一切事务。实行一长制，便于加强对全校工作的集中统一领导，也有利于提高学校管理工作的效率，但容易产生个人独断专行。为了避免这种可能出现的弊端，日本等国的高校都注意发挥在校长主持下的各种咨询、审议或监督机构的作用，如评议会和教授会，它们既是校长的咨询机构，又都同时具有审议和一定程度的管理职能，在学校管理中具有很大的权利。 委员会制可以美国高校为代表。美国高校的董事会享有管理学校工作的全权，但他们往往把制订学术政策与有关的规章制度和管理学术事务的权力交予评议会，使评议会成为学校的学术管理专门机构。根据本身所负的职责，评议

会往往下设议事委员会、学术政策委员会、教师发展委员会、调查委员会等。规模较小的院校，评议会由全体教师组成；规模较大的院校，评议会由学校各单位教师代表组成。近年来，美国高校的评议会员逐渐增加了行政管理人员和学生的代表。在民主管理思想的影响下，教学科研人员参与学校管理无论在深度和广度方面都有大的发展，并已经成为美国高教管理的一个显著特点和一种机制。

其实，教授治校也是中国的传统。历史上，蔡元培主持的北京大学就是实行教授治校。曾任清华大学校长的梅贻琦在主持清华大学工作期间，也十分重视教授在办学决策中的作用，教授治校成为当时清华大学办学的一条主要原则。因此，"教授治校尽管吸收了西方营养，仍然是中国高等教育原地土生土长的深根大树"①。

当前，为适应知识经济时代对高等教育的需要，高校的决策必须尽可能科学，高深的教学科研任务也使高校的管理必须依赖教学科研人员的参与，因此，教学科研人员参与高校决策应该也必须成为高教运行机制中不可或缺的一个有机组成部分。

四、深化高等学校人事制度和分配制度的改革，形成科学合理的用人机制

人事制度和分配制度是高校管理的一个关键环节，关系到师资队伍的建设问题，关系到广大教职员工工作积极性的问题，最终决定着高校各项工作任务的完成和高等学校的长远发展，必须引起足够的重视。长期以来，在计划经济体制下形成的人事制度和分配制度，不利于人才的成长，也不利于优秀人才作用的发挥，在很大程度上制约了广大教职员工积极性、主动性和创造性的发挥。今天，随着社会主义市场经济的建立和知识经济时代的到来，我国高等学校人事制度和分配制度到了全面创新的重要时期。

---

①涂又光.中国高等教育史论.武汉：湖北教育出版社，1997，300～301

高等学校人事制度和分配制度创新的主要目标，就是形成人员能上能下，能进能出，优胜劣汰，多劳多得，优劳优酬的合理局面。具体而言，要按照按需设岗、公开招聘、平等竞争、择优聘用、契约管理的原则实行教师和全员聘任制，使优秀人才脱颖而出，吸引更多的优秀人才进入教师队伍。建立完善的教师培训制度，不断提高教师队伍的整体教学能力和学术水平，重视学术带头人的培养，形成合理的教师结构，建设一支稳定的学术骨干队伍，探索教师履职考核的新思路。比如，华东师范大学推出的终身教授制中首次聘了62位教授，在高校深化内部人事管理体制的改革中引起人们的特别关注。所谓终身教授，顾名思义，就是一经聘任后，聘期可以延续到退休，不受学校各种阶段性教学、科研工作量的考核，而且没有被解聘的压力，同时他们还享受学校颁发的终身教授津贴。推出终身教授制的目的在于鼓励原创性成果的问世。终身教授制可以为教授们提供宽松、和谐的学术环境，让他们专心致志地做好学术研究，也有利于大师级人物的培养。在终身教授制运行的过程中，如何达到这一目标，更多地要借鉴西方国家在这方面的做法，同时结合我国的实际情况，建立一套既有利于终身教授学术研究又具有制约作用的制度。所以，“终身教授制”关键在于制度安排，在于该制度是否能够将那些大师级和具有大师级潜质的人物保护起来。一个高校要发展，师资队伍是关键。在师资队伍中，大师级的人物又是关键。

此外，高校内部必须克服“官本位”倾向。高校的主体应该是教学、科研人员，行政人员是为教学、科研服务的，实际情况是有的高校反宾为主，个别不称职教学、无科研能力的人跻身于行政系列，反过来管理教学、科研工作，对教学科研人员指手划脚，既影响管理质量，又挫伤教学、科研人员的积极性。当然，行政队伍中也不乏精英人才，许多主要领导往往是学术带头人，但由于体制行政化、官本位，他们也行政化、官僚化了。在有的高校，教授的待遇、收益不如行政的处级、科级甚至后勤人员，一些学业上很有才能的人不甘清贫地跻身于官场，精力被耗散在庸俗的逢迎吹拍和感情攻关上。不少人员为了特权，跻身于行政系统，又使得机构膨胀、人浮于事，使行政和后勤人员与教学、科研人员的比例倒挂。因此，高校必须精简机构，删减行政人员。同时，管理人员要淡化"官级"意识，确实树立服务意识，以高效高质的服务行为做好本职工作，使尊重知识、尊重知识分子的社会风尚，首先在高校落实下来。

五、全面推进后勤社会化改革

过去，在计划经济的影响下，高等学校普遍建立了以福利型和供给制为主的，自成体系、自我服务、自我封闭的后勤服务产业。随着市场经济的建立，原有的后勤服务体系日显臃肿，客观上制约了高等教育的发展。针对这一问题，1999年，全国高校后勤工作会议在上海召开，教育部部长陈至立作了"解放思想，坚定信心，开创高校后勤社会化改革的新局面"的报告，报告要求充分认识高校后勤社会化改革的重要性和紧迫性，力争三年内基本完成后勤社会化改革。这样，高校后勤社会化在高等教育内部管理体制改革中，走在了前面。

我们以为，在高校后勤社会化的过程中，应该运用市场经济使高等学校能够有所选择地获得良好的服务。这样，就必须把高校后勤社会化改革与整个社会经济改革特别是产业结构的调整有机结合起来，实现后勤管理的全面创新。要全面推进高校后勤社会化，必须在服务过程、产权关系、劳资用工和职工保障体制、干部来源等方面实现全面的社会化。把义务与利益、责任紧密联系在一起，眼前利益与长远利益结合起来，在保证服务好学校的同时，争取更好的经济效益。这是一个长期渐进的过程，政府的主导作用不能减弱，要使高等学校与其后勤服务系统在制度上分离的同时，使两者的关系更为紧密，使高校的后勤部门为高校发展提供坚强的后勤保障和必要的经济补充渠道。

综上所述，高等学校内管理体制的创新，实际上就是高等学校内部关系的重新调整。高等学校内管理体制创新的目的，就是通过各种关系的协调，精简机构和编制，提高人员素质和工作效率，为教学和科研工作的顺利开展、教育质量与学术水平的提高和面向社会依法自主办学权利与具有有效自我约束机制的法人实体作用的发挥，提供制度上和机制上的有效保证。

第七章　高等教育教学创新

高等学校的教学是高等教育实践的核心环节。高等教育理念的实践、高等教育政策的贯彻以及人才培养目标和培养规格的落实，都必须通过高校的教学环节来实现。因此，深化教学改革、提高教学质量，是高等教育改革的核心；提高人才培养的质量、数量和办学效益是高等教育改革的根本目的。高等教育改革的出发点和落脚点只能是教学改革与人才培养。在即将到来的知识经济时代，高等学校的教育教学如何培养创造性人才已经成为人们关注的一个问题。

然而，长期以来，我国高等学校的教育教学存在种种问题与创新的要求相去甚远。在教学观念上，以知识为本，而不是以学生为本，注重向学生灌输一定的知识量，不顾及学生的需求和学生接受的程度，不注意对学生能力和素质的培养；在教学内容上，以专业为中心，以行业为目标，知识结构单一，知识面狭窄，内容陈旧老化，人文教育薄弱，学生不能根据自己的需要选择；在教学方法上，以教师为中心，主要是教师讲学生听，用填鸭式、注入式的方法进行知识满堂灌，没有充分调动学生自主学习的主动性，没有立足于培养学生的学习能力和发展学生的个性；在教学手段上，技术单一落后，仅靠一支粉笔、一块黑板开展教学；在考试方法上，以考试分数确定学生的优劣，造成学生死记硬背，束缚了学生的创新意识和创造能力。由于教学方面存在的这些问题，影响了教学质量和学生素质的全面提高。在迎接知识经济挑战的今天，这样的高等学校教学在某种程度上已经成为培养创新人才的阻碍。因此，要培养创新人才，就必须改革传统的高等教育教学模式。然而，高等教育一向是以其固执和稳定而著称的，教育模式的变化“就如同大洋中的巨型油轮掉头一样缓慢。学校不思变革，学院不思变革，大学也不思变革，要改变院校的教育和培训就如同要迁移墓地一样艰难，而且得不到来自内部的太多支持。”[①]可见高等教育教学改革与创新多么困难！但是，我们不会因为其艰难就对改革与创新犹豫不决乃至放弃。因为大家已经清醒地认识到，知识经济时代已初见端倪，这种经济形态是以知识为主要基础而发展起来的，它强调劳动者的创新素质，认为具有智慧和创造性的劳动者能带来经济的可持续发展。知识经济并不要求每个人都是全才、博学者，都有十八般武艺，但却要求他或她尽可能地通晓其所处领域的知识，尽可能多地了解相关领域的知识，而且能自如地运用各种知识，进行创造性的工作，而不是因循守旧、循规蹈矩。显然，传统教学的种种弊端已与时代、社会的要求不相适宜。因此，高等学校与教学改革势在必行。

一般来讲，教学改革可以细分为五个层次：第一层是学科和专业的改革，第二层是课程体系的改革和教学计划的改革；第三层是教学内容的改革和教材的更新；第四层是教学方式方法的改革，第五层是教学技术手段和物质条件的建设[②]。本章将以高等学校教学目标的创新为前提，论述学科与专业、课程与教学内容、教学手段与方法等方面的创新。

第一节　教学目标创新

高等教育教学的创新首先是高等教育教学目标的创新，因为目标是通过教育教学要实现的预期结果，反映的是人才培养的规格与质量问题，没有教育教学目标的创新，高等教育的创新就失去了意义。在这一意义上，高等学校教育教学目标创新是高等教育创新的重要问题。

①王英杰，刘宝存.国际视野中的大学创新教育.太原：山西教育出版社，2004，168
②郝克明等.90年代中国教育改革大潮丛书（高等教育卷）.北京：北京师范大学出版社，2002，160

一、高等学校教学改革的目标

（一）高等教育教学改革必须把提高质量放在突出的位置

高等教育教学改革的目标是：通过教学改革，使高等学校的教学逐步建立起与新的办学体制相适应的有利于教学工作充满生机与活力的教学管理体制；建立能够主动适应社会主义现代化建设需要和现代化科学技术、文化发展趋势的教学内容体系和课程结构；建立有利于充分调动和发挥广大师生教学积极性的激励和竞争机制，使我国高校人才培养质量和办学效益再上一个新台阶①。

为了达到这一目标，各级各类高校都要在各自层次上办出特色，全面提高教育质量。在这一理念指导之下，各级各类高等学校都有了努力的方向。如：有条件的省市和国家各有关部委着力办好一两所高校，这为数不多的高校可以朝世界一流大学迈进；列入211工程计划的学校中，尽可能使其教育质量、科研水平、管理水平与国际著名大学可以比拟；一些地方性院校和专科学校可以充分发挥其为地方经济服务的优势；同时，为了保证和提高高等教育质量，教育部指定高校教育质量的测试与评价体系，加强对质量的宏观控制。总之，各级各类院校的教育教学改革必须把提高质量放在突出的位置，高质量的教育教学必然有利于促进学生素质的提升，有利于满足更广泛的公众对高等教育的需求，有利于高等教育自身的发展壮大。

（二）高等教育教学改革目标具有国际共性

为迎接知识经济的挑战，世界各国都充分认识到了创新人才培养的重要性，在高等教育改革过程中教育教学目标表现出了一些共同的特征。比如，美国站在21世纪的高度调整教育改革与发展的目标。在《美国为迎接知识经济挑战采取的教育管理新举措》中，提出教育改革的三个立足点：一是为21世纪的新经济——知识经济做准备；二是立足于培养世界公民并使之在未来

---

①唐玉光，房剑森.高等教育改革论.南宁：广西师范大学出版社，2002，259

的地球村中具有领导能力；三是为迎接发展中国家的挑战，以高素质的劳动力来维持并继续保持美国在全球经济中的领导地位。因此，教育改革的主旋律是：强化基础，提高质量。哈佛大学校长博克出版的《高等教育》一书，对此作了具体说明。他说："本科生应该通过主修一个学科获得大量深入的知识，并且通过注意几个不同学科的学习获得大量广博的知识，他们应该获得准确和恰当地进行交流的能力，以及基本的定量能力，他们应该熟悉最少一门外语，并且有能力清晰地、批判地思考。他们还应该掌握我们借以了解和认识自然、社会和我们自己的重要的探究和思维方法。他们应了解其他文化，了解不同的价值、传统和制度。他们应有机会探索，从而获得持久的智力和文化兴趣，增进对自己的了解，并且最终能对自己未来的生活和职业做出正确的选择，通过与各种学生一道生活和工作，他们应变得更加成熟，并且对人们的差异更能谅解"①。

在日本，中曾根康宏在1984年"施政演说"中有这样一段话："现在正是人们展望21世纪在各方面彻底改革教育的时候。今后教育改革的目标应该是使教育制度和教育内容多样化，富有灵活性，重视家庭教育和社会教育，重视个性，提倡校外实践和体验，注重培养青年的人格，扩大受教育者的选择自由，探讨人的综合教育途径……""这些改革所不可忽视的基础是：不偏向智育，充满人的精神和人格主义的观念，培养道德高尚和献身社会的精神，具有纯真的理想和强健的体力，富有个性和创造性的人"②。

二、高等教育教学目标的改革

教学目标，就是通过教学实践所要达到的预期结果，具有一定的权威性和导向性，对于教育教学实践工作具有指导作用。培养全面发展的人，不仅是基础教育的目标，也是高等教育教学的鹄的。

①王英杰．美国高等教育的发展与改革．北京：人民教育出版社，1993，99
②陈玉琨等．90年代美国的基础教育．桂林：广西师范大学出版社，1998，94

就教育教学目标而言，国内外学者做过重要论述。从孔子理想的“君子”到蔡元培“教育者，养成人格之事业也”，从苏格拉底的发展智慧、完善道德到杜威“教育无目的”中蕴涵的学生人格发展，都是先哲们关于教学目标思想的重要体现。到了现代，欧美学者对教学目标做了比较早也比较深入的研究，最具代表性的当属美国学者布鲁姆，他把教学目标做了最早的分类研究。他将教学目标分为认知、情感和技能目标三个方面，其中认知目标包括知识、领会、运用、分析、综合、评价六级；情感目标包括接受、反应、形成价值观念、组织价值体系、形成价值情绪五级；技能目标包括观察、模仿、练习、适应四级。布鲁姆的分类比较具体和精确而且其目标具有层次结构，因而具有连续性、累积性，易于操作，尤其是其中的认知目标分类影响极为深远。但他的分类忽视了认知、情感和技能三者的内在联系；而且情感目标也难以用行为变化来说明，因此“如何在各门学科中具体运用，尚有待于心理学家和各门学科的教师结合，作更深入的研究。”①相对而言，我国学者对教学目标进行系统深入研究比较少，多借鉴和追随西方的教学目标理论，将教学目标表述为：传授“双基”（基础知识、基本技能）；发展“三力”（智力、能力和体力）；培养品德和个性品质。在基础教育改革的过程中，又将其表述为三维动态的目标：知识与能力、过程与方法、态度情感和价值观。笔者认为，以布鲁姆为首的欧美学者的教学目标理论以及我国学者对教学目标的研究虽集中于基础教育领域，但是对我国大学课堂教学目标提供了很好的范型和思路，其意义是明显的。

大学教学依托于大学生和大学教师进行。大学教师不仅是既成知识的传递、传播者，更是未知知识的研究者与创造者。而大学生多数处于18～24岁之间，身心发育基本成熟，已具备高度发展抽象思维能力的生理基础和心理基础，具有从事独立学习、承

①邵瑞珍.学与教的心理学.上海：华东师范大学出版社，1990，191

担学习任务的身体素质。同时，他们已受过普通教育的训练，并有一定的社会经验，能对一些理论和实际问题进行独立思考，他们学习的自然科学知识和社会科学知识，具有前沿性和未完性，要求站在前人的肩膀上再前进一步，将来成为改造世界的主人。因此，该时期的学生有较强的自学能力和独立性，对教师的授课内容与形式有较强的鉴赏能力与批评精神，对思想性和探索性问题有较大的兴趣。

鉴于大学生和大学教师的特殊性，结合现阶段教育改革的国际国内背景，笔者以为，应该根据发展知识经济对人才的素质要求，来确定教育教学目标。从世界范围来看，各国为适应知识经济的要求，纷纷调整教育教学目标，以造就适应时代需要的合格人才。早在1983年召开的世界大学校长会议上，大家就一致认为合格的大学生应该具有坚实的专业知识和把所学知识与实践相结合的能力以及善于听取他人意见，把所学知识进行国际交流的能力。可见，培养青少年成为全面发展的富有创新能力的一代新人，这是普通教育和大学教育的共同目标。

众所周知，教育教学的目标和任务应该主要反映社会发展的水平和要求。传统的教学观认为教学主要传授系统的科学文化、基础知识和基本技能。随着社会的发展和科技的繁荣以及知识经济初见端倪，世界所需要的人才是必须具有高素质的创造性人才，这样的人才不仅要有扎实的基础知识和基本技能，而且要具备良好的品德、健全的人格、创新精神及创造能力，这已成为现代高等教育教学的重要目标和任务。

笔者以为，知识经济时代特殊的社会和科技背景，高等教育教学目标创新主要包含以下几个方面：

（一）高等教育教学活动是传授知识和发展智能相结合的过程，在这个过程中，传授知识的主要目标是发展智能

在高等教育教学活动中，既要传授知识，又要发展学生的智能，已经成为共识。在知识经济时代，在“智力取胜”的今天，恰当处理传授知识与发展智能的关系，以培养出高智能的人才，已经成为世界各国大学教学改革的中心问题。

所谓智能，指的是人们运用知识作用于客观事物，使之按照客观规律变化发展的智慧和能力。让学生掌握科学文化基础知识是发展智能的前提和源泉，因此在大学教学过程中，丝毫不能放松和轻视知识的传授。但是，我们必须看到当前大学教学工作中存在的主要问题之一，是不少教师至今尚未明确传授科学知识是发展学生智能的重要手段，发展智能则是传授知识的主要目标。在当前的大学教学改革中，必须破除教学以传授和积累知识为主要目的的传统教学观，将教学的重点转换到培养大学生的创造性智能上来，乃是刻不容缓的紧迫任务之一。

现代教学论非常重视智力的发展，把智力开发作为教学改革的中心。面对新技术革命的浪潮在世界范围内掀起，各国著名教育家共同的见解是教学必须以发展学生的智能为主要目的。苏联的苏霍姆林斯基认为，最完善的教学乃是发展智力的教学；美国的布鲁纳认为，教学的主要任务是发展学生的智力；西德的根舍因强调指出，通过教学要训练学生的独立思考和批判能力。伟大的物理学家爱因斯坦，根据自己的切身体会，深情地说："学校的目标应是培养有独立行为和独立思考的个人……发展独立思考和独立判断的一般能力，应当始终放在首位，而不应当把获得专业知识放在首位。"在大学里，一方面由于大学生的身心已处于成熟阶段，正是人才从学习准备期向创造性活动期的过渡时期，已具备了较高的抽象思维能力和较强的独立工作能力；另一方面又因为大学生要过渡到为从事社会实际工作和科学技术研究作准备，因此，大学教学过程应该比普通教育更明确地坚持在教学中把发展学生的智能放在首位。

(二)高等教育教学活动是一个学习和发现相结合的过程，在这个过程中，要让学生既学会学习，又学会发现

按照现代教育思想的观点，大学教学过程既包含学习因素，又包含发现因素，两者是既有区别又有内在联系的统一体。大学生在学习期间，必须系统地学习有关学科的基本因素。爱因斯坦说:“如果一个人掌握了他的学科的基础理论，并且学会了独立思考和工作，他必定会找到自己的道路…… ”可见，学习“基础理论”是“找到自己的道路”去发现的基础和前提。

为此，学生首先要学会学习。在知识经济时代，知识的发展有两大特点：一是知识量大，积累多，多得叫人眼花缭乱、目不暇接；二是增长快、发展快，快得千变万化、日新月异。面对这种现实，帮助学生提高获取知识信息的能力是必要的。但更重要的是要充分发挥学生的主观能动性，学会学习的方法。让学生认识到，知识是重要的，但知识并不等于能力。要想不断掌握有用的知识，就要“学会学习”。正如《学会生存》中所指出的：“科学技术的时代意味着：知识正在不断地变革，革新正在不断地日新月异。所以大家一致同意：教育应该较少地致力于传递与储存知识，而更应该努力寻求获得知识的方法”①。

另一方面，发现的因素要贯穿于整个教学过程的始终，按照学习和发现相互关系的内在逻辑，由低级向高级发展。在教育教学过程中，学校和教师要在知识、智能、科学方法、意志品质、对事业的感情、思想品德等方面为学生的发现创造条件，为发现人类知识的未知领域和科学技术的新领域作好准备；同时，大学生，尤其是优秀学生应该在教师指导下，在学习期间就直接步入发现领域，使科学研究成为大学学习过程的重要组成部分。总之，在高等教育领域，应使学生学习与发现逐步结合，让学生既学会学习，又学会发现。

①联合国教科文组织国际教育发展委员会.学会生存——教育世界的今天和明天.北京：教育科学出版社，1996，12

（三）高等教育教学活动要以培养学生的自学能力为主要目标

对于生活在今天的大学生而言，经常会遇到知识增长的无限性和学习内容的有限性的矛盾，教的有限性和学的无限性的矛盾。要想解决这些矛盾，首先是要发挥教师的主导作用，这是因为教学内容、方法、进程、结果和质量都是主要由教师决定的。教师的主导作用，其实质是指导学生学习，培养学生的自学能力，指导学生掌握科学的学习方法。教师应当是“比现在更进一步教会和培养自己的教育对象，使之坚定地渴求连续的教育和自行学习，而不是简单地扩大学生所必需的知识面。问题不仅在于使学生有具体的专门技能，尤为重要的是要使整个教育以培养劳动能力和创造精神，以激发青年人自身的积极力量为指针。”[①]我国著名教育家蔡元培先生也指出，“教书并不是像注水一样……最重要是引起学生读书的趣味，作教员的，不可一句一句，或一字一字地，都讲给学生听。最好学生自己去研究，教员竟不讲也可以，等到学生实在不能用自己的力量了解功课时，才去帮助他。”[②]在当代，大学教师作为知识讲述者的“提供功能”逐步下降，引导学生励志、定向和传经授法的“引导功能”则逐步增强。教师对学生的教，就是在充分发挥上述两种功能的基础上，做到以培养自学能力为主要目标。对此，正如老教育家叶圣陶一句名言所说:“凡为教，其目的是达到不教。”由联合国教科文组织国际教育发展委员会编著的《学会生存——教育世界的今天和明天》中也指出:“我们今天把重点放在教育与学习过程的‘自学’原则上，而不是放在传统教育学的教学原则上”，“新的教育精神使个人成为他自己文化进步的主人和创造者。自学，尤其是教师帮助下的自学，在任何教育体系中，都具有无可替代的价值。”[③]

学生作为学习的主体，指教学过程中学生的学习是相对独立的过程，学生是学习的主人，是学习的内在动力源泉。就大学生

①[苏]门·费多耶夫.未来的人该是怎样的.139

②高平叙.蔡元培教育文选.北京：人民教育出版社，1980，116～117

③联合国教科文组织国际教育发展委员会.学会生存——教育世界的今天和明天.北京：教育科学出版社，1996，219，274

而言，应当比中小学学生更充分体现其主体性。正像蔡元培所指出的，“大学的学生并不是熬资格，也不是硬记教员讲义，是在教员指导下自动地研究学问的。”[①]著名的教育家杨贤江也提出“学习是自力的价值观”的观点，认为学习必须通过主体发挥主观能动性，才能使教育力转化为陶冶。他说：“教授之力，仅为诱导之具，而自动之力，实为成功之基”[②]。总之，培养学生的自学能力应成为高等教育教学追求的重要目标之一。

第二节　学科和专业创新

高等学校的学科和专业设置是人才培养规格的重要标志。在知识经济初见端倪的今天，为使高等院校的人才培养适应经济社会发展需要，适应建设创新型国家的需要，适应我国中长期科学技术发展的需要，以创新的精神合理、科学地进行学科和专业建设，对于高等院校乃至整个高等教育的可持续发展具有重要意义。

一、学科和专业的含义

学科是科学领域里的分支或部门，伯顿•克拉克在《高等教育系统——学术组织的跨国研究》一书中指出：“学科明显是一种联结化学家和化学家、心理学家和心理学家、历史学家和历史学家的专门组织方式。它按学科，即知识领域实现专门化”[③]。

学科在英语里称为discinline，该词具有多重含义，包括学科、学科领域、课程、纪律、严格的训练、规范准则、戒律、约束以至熏陶等。可见，“学科”不仅仅是专门的知识，它同时也有知识训练制度和方法的意思[④]。正如有学者分析指出，当代学科

①高平叔.蔡元培教育文选.北京：人民教育出版社，1980，235
②杨贤江.杨贤江教育文集.北京：教育科学出版社，1982，2
③伯顿·克拉克.高等教育系统——学术组织的跨国研究.杭州：杭州大学出版社，1994，34
④杨兆芳，陆根书.国外高校学科建设问题概述.陕西师范大学学报(哲学社会科学版)，2007，7

包括了两个方面的含义：其一，学科是特定研究领域走向成熟的产物，称一个研究范围为一个学科，即是说它并非只是依赖教条而立，其权威性并非源自一人或一派，而是基于普遍接受的真理或方法；其二，学科是研究领域制度化与建制化的结果，在此种意义上，学科的形成也就在于成功地界定了自身的研究边界，并规划了本学科研究者的学术规范，即所谓的学科结构成了话语生产的一个控制体系，它通过同一性的作用来设置其边界①。

专业指的是："高等教育培养学生的各个专门领域。"②在大学里，通常由一个专业或若干相近的专业组成一个系。系与专业不同，由一个专业组成一个系时，两者的重复度很大，但是也有不同，后者必然多了一些行政人员。

专业与学科有密切的联系，但却是不同的概念。基本的差别在于学科是属于科学学范畴的概念，而专业则是教育学范畴的概念。学科是根据某科学领域里研究对象和性质的差别划分和确定的；专业的划分也依据了这一因素，但它还有培养目标上的考虑。总之，学科和专业是两个不同领域里的概念，差别较大。但是在使用上，两词常有混用的情形，尤其在研究生教育中说到学科时，它与专业的差别就不很大了③。

二、学科建设创新

作为学术组织的高等学校，学科是其最基本的构成要素，学科建设是其各项工作的根本和核心，是学校的立足之本，因为培养高质量人才，创造高水平科研成果的关键，取决于学科的整体建设水平。为此，应高度重视学科建设，积极进行学科建设创新。

学科建设，简单地说，就是指通过对一个学科硬件、软件的建设，使之具有一定水平的过程。学科建设包括：学术梯队建

---

①杨兆芳，陆根书．国外高校学科建设问题概述．陕西师范大学学报(哲学社会科学版) 2007，7

②顾明远．教育大辞典．上海：上海教育出版社，1998，2127

③张楚廷．大学教学学．长沙：湖南师范大学出版社，2002，97～98

设、学术条件的建设、科学研究工作、学术管理制度建设等等。对任何一所高校而言，学科建设创新实质上都是对多个学科建设的创新，即建立一个体现学校办学特色和水平的学科群，建设一个具有一定竞争实力、特色突出、分工合理、相互配套的学科群。因此，在学科建设创新过程中，需要多个部门的通力合作，需要大批学者长期地辛勤耕耘。

（一）学科建设创新的意义

在知识经济时代，知识以爆炸方式增长，通过学科建设创新，可加速知识的更新换代，促进学科水平的提高。因此，学科建设创新具有时代意义。学科建设是高等学校提高教学质量的重要途径，能够促进学术梯队的形成和学术水平的提高，促进课程建设，促进专业建设与改造，从而促进教育质量的提高。具体来讲，学科建设创新的意义主要体现在以下几方面：

1. 学科发展水平是衡量一所大学水平的重要标志

学科是人类在认识和研究活动中针对认识对象，而将自己的知识划分出来的集合，是相对独立的知识体系。学科的基本特征是学术性，而大学的主要任务是研究高深学问，培养高级人才。因此，学科是大学的基本元素。学科发展水平是衡量一所大学在国内外地位的主要标志。世界上许多一流的大学之所以一流，首先是因为它有一流的学科。加州理工学院之所以驰名世界，主要原因之一是它的实验物理和航空技术是世界顶尖的学科。

2. 学科是大学教师成长的土壤

高等学校作为一种组织结构，其重要特点是事业单位与学科组成的矩阵结构。一方面，教授们在学校的院、系等事业单位中进行教学与研究活动，另一方面，又活跃在与国内、国际密切相联系的学科领域。教师与学校、社会的联系主要通过学科，因而，他们对学科的忠诚大于对学校的忠诚。一所高校，只有一流的学科，才有可能培养和吸引一流的学者。因为一流的学科有大师举旗，在高层次的研究与碰撞中，学者们耳濡目染，学术水平自然能够得到较快地提升。高层次的学术水平反过来也对一流学者有强烈的吸引力，这是一种良性循环。正是在这个意义上，我们以为，一流学科成为教师成长的肥沃土壤。

3. 学科对人的发展起着定向和规范的作用

每个学科都有自己特有的专业语言、工作习惯和思维方式，也就是说每个学科都有自己的学科文化。这种学科文化对人的发展起着定向和规范作用，主要表现在对人的道德品质、思维方式和性格的影响。首先，多数的学科与一定的职业相对应，每一种职业都有自己的职业道德要求，例如，教师应“热爱学生，诲人不倦”，医生应“救死扶伤，实行革命的人道主义”这些要求对于在该学科领域内的学生自然有着潜移默化的影响。其次，每个学科都有自己思考问题的方式与习惯。例如，文理科注重学术性、理论性，倾向于探究“为什么”，“是什么”的问题，工、医、农科学生则倾向于思考“怎么操作”的问题。第三，学科对学习者的性格也有一定的影响。在这方面，培根作了透彻地分析，他认为：“史鉴使人明智；诗歌使人智慧；数学使人精细；博物使人深沉；伦理之学使人庄重；逻辑与修辞使人善辩。”

（二）学科建设中存在的问题

尽管学科建设的重要性已为越来越多的人所认识，各个学校也不惜花大力气加强这一基础性建设，但是由于诸多原因，许多高校在处理学科建设的具体问题时，往往出现如下一些问题。

首先，目标不明确，缺乏经过科学论证的总体规划。从目前的情况来看，有的高校学科建设散漫发展，缺乏长远目标，学科没有稳定的研究方向，短视行为严重。如在课题申报与投标时，一味迎合申报与投标方向，基本不考虑学科建设；毕业生选题随意性大，与导师的研究方向相去甚远；科技开发主要追求经济效益，置学科的长远发展于不顾等等。还有的学校走向另一个极端，即盲目发展学科方向，导致了学科发展无重点。比如：一个课题一个研究方向，甚至一个人一个方向，没有形成群体优势。可见，学科建设如果目标不明确，缺乏经过科学论证的总体规划，就会迷失方向，最终导致学科发展停滞不前。

其次，学科结构的调整和学科群的建设没有受到足够重视。一些高校由于历史原因，导致学科普遍存在规模小而散，结构、布局不尽合理，人员、仪器设备、资金配置显得零乱分散，且重复设置，致使本来就有限的资源得不到合理的利用。虽然经过了一段时间的改革与调整，但远未达到理想状况。为此，必须走结构优化、内涵丰富的大学科发展之路，加强学科群的建设。

其次，缺乏有效的组织保障。如前所述，学科建设是一项复杂的系统工程，需要多方面的协调配合，必须有强有力的组织保证。在高校实际工作中重点学科和重点实验室的评估、重大重点课题的投标、教学改革的实施等许多活动，都离不开各个部门的联合、协作。但是，一些高校学科建设组织机构和制度不健全，领导力量涣散，使得学科建设的预期目标难以达到。可见，组织管理问题已成为学科建设中的一个突出问题。

最后，学术梯队建设措施不力。目前，高校学科队伍由于方方面面的原因人才匮乏，致使学科梯队结构不合理，有的学校学科带头人年龄老化，后继乏人；有的学校学科带头人各方面还不成熟，较难担此重任。虽然许多高校重视学术梯队建设，但措施不当，“重引进，轻培养”，没有一个与学科建设发展相适应的人才规划。比如，一些高校将师资队伍建设的重心放在引进人才上，不惜重金引进高学历、高职称的人员，而对本校教师的培养则不够重视。这样，不仅使得被引进的优秀人才因缺乏相应的培养，其潜能远不能挖掘出来，而且还导致许多校内在职教师尤其是中青年教师因其强烈的成就需求难以满足而流失，形成“入不敷出”的恶性结果。

（三）学科建设创新的原则与策略

1. 学科建设创新的原则

学科建设是龙头，是一个系统工程。要抓好学科建设，一定要遵循一些基本原则。

（1）整体性原则。整体性原则是指在进行学科建设创新时，根据学校发展的总体目标，要在综合分析学校已有基础、特色、优势和学科发展趋势的基础上，科学定位，使学科建设的长远目标与近期目标、需要与可能、重点建设与整体发展之间的关系协调起来，走有自身特色的学科建设之路。因为任何一个学校内部的学科基础和条件都是有差异的，不可能都强也不可能都弱。所以，一定要发挥优势，突出重点，整合资源，大力扶持优势学科、重点学科建设，切忌平均用力。

（2）创新性原则。在学科建设中，科学研究是最基本的途径，而科学研究的灵魂在于创新。从这个意义上说，创新就是学科的生命力所在，是学科建设能否取得成效的最终标准。在学科建设过程中，也要牢牢把握创新性这个原则，因为向别人学习是必要的，但在学习、消化和吸收别人东西的时候，一定要结合自己的实际，突出创新，走自己的路。

（3）优化原则。在进行学科建设规划时，需要统筹兼顾，对学校的资源进行优化配置，通过学科建设促进学科体系结构和布局的合理优化，并设法在同一学科门类、一级学科和二级学科内部形成主干学科、交叉学科同存共荣，充分发挥主干学科的核心和辐射作用、交叉学科的融合作用，形成结构优化的学科生态系统，推动优势学科群建设。

（4）统筹协调原则。在学科建设中，既要突出重点，又要兼顾一般，处理好重点学科与特色学科、基础学科与应用学科、传统学科与新兴学科、一般学科与交叉学科之间的关系。在加强重点学科建设的同时，不能放弃其他基础学科。要善于分析、发现基础虽然不太好，但具有发展潜力并符合经济社会发展需要的学科，从而不断培养新的学科增长点。

（5）从实际出发原则。学科建设是一项极其复杂的工作，对新建的地方本科院校而言，特别要防止和纠正不顾自身实际、盲目跟风的做法。为了保证学科建设取得实效，必须在充分调研论证的基础上，从自身条件出发，确定学科建设和发展的方向，制定出切实可行的学科建设措施，走特色化学科建设与发展道路，精选重点学科建设项目，突出特色。

2. 学科建设创新的策略

（1）合理规划，确立学科建设目标

凡事预则立，不预则废。高校必须面向未来经济、社会、科技的发展需要，从学校学科建设实际水平、特色、发展潜力出发，合理规划，制定出学校学科建设目标。首先，科学选择、论证学科研究方向。学科方向建设是学科建设的基础。一所学校不可能去建所有的学科方向，因而，学科建设中首要的任务是选择、调整学科方向。在选择和调整学科方向时，应把握以下几点，第一，在学科的本体部分，要设立研究方向。第二，要确立有特色的学科方向，并以此为重点加强建设。第三，要不断寻找新的生长点。现在，学科发展变化很快，只有不断地寻找新的生长点，学科建设才能焕发生机。其次，合理组建学术梯队。学术梯队是保证研究方向的相当稳定性、不断提高学科学术水平的决定因素。因此，要将学术梯队建设与学科建设规划联系起来，把组建一支结构合理、学风端正、团结合作、有活力和创新开拓精神的学科队伍，作为学科建设的重要目标之一。最后，要制定科研工作规划。学术水平是通过科研工作的成果来体现的，因此，应当围绕研究方向进行科研工作规划，积极申报有关项目，有的放矢地开展科学研究。

（2）建立健全组织机构，加强领导与管理

建立健全组织机构，加强领导与管理是进行学科建设创新的重要保障。首先，要建立校级学科建设领导小组。它由校长或主管副校长及有关职能部门负责人组成，其主要职责是制定并贯彻实施学校有关学科建设的方针政策，负责全校学科合理布局及学科结构的优化配置，保证学校学科建设总体目标的实现，促进各学科协调发展。其次，还要设立院(系)级学科建设领导小组。它由各院(系)的领导及有关学科带头人或学科负责人组成，其主要职责是:对本学科领域当前国内外研究的现状和趋势进行分析，结合本校实际提出研究方向和学科建设构想，负责制定本院(系)学科建设规划并组织实施，协助校级学科建设领导小组做好有关协调工作。

（3）高度重视学科队伍建设

清华大学老校长梅贻琦先生说:“所谓大学者，非谓有大楼之谓也，有大师之谓也。”大师，对一所大学而言，是实力的象征。学科建设关键靠教师，特别是大师级的学者。在学科梯队建设中，应注意着重解决以下三个问题。首先，建立合理的学科梯队结构。一般而言，学科梯队中要确定一位在本学科水平最高、影响最大的教授为学科带头人；每个学科方向，要有一至两位在本学科方向上学术地位比较高的教授为学术带头人;每个学术带头人下面，还要配备职务、年龄等结构合理的若干名助手。其次，要着力培养学科带头人，提高他们的素质。学科带头人要有本学科坚实的理论基础，较宽的相关学科的知识面，很强的研究能力；要有开阔的视野，善于把握和抓住学科前沿，带领本学科始终走在学科建设的前列。第三，要处理好学科带头人和学科负责人的关系。同时，还要在培养与引进相结合，加强中青年学术带头人和学术骨干队伍建设的同时，加强环境建设，形成人才凝聚力的培育机制。

（4）优化学科结构，加强学科建设

各高校要围绕学校学科建设的总体目标，本着优化结构、丰富内涵、巩固优势、发扬特色的指导方针，对学校现有不同层次的学科进行统一调整和规划，以期形成结构优化、特色突出的学科群体系。当前，高校学科群建设要重点抓好以下几个方面的工作。第一，选准带头学科并重点建设。选择那些属于国家优先发展领域、具有传统特色和竞争力、在学校的学科发展中能够起示范、推动作用的优势学科，给予政策倾斜，进行重点建设。第二是加强项目建设。项目建设是学科群建设的重要环节。通过立项，明确研究的目的、内容和重点，筹集资金，组织队伍。实践证明，只有通过大的项目的研究，才有可能出有重大影响的研究成果，三是扶植基础学科和薄弱学科的建设。在学校人、财、物等资源有限的情况下，必须分清主次，突出重点。抓两头，就是要抓带头学科(重点学科)的建设，形成品牌，发扬优势；抓基础学科和薄弱学科。一所大学基础学科和基础研究的水平，反映其对重大科研项目的发展趋势及其技术路线的判断、选择能力，决定其人才培养和科学研究的水平。因此，要加快建设基础学科，以逐步建成一批水平高、结构合理、整体优势强的学科群，从而推动学校教学、科研水平的提升。

三、专业设置创新

如前所述，高等学校专业设置是人才培养规格的重要标志。为了适应国家在各个历史阶段的经济建设和社会发展需要，以及教育改革和发展的需要，必须适时、科学、合理地调整专业设置。

回顾历史，新中国建立初期，我国主要借用和参考前苏联的专业设置。1963年9月，我国制定了《高等学校通用专业目录》和《高等学校绝密和机密专业目录》，这两个目录共列有510种专业。从1978年起，教育部在广泛调研的基础上，多次组织修订《普通高等学校本科基本专业目录》，以适应不同时期国家和社会发展对高级专门人才的需要。2007年起，教育部和财政部以专门人才和创新人才培养、就业能力和创业能力提高、创新型国家与和谐社会建设为目标，推动“高校本科教学质量与教学改革工程”，通过评比、奖励等调控手段鼓励有特色的改革。其中，本科专业建设拟遴选3000个特色专业点，更推动了我国专业建设的改革与创新。

（一）专业设置存在的问题

虽然我国从国家层面一直在对专业设置不断进行调整，但是，随着高校办学自主权的扩大，专业设置方面还存在许多问题期待解决。

1. 就高校而言，专业设置缺乏整体结构布局，缺乏对人才需求的中长期预测

随着高校专业设置自主权的扩大，学校设置专业从自身的办学效益和学校发展考虑较多，缺乏对地方经济社会发展的考虑。因此，许多热门专业、投资少见效快、容易建设的专业增加很快，长线专业重复建设严重，造成专业缺乏特色、毕业生过剩。另一方面，有些专业，特别是教育部批准的“目录外专业”，在许多高校还有很大空间可供选择。

2. 学校专业设置注重求全求多，缺乏中长期规划和学校特色淡化

近年来，学校大量新设专业对改善专业结构起到积极作用，但是也带来一定的负面影响。许多学校片面地追求学科门类齐全，专业设置求全求多，在专业设置前，既没有就社会对人才需求展开调查分析，又没有对毕业生就业状况进行调查分析，造成专业结构松散，教育资源分散，专业设置趋同，学校的特色和专业特色淡化。同时，一些院校为追求升格，增设一些学校办学条件不具备的专业，影响了对学校优势专业建设。一些高职高专学校认为“市场需要什么专业就办什么专业”，缺乏长远规划，特色专业和优势专业难以形成。总体而言，高校在专业设置上不同程度地存在着重专业数量的增加，轻专业结构优化；重专业齐全，轻特色专业建设的现象。

3. 专业设置存在着一定程度的随意性，高校自我发展、自我约束设置专业的机制尚未形成

学科专业结构调整对学校发展具有全局性、战略性的作用，理应谨慎。然而，高校专业设置存在着一定程度的随意性，缺乏

对学科专业结构内在规律的认识，缺乏对人才需求中长期预测。一些学校增设新专业后，很快发现办学条件不足，招生和毕业生就业存在问题，不得不减少招生或停止招生。学校主动适应社会需求、自我发展、自我约束、自我调整学科专业的机制还不健全，对学科专业结构布局建设内在规律的认识有待深化。

4. 宏观指导和管理有待加强，新专业设置数量应严格控制

伴随着高等教育大众化的进程，许多高校专业增长迅速，新增专业过快，人才需求调查和专业论证不足，新专业建设薄弱的倾向比较严重。如果新增专业得不到很好的建设，必然会带来质量问题，进而影响学生就业和学校的整体发展。因此，对高校专业设置的宏观指导和管理有待加强，以处理好专业数量和专业建设质量的关系。

（二）专业设置创新的原则和对策

1. 专业设置创新的原则

专业建设是学校基本的教学建设，专业设置及调整应遵循一定的原则。首先，加强基础知识和基本技能的培养。尤其要注重拓宽学生的知识面，加强学生的实践能力。其次，注重应用。为适应我国经济和社会发展的需要，需适时增设一些应用型、技术性、边缘性学科的专业。再次，拓宽专业口径，改善学生的知识结构和能力结构，进一步改革单一的学科结构，加强理工结合、文理渗透。最后，追求特色。各高校应立足于实际，认真分析各专业实际情况，力求办出特色学科。

2. 专业设置创新的对策

首先，教育主管部门通过政策引导专业设置朝符合需要的方向发展。专业设置的相关教育政策导向首先应满足专业发展的基本规律，同时应考虑不同专业间的差异性，以避免专业结构的调整流于形式。对于高校新设而社会需求较大但现有布点较少、前期投入大的专业，应给予政策和资金上的倾斜，而对那些已具较高重复度的专业，应通过增大其申请获批的成本来进行有效控

制。同时，应该针对不同的专业类型，运用不同策略进行引导。对于社会大力发展行业的相关专业应实施专业立项建设制度，走集约式专业发展道路，而对于低水平发展导致的专业过度重复应实现专业调整过程中的“退出”机制。

其次，高校应树立正确的专业设置指导思想。专业结构调整及其设置应回归到专业建设的本源，即适应社会需求、实现传统专业升级改造、提高人才培养质量的道路上来。专业的设置和发展应以社会需求为导向，而专业满足社会需求的程度则是通过人才的内在质量予以体现的。专业的设置与结构调整，不仅应对专业规模、物资设备等方面重新规划，而且应在提高和保障专业人才培养质量方面起到引导作用。在这样的指导思想下，高校在设置或调整专业时就不再是单纯地思考专业数量上的增与减，而是高校如何改善课程体系，培养富有创新精神和实践能力的高素质人才的问题。

第三，高等学校应当科学定位，加强专业建设，办出特色专业。高校应立足实际，科学定位，不要盲目追求“综合性大学”、“多科性大学”。高职高专院校不要一哄而起地盲目追求“升本”。加强专业建设是高等学校教学基本建设的重要内容之一。高等学校应当树立科学发展观，处理好规模、结构、质量、效益的关系，处理好专业数量增长和专业建设质量提高的关系。在专业结构的调整上要有所为，有所不为，形成独特的、与众不同的专业结构，重在办出特色。

第四，加强人才市场需求分析和专业建设的理论研究。加强对高校毕业生人才市场需求的分析和预测，提供人才需求的信息。各高校应当对设置专业毕业生就业情况进行系统分析，用以指导专业结构调整和招生数量。加强对专业调整和专业建设的理论研究，认识专业建设的内在规律，处理好社会对人才需求的变动性与高校学科专业设置的稳定性的关系；社会对专门人才需求的针对性与学科专业设置的通用性的关系；处理好社会对专门人才需求的多样性与学校专业设置的有限性的关系。从理论和实践的结合上探索专业设置和专业建设的一些重大问题，促进教育资源的合理配置，促进高等教育质量的稳步提高。

第三节　课程体系与教学内容创新

随着国际国内经济形势的新发展，高等教育作为推动知识经济发展的杠杆，其作用越来越重要，高等教育的经济功能也越来越突出。在知识经济背景下，如何立足现实，展望未来，客观地认识和把握我国高等教育课程体系与教学内容发展的基本趋势，积极寻求适应未来社会变化的高等学校课程体系与教学内容创新策略成为一个重要现实课题。

一、高等学校课程体系与教学内容的特点

课程体系和教学内容直接反映教育目的和培养目标，是养成人才素质、提高教育质量的核心环节，在这个意义上，高等学校课程体系与教学内容创新是整个教学改革的重点和难点。高校教学改革要想获得成功，必须从课程体系和教学内容入手，而高等学校课程体系与教学内容有其自身的特点，分析其特点，有助于高等学校课程体系与教学内容的改革与创新。

（一）高等学校课程体系的特点

高等学校课程体系作为一个系统，整体性是它的本质特征。其一，课程体系以目标要素为总纲。课程体系目标是通过分解为具体的课程目标和课程结构目标，通过课程体系要素的结构即要素之间的相互配合和协调、发展达到最佳状态而实现的。为了使高等学校课程体系促使学生全面、和谐地发展，必须建立合理的课程体系整体结构，因此，确保学校课程体系结构的完整性，并在此基础上达到整体性至关重要。其二，每一课程体系要素在课程体系中相互联系，彼此影响。同时，每一项课程要素在课程体

系中通常偏于一方面的功能，有自己独特的对人才培养的作用。叶圣陶先生认为，教育的最后目标在于“种种境界的综合，就是说，使各个分立的课程所产生的影响纠结在一块儿，构成个有机体似的境界，让学生的身心都沉浸在其中”。其三，课程体系要素的优化可以达到最大的整体功能。众所周知，整体大于部分之和。课程体系对于培养人才所起的作用，不是单个课程要素的结果，也不是各门学科的作用机械相加的结果，而是体系内各门学科以及要素之间相互联系、相互配合的结果。

可见，高等学校课程体系是被组织化了的整体，是一个有自身内在逻辑关系的系统。我们在进行课程体系改革的时候，必须充分考虑“整体性”这一特点，强调局部与整体的有机关联性，选取在总体上最优的改革方案。

（二）高等学校教学内容的特点

首先，高等学校的教学内容具有专业性、前瞻性、探索性等特点。大学的教学内容具有典型的专业性，这是由大学的性质和培养目标决定的；大学教学内容的探索性表现为不确定性。蔡元培曾说：“大学者，研究高深学问者也”。可见，高深学问是大学教学内容的重要特征。为培养适应知识经济时代的创新人才，新时期的高等学校教学内容还应具备以下特征：教学内容的丰富性、教学内容来源的多样性、教学内容的生成性和个体对教学内容的自主选择性。

二、高等学校课程体系与教学内容创新的意义

高等学校课程体系与教学内容创新的重要意义可以从以下几个方面去理解。

首先，是适应社会政治、经济、文化不断发展的要求，提高人才培养的质量的需要。高等学校的人才培养质量，是一所学校整体实力的反映。如果一个专业或一所学校的课程体系与教学内容，从总体上能较完整和有特色地反映该专业或学校主体就业

领域所需人才应具备的合理知识结构和能力水平及素质要求，那么，其毕业生的质量就高，竞争能力就强，学校的办学水平和适应性就强。这就是说，一个专业或一所学校的毕业生受欢迎的程度，取决于该专业或学校课程体系和教学内容适应社会需要的程度，高等学校的课程体系与教学内容是否合理，会直接影响人才的培养质量。

其二，促进个体不断发展的需要。高等学校课程体系和教学内容应该促使学生不断发展。具体而言，就是要提供给学生一套学会生存与发展的知识、技能和素质体系。高等学校课程体系与教学内容犹如大学针对社会的不同需要，向不同学科、专业及层次的学生提供的具有不同营养的“菜谱”，每一位学生可以据此选择喜欢的菜单并品尝其“美味佳肴”，以“吸取”自己需要的适合现实和未来社会经济发展的知识、能力和素质，使其获得不断地成长与发展。

其三，以往的课程体系与教学内容存在诸多弊端，已经不合时宜。比如：对科学技术发展缺乏深入分析，致使课程内容陈旧；对社会经济需求了解不够，造成课程内容与社会需求脱节；对课程体系内容要素缺乏深入认识，造成课程内容重复；对课程总体结构缺乏系统研究，致使课程门数增多，以理论为中心构建课程实施模式，相对忽视应用型人才的培养，等等。

因此，课程体系与教学内容的创新已经成为当务之急，必须主动适应社会经济发展的要求，反映科学技术发展趋势，从整体优化角度开展课程体系优化及教学内容改革。

三、高等学校课程体系与教学内容创新的原则

由于专业的制约，不同专业的人才培养方式有着很大的差别，由于各高校人才培养的目标和层次不同，对课程体系和教学内容的改革也有着不同的要求。因此，对课程体系与教学内容改革与创新的具体实践我们无法一一论及。但从科学技术的发展规

律和高等教育的发展规律出发，高等学校课程体系与教学内容创新应遵循以下五条原则。

一是拓宽知识基础。高等学校课程体系与教学内容创新必须强调学生基础知识的掌握，拓宽专业口径，着眼于培养人才的发展后劲，致力于人才创新能力的培养。一些专家指出，我们培养的人才应具备宽口径、厚基础、强能力、高素质，才能适应社会对人才的多样化需求。开设与本专业相关的有关基本素质、基本能力的课程，可以为学生提供充分发展自己的空间和条件，有利于培养多规格、多层次、有特色的复合型人才，充分满足社会对各方面人才的需求。

二是前沿性。课程体系与教学内容的改革必须注重吸收最新科技成果，保持学科的前沿性，只有使教师和学生时刻站立在科技发展的最前沿，才能跟上科学技术迅猛发展的步伐，才能培养具有创新视野的人才，才能孕育出原创性科技成果。

三是完整性。课程体系和教学内容是以学科为基础的，各学科是一个完整的体系，教学内容应保证基本原理、原则和知识在逻辑上的内在完整性。有的教学内容只讲静态的、分散的具体知识，缺乏动态的、发展的整体的科学思维方法和科学发展趋势等有利于培养学生创新精神的内容，这样，学生既无法掌握各门科学自身发展的规律，也无法将所学知识融会贯通，更无法达到创新性发展的高度。

四是实践性原则。课程体系和教学内容的改革必须加强实践性教学环节。实践性教学是一个将理论知识与社会生产实际相结合的过程，在实践过程中，学生不仅能够提高实际操作能力，而且能够使理论教学中一个一个独立的知识单元在实践过程中“串联”起来，达到对专业知识的整体的把握。科技创新活动本身就是一项实践活动，强调实践性原则也能够使人才较早地对“创新”有一个感性的认识，从而提高人才的创新素养的积累。

五是个性化。个性化体现在两个方面，一方面是注重学校个性，在课程体系和教学内容的改革中充分利用各学校的现有资源和办学传统，打破高等教育千校一面的现状，进行“特色”教育，以达到人才培养的多样化和多层次性。另一方面是注重人才个性，在课程体系和教学内容的设计上充分考虑学生的学习兴趣、学习动机以及学习方式等方面的差异，既要保证学生具有扎实的基础知识，又要能够为各类人才的个性化发展提供广阔的空间。

四、高等学校课程体系与教学内容创新的策略

深化教学内容的改革与创新，要把改革课程体系和更新教学内容作为一项重点来研究。在知识经济时代，新知识、新技术层出不穷，知识老化周期变短，产品换代加速，职业更替频繁，要使学生在有限的学业年限内学到更多的知识，掌握更多的技能，必须对课程体系进行优化，特别是对一些明显过时的内容、对学生知识结构作用不大的内容要进行必要的处理，对学科与专业直接相关的基础性、技术性内容要加强。要及时充实本学科本专业的最新动态和成果，贴近科技发展前沿和产业实际。要根据人才培养规格要求，不断完善课程体系，培养主动适应社会需要，能够持续发展的创新创业型人才。具体来讲，要从以下几方面继续努力。

（一）课程体系与教学内容要进一步体现综合化的特点

所谓课程体系与教学内容的综合化就是指高等学校的课程和教学内容要反映当今知识或学科综合化的特点，打破文理工互不相通的局面，使文理相互渗透、专业知识与普通知识相结合。大学课程与教学内容之所以会向综合化方向发展，一方面是当代科学技术发展高度综合的影响，另一方面是当代重大社会生产、生活问题的解决需要多种学科协作攻关使然。现代高级专门人才的培养已不能囿于过去那种狭窄的知识面，而必须代之以较宽厚的知识基础和较广博的文化素养。唯有如此，才能适应科技和社会发展的需要。自从“高等教育面向21世纪教学内容和课程体系改

革计划”实施以来，许多高校在这方面进行了大刀阔斧的改革，也取得了一定的成效。笔者以为，在课程体系与教学内容创新的过程中，综合化需要进一步加强。

（1）课程设置上的文、理、工相互渗透。怀特海说过：“没有人文教育的技术教育是不完备的，而没有技术教育就没有人文教育……教育应该培养学生成为博学多才和术精艺巧的人。”① 从世界范围看，从20世纪50年代以后，几乎所有进行课程内容综合化改革的大学都采用了这一途径，其基本做法就是让修习某一学科领域的学生选习其他领域的课程。有些国家的大学甚至把这一途径作为对毕业生的基本要求之一，旨在使学生有较宽广的视野和较宽厚的基础。在这方面，我国虽然起步较晚，但是也在通过不同领域、不同学科、不同专业知识的适度引入，拓宽专业口径，使单一的适用于培养专才的知识教育转变为适合于培养具有综合知识结构和智能结构的通才教育。

（2）设置综合性专业。因校制宜地设置一些综合性的新专业，是在人才培养方面实现学科之间的交叉渗透和课程综合化的一种较高级的形式，如清华大学将原来分设的材料科学（材料物理）专业、金属材料专业、无机非金属材料专业合并，设置了材料科学和工程专业，有利于培养全面掌握材料科学和工程综合能力的复合型人才。华中科技大学所设置的机电一体化专业，打破了过去机电分离的状况，有利于培养既懂机、又懂电和自动控制的高级工程技术专门人才。在综合性专业建设方面，应注意开发与拓展应用专业、新兴专业、特色专业、整合专业与国际化专业。

此外，还可以设立跨学科、跨专业、跨课程的综合研究中心，组织不同领域的教师进行共同研究；实行主辅修制；开辟第二专业；实行学分等值与互换；设置双学士学位课程；加强综合实验、实践课程；重视第二课堂课程；提倡开设教学与科研相结合的综合性研究课程；引进新编课程、原版外文教材及国内外高水平课程、主讲教师授课等等也是实施大学课程综合化的有效途径。

①博耶.美国大学教育.上海：复旦大学出版社，1988，129

（二）课程体系和教学内容应进一步多样化

随着科技和社会的发展与变化和知识经济的到来，我国的人才需求、民众愿望出现了新的特点。从国家的角度看，由于国际竞争领域向高科技转移，国家需要大量素质全面、层次高的多样化专门人才；从社会需求的角度看，由于社会的日益多样化，社会需求也相应多样化，包括对各种规格、各种层次、各个领域的人才的需求；从受教育者的角度看，由于要求接受高等教育的民众数量急剧扩张，其求学动机必然也是多种多样的。因此，课程设置和教学内容的多样化就成为高等学校课程改革的必然追求。在追求课程多样化的过程中，可以实施以下策略：

（1）开设大量选修课，使课程种类多样化。开设大量选修课，不仅可以使学生根据不同的志趣、知识基础、学习能力以及其他有利条件，进行有选择地学习，促使人的兴趣、爱好、才能得到更好地发展，而且能方便地实现大学课程目标的多样化要求。从世界范围来看，欧美许多国家的大学选修课的比例都很高。美国大学的选修课程约占课程总量的1/3；法国大学本科课程的选修课占所有本科课程的比例高达40%～60%；英国大学各科系也普遍开设了灵活、广泛的选修课程，并有逐步增加选修课程比重的趋势。在我国，为增强学生社会职业和生活的适应能力，让学生有自主学习的权利，发展个性，也应该允许学生在校内跨院系、专业选课，甚至允许跨院校选课，并承认所得学分，还应适当增加选修课在全部课程中的比例，发展多样化的课程体系。

（2）开设自由研究课程，使课程形式多样化。自由研究课程过去只在研究生阶段才开设。20世纪50年代后，随着大学教学与科研、生产之间关系的日益密切，很多国家的大学在本科阶段也陆续开设了这类课程，而且比例有逐渐提高的趋势。在这方面，我国起步较晚，发展比较缓慢，亟待逐步加强。也就是说，在完善课程体系与教学内容时，要考虑尽可能让学生经历知识和真理的探究过程，把学生的科研训练作为课程的重要内容，使学生懂得如何获得充分的事实依据，如何预言可能的结果和结论，如何形成合理的逻辑结构，如何真实地报告自己的研究成果和方法等等。

（三）课程体系和教学内容应考虑实践性

由于社会的发展和经济部门的要求，导致了注重实际、应用性的课程体系和教学内容的需要。大学不能再封闭于“象牙之塔”中，必须应对社会需求。注重课程体系和教学内容的实践性与应用性成为课程改革的一个突出方面。在西方，如1993年德国科学审议会就指出，大学的教学目标、课程安排都要正视一个事实，即绝大多数学生对应用性、实践性较强的教育感兴趣，因此，大学的课程设置应努力实现学术性和应用性的结合。1988年，由法国教育界知名人士与工商业代表共同组成的“教育与经济高级委员会”在向政府提交的调查报告——《教育与经济——2000年的教育体制》中，强调高等教育要围绕未来五大热门职业进行，即侧重于培养工程师、企业管理人员及国家公务员、商业人员、医生和教师。在我国，对于一些应用型、技术性较强的学科，许多学校普遍加强了实践与实际操作的教学内容；对于一些理论性、学术性的学科，各高校也重视了与实际的联系，运用该学科的理论观点分析解决当前重大的实际问题。

（四）课程体系和教学内容应朝灵活化方向发展

封闭和僵化的课程体系已无法适应当今科学技术迅速发展的现实，高等学校必须建立开放的教学内容和课程体系，并尽量使其弹性化、灵活化，努力构建一种充实而富有个性的、多样化的教学内容和课程体系。因此，改革、重建专业课程，加强课程结构的灵活性，软化学科边缘，加强与现实生活和学生经验的联系，增进各学科之间在知识技能和方法上的联系便成为课程体系和教学内容创新孜孜以求的目标。纵观世界各国大学课程结构改革，虽各国根据各自的国情和高教传统所采取的方式方法有所不同，但总体说来，较为突出的特点是建立模块化、学分制的课程体系，即将一个专业的课程体系分成几个小的单元或模块，并且授予学分。这种课程体系包括横向与纵向两大部分。横向部分分为普通课程模块、学科专业课程模块、特色课程模块等等；纵向部分分为必修与选修两个系列。这种课程体系的安排，增加了学生的选择性，便于不同专业、不同系、不同学校之间的流动，甚至可以在大学和非大学机构之间、不同国家之间流动。如日本为促进教育的开放化，短期大学实行与其他高等院校学分互换制度，承认学生在对方院校学习所取得的学分。在我国，也有许多大学相互之间或与国外一些大学之间实行学生交流、学分互换制度。这种课程设置的灵活性，打破了地方和国家的限制，为世界各国大学之间的校际合作和国际合作创造了条件。

五、在课程体系与教学内容创新过程中需要处理好的几对关系

如前所述，高校课程体系与教学内容是高校培养目标与培养规格的具体化。如果在课程体系与教学内容创新过程中处理好以下几对关系，高校课程体系和教学内容将更趋合理，更有利于培养知识经济时代所需要的人才。

（一）专业教育与通识教育之间的关系

专业教育是大学的主要特征和本质反映，只要社会分工的基础不变，只要高度复杂的专门化职业领域还存在，专业教育的合理性就不容置疑，它主要给了学生在一个不确定的职业世界里生存的能力，在大学教育中的独特功能不容抹杀。同时，应该认识到加强通识教育是提升高等教育品位的重要手段。高等教育应当使人养成善于求真的习惯、反思与批判的精神、高瞻远瞩的视野。高等院校培养的学生首先应是一个好公民，应塑造与其知识水平、智能水平相匹配的精神境界和人格发展水平。这些都要通过加强通识教育才能实现。高等教育应当在通识教育与专业教育中寻找最佳的结合点，帮助学生构架起人文课程与职业工作之间的桥梁。

（二）必修课程与选修课程的关系

众所周知，必修课程是保证所培养人才的基本规格和基本质量要求所必须掌握的知识和技能，选修课则是照顾个人兴趣、爱好和特长，满足个性发展需要而让学生自主选择的课程。必修课程与选修课程在人才培养中发挥着各自独特的作用。在我国，长期以来，由于高校的必修课分量过重，学生只能局限于狭窄的学科领域，学习的兴趣与主动性受到压抑。因此，增加选修课已成为大家的共识。问题在于，选修课并非设置得越多越好。在那些教师与课程资源不很充裕、学术水平不高、课程管理欠佳的院校选修课的比例就不宜过大。高校选修课的设置必须掌握好以下原则：广博性，加强文理学科的相互渗透和融合；平衡性，实现公共课、基础课、专业基础课、专业课之间，必修课、限定性选修课、任意性选修课之间的相互平衡；相关性，各种知识与课程之间应有机互补，避免给学生以片断、零散的知识；适应性，满足社会、经济发展及学生个人的需求。

（三）理论与实践的关系

高等教育在加强学生专业基础理论课程教学的同时，必须根据社会发展、科技进步、生产方式变革的动向，或让学生深入社会和生产部门，以丰富社会经验，学习并应用实际知识，或让学生通过自主的科研活动，加深与实践的结合。理论与实践的关系在不同的专业会有不同的要求。但总体上看，在我国，实践教学长期受到忽视。怀特海说得很妙："事实上应用是知识的组成部分。因为所知事物的意义在于超出它们自身的各种关系中。因此，未被应用的知识是没有意义的知识。小心翼翼地保护一种大学，使其独立于周围世界各种活动之外，是扼杀兴趣、阻碍进步的最有效途径。独身不适于大学，它必须与行动结为伴侣。"怀特海的论述当然已经超出了实践与理论关系这一范畴，但对我们正确理解理论教学与实践教学的关系仍然大有启发。

总之，高等学校课程体系应正确处理专业与通识、共性与个性、实践与理论的关系，在学生、学科、社会三者之间追求最大限度的统一，寻求整体价值的融合，努力把人的发展、社会的要求、学科的进步贯穿于课程体系的设置之中，让学生在一个“宽专业、厚基础、重实践、强个性”的课程体系中受益。

第四节　教学方法与教学手段创新

创新的高等教育教学目标的实现要求有相应的高等教育教学方法与手段。高等教育教学方法与手段创新也是高等教育教学创新的重要内容。因为即使有课程体系与教学内容的创新，没有教学方法与手段的创新，也不能保证高等教育教学创新目标的实现。在这一意义上，高等教育教学方法与手段创新是实现高等学校教育教学目标创新，进而实现高等学校教育教学创新的重要条件。

一、教学方法创新

培养人才的任务主要是通过教学实践过程来完成的。在整个教学过程中，教师必须借助一定的方法才能实现教学计划、教学大纲和教材中提出的目标。因此，教学方法在高等学校教学过程中具有十分重要的意义。

（一）高等学校教学方法的含义及特点

一般来讲，高等学校教学方法是指“在教学中教师如何传授教学内容，为使学生掌握教学内容时采用什么办法以及如何处理这一类办法。其目的在于激发并引导学生以自我活动去掌握知识，因而教学方法以教学过程内部逻辑为依据，并受到教学目标和教学内容的制约。总体而言，教学方法表现在三个方面：一是教学方法必须围绕教学目的、教学任务来进行，二是教学方法必须是教师教和学生学的相互作用的双边活动，三是必须是师生活动的方式、步骤和技术”①。

①谢安邦.比较高等教育.南宁：广西师范大学出版社，2002，199

就高等学校教学方法而言，其本身并没有什么特殊的地方，但是由于高等学校实施的是专门教育，又是传授高深学问的场所，加上大学生身心发展的特点，因此在使用过程中就表现出了一定的特殊性①。

首先，高等学校实施的是专门教育，是传授高深学问的场所，高等学校的学生所要掌握的是当代社会各行各业所需要的、专门的科学文化知识和能力。并且正是由于这一点，高等学校的教学是处在社会发展和科学文化发展最前沿的，是在科学文化发展的过程中进行探索的。因此，高等学校教学方法一方面具有很强的专业针对性，另一方面更具有探索性。根据第二个特点，高校学生在生理、心理上已趋成熟，他们不是简单地吸取知识和形成一般的能力，而是要深入到科学文化发展过程中，掌握科学方法论和构成思想基础的方法。因此高校的教学方法更接近研究方法。概言之，高等学校教学方法与普通学校的教学方法的本质区别或特殊性表现在：明确的专业指向性和与科学文化发展过程和研究方法的接近性。

（二）高等学校教学方法创新的必要性

客观地讲，高等学校的教学方法不论在我国还是在西方是不被人们重视的。美国一位教学法研究专家曾指出："今日大学教师面临着要解决明日世界复杂问题的两难处境，因为大多数人是在过了时的信念指导下准备教学工作的，这个过时的信念认为，掌握教学内容就自然地确立了一个人的教学质量。几乎没有人把注意力放在教学的方法上，特别是教给学生在未来作出明智的决定所需要的方法上"②。

在我国的大学课堂教学中，传统的讲授法或"讲授+提问"的方法仍旧居于主导地位，主要是一种"灌输式"教学。用这种教学方法教育培养出来的人习惯于接受而不习惯于思考，更不习

---

①潘懋元.高等教育学.福州：福建教育出版社，204

②肯尼思·H·胡佛.今日大学教学.阿林与培根出版公司，1980，3

惯于怀疑与考证，创造能力差，而“高等教育的终极目标是培养出大批具有创新思维能力，能迎接21世纪挑战的人才，能否培养出大批具有创新思维的人才，关键在于改革传统僵化的教学方法。”[①] 只有进行教学方法的改革，才能使我国的高等教育真正纳入国际化的行列，才能更好地培养出创新型人才以迎接知识经济时代的挑战。为实现这一目的，在高等教育教学中，应采用那些能发挥学生学习主体的主动性，鼓励学生积极参与教学活动，丰富学生学习体验，培养学生反思批判能力、解决实际问题能力、创造能力以及与人合作的能力的教学方法———如发现教学法、合作教学法、案例教学法、讨论法等等。

（三）几种常用的有利于培养学生创造性思维的教学方法举隅

在知识经济时代，创新性人才成为国家和社会最需要的人才，而创新性人才的思维具有明显的创造性特征，如果在教育教学过程中采用恰当的方法培养学生的创造性思维，无疑是符合时代对教育教学的要求的。

1. 发现教学法。发现教学也称探究性学习或称研究性教学。发现教学法是在教师指导下，学生主动地发现问题、探究问题，获得知识和问题答案的一种教学方法。美国著名教育家布鲁纳是发现教学法的积极倡导者，他主张学生在教师的指导之下，像科学家发现真理那样，通过自己的探索，“发现事物的起因和事物的内部联系，从中找出规律，形成自己的概念。” 发现教学法的作用在于：可以提高个体的智慧潜能，使外在动机向内在动机转移，掌握发现的方法有利于迁移能力的形成，并且有利于保持记忆。创新能力是现代人才的核心素质。发现教学法是培养学生创新意识和创新能力的有效方法。大学各科教学中存在着运用发现教学法的巨大空间及可能性，大学教师应充分认识发现教学法在

---

①董永江.研究性学习方法探析.南都学坛(哲社版)，2000，4

培养学生创新意识和创新能力方面的重要性，积极探索发现教学法在所教学科教学中的运用。

2. 合作教学。合作教学也称为合作学习，它是指将学生分成学习小组，由小组成员分工协作完成一定学习任务或研究任务的教学活动。美国当代著名教育评论家埃利斯和福茨在其著作《教育改革研究》中指出："合作学习如果不是当代最大的教育改革的话，那么它至少也是其中最大的之一。"[①] 企业招聘人才的主要标准之一就是大学毕业生的团队精神和与人合作的能力。合作教学的最大优点也就在于培养学生合作精神、合作能力，同时还能激发学生思维。从目前的情况看，我国的大学教学恰恰忽视对学生合作精神及合作能力的培养。因此大学教师在教学过程中要注重合作教学方法的运用。

3. 案例教学。这种教学方法起源于美国。1910年，科普兰博士最先在哈佛商学院使用讨论法进行工商管理教学。1921年，在当时的校长多汉姆的建议和鼓励下，科普兰出版了一本案例集，由此推动了该校教师运用案例进行教学。哈佛商学院认为，案例教学就是教师与学生直接参与，共同对工商管理案例或疑难问题进行讨论的教学。这些案例来源于实际的工商管理情景，常以书面形式展示出来，学生在自行阅读、研究、讨论的基础上，通过教师的引导进行全班讨论。案例教学的着眼点在于学生的创造力以及实际解决问题能力的发展，而不仅仅是获得一些固定的原理和规则。通过案例教学，可以使学生在经验和活动中获得知识，增进才干，并通过对案例的讨论与分析，提高表达能力。案例教学还大大缩短了教学情境与实际生活情境的差距，学生能设身处地地从实际的场景出发，设想可能遇到的困难，从而增强设计多种解决问题的方案的能力。另外，案例教学法强调案例的真实性。托尔认为："一个出色的案例，是教师与学生就某一具体事实相互作用的工具；一个出色的案例，是以实际生活情景中肯定

①程胜.合作学习.福州:福建教育出版社，2005，1

会出现的事实为基础展开的课堂讨论。它是进行学术探讨的支撑点；它是关于某种复杂情景的记录；它一般在让学生理解这个情景之前，首先将其分解为若干成分，然后再将其整合在一起。”[①] 因此，案例教学注重叙述的是一个有完整情节和一些戏剧性冲突的故事，而且故事还被置于一个时空框架之中，用来反映事件发生的特定背景。教师的责任就是去选择和组织所要讨论的材料，选择适当的案例，并组织学生讨论。如果没有现成的可以覆盖所教授内容的案例，教师就要自己动手撰写案例。

4. 研讨式教学法。这种方法起源于德国，后发展成为一种主要的教学方法。大致分为两个步骤：探索研究阶段和报告讨论阶段。在这样的教学方法中，教师的职责在于确保研讨活动在民主的气氛中进行。这种教学方法既能使学生增长知识、开阔视野、激发兴趣，又能有助于培养学生的智能和加强对学生进行科研训练。除此之外，它还能活跃高等学校的学术空气，有助于师生共同探索、发现和研究，进而密切师生关系，教学相长。

5. 问答法。问答法是自古希腊苏格拉底以来的具有启发性的教学方法，其主要优点在于能引发学生积极思考。常常一讲到底、一灌到底的教师，要在备课时自觉设计问题，在教学中运用问答法，启发学生积极思考。同时，我们也应当改进传统的问答法，不能只是教师问、学生答，还应鼓励学生在课堂中提问、发表个人见解，有意识地为学生提问、发表个人见解留出一些时间。美国教师在讲课过程中允许学生打断正常的教学，及时提出问题，对那些有创见的问题教师更是特别鼓励。但是在我国，“我们大学的课堂是学问的，却还不是学‘问’的；我们的学生只被训练为读懂弄通，却不被训练为质疑和挑剔；教师们满足于学生不再有疑问，却不担忧他们不再疑问；我们的学生以善于解答为荣，却不以不再生疑、不再发问为羞……这应当全由大学负责。”[②]这样，“言论自由……一旦被剥夺，他就失去了充分参与智力交流活动的机会，

①郑金洲.案例教学指南.上海:华东师范大学出版社，2000，7
②张楚廷.高等教育哲学.长沙:湖南教育出版社，2004，188

而智力交流活动却是有助于培养人的价值观，有助于认识世界，有助于发挥那些最具有人性特点的思维和想象力的。”[①]同时“当一大群年轻人，具有青年所具有的敏锐、心胸开阔、富于同情心、善于观察等等特点，来到一起，自由密切交往时，即使没有人教育他们，他们也必定能互相学习；所有人的谈话，对每个人来说就是一系列的讲课，他们自己逐日学习新概念和观点、簇新的思想以及判断失误与决定行动的各种不同原则”[②]。因此，广大教师应该认识到这种方法的重要性，并在教学过程中实施。

总之，大学课堂教学目标能否实现，在很大程度上取决于教学方法的运用是否得当。教师在选用上述教学方法，包括本文没有提及的教学方法时应该注意多样性的问题，首先，专业的不同决定了教学方法的多样性，不同的专业要选择与之相适应的教学方法。其次，使用一种方法时蕴涵的多样性。就教学方法自身而言，有很多方法，大学和中小学是共同使用的，在方法的功能、程序、步骤及原则、条件等方面是基本相同或相近的。此外，教师还应注意到，近年来，高等学校教学方法在发展过程中出现了一些特征，如：在教学方法的功能上由教给知识到教会学习；在教学方法的指导思想上推进启发式，废止注入式；在教学方法的结构上由讲授为主到指导学生独立的学习与研究为主，了解教学方法的发展趋势，对于教师选择教学方法有一定的指导作用。

二、教学手段创新

（一）教学手段的界定

什么是教学手段？让我们首先来看什么是手段。根据《辞海》的解释，手段是为达到某种目的而采取的方式和措施。由该定义可知，手段是一种方式或者是一系列方式，而不是方法或设备媒体等。教学设备只是一种物质形式，在教学中对教学设备的

①[美]伯顿·克拉克.走出象牙塔——现代大学的社会责任.杭州：浙江教育出版社，2001，17

②[英]约翰·亨利.关于大学的概念.明日教育论坛（总第八辑），115

运用方式才可称为教学手段。换句话说，教学手段包括教学设备，但不等于教学设备。可以这样认为，“教学手段是指为实现教学目的，在教学过程中师生利用能够互相传递教学信息的教学媒体(设备)进行教学的方式。”相应的，“现代教学手段是指为实现教学目的，在教学过程中师生利用能够互相传递教学信息的现代教学媒体(设备)进行教学的方式”①。

（二）大学教学手段的发展历程

以时间为线索，大学教学手段的发展可以分为古代、近代和现代三个阶段。在古代，由于文字的创造以及纸和版印书籍的出现，不仅使信息更为可靠，而且也成为重要的大学教学手段，使大学教学更加方便、高效。到了近代，由于科学技术的飞速发展，出现了许多科学发明与发现，一些发明与发现被应用到大学教学中，丰富和发展了传统教学手段。同时，当时特定的社会背景要求扩大教育规模，要求改变个别教学不经济的教学组织形式，出现了班级授课制。但传统的教学手段在新的教学组织形式面前，显得低效、费时，于是出现了一些新的教学手段，特别是以直观教具为主的新手段，也影响到大学教学手段的变化。

在现代，大学教学手段的发展可以概括为以视听机器、教学机器和计算机及网络教学为特点三种形式。视听机器是以视觉、听觉器官接收视频、音频信号所传输的教学信息设备。教学机器不仅能为学习者提供视听信息，而且能控制教学过程，为学习者及时提供反馈信息。到20世纪80年代，计算机和网络成为新的教学手段，使现代教学手段发生了根本性的变革。首先，网络信息量大、信息传递便捷、交互性强，有利于开展发现式和协同式教学，培养学生的创新能力；其次，网络是获取和分享信息最为有效的手段，有利于培养学生借助网络获取、分析、加工信息的能力；第三，网络的多媒体功能和多向交互功能为提高教学质量和教学效益提供了可能②。

①张传遂.新中国现代教学手段发展演变述析.湖南师范大学学报，2008，1
②田连.论信息时代的网络教学.电化教学研究,2000，10

（三）高等教育教学手段的创新

大学在经历了几千年的发展之后，出现了种类繁多、用途各异的大学教学手段。他们对提高教学质量和教学效率发挥了重要的作用。在知识经济时代即将到来的时候，无论是提高教育教学效率还是培养学生的能力和素质，高等教育教学手段的创新更是举足轻重。适应知识经济社会发展的特点，笔者以为，高等教育与教学手段的创新主要表现在以下几个方面：

1. 教师教育教学手段的创新

在信息技术高度发达的今天，我国高校教师的教学手段还相对落后。与当代信息社会发展的大潮不相称，必须进行改革。为此，首先要解决物质层面的问题，即提供必要的设备如计算机、投影仪、教育教学软件和进行网络建设。当然，这一问题的解决关键在于提供专项资金。其次，要解决观念问题，有的学校领导对学校建筑、实验设备比较重视，但忽视对教学特别是教学技术设备的投入，有的教师重视教学内容轻视教学方法，不愿在技术手段方面投入过多的精力，这在一定程度上阻碍了教学手段的创新。最后还要解决技术层面的问题，因此需要在广大教师中普及有关知识和加强有关技术和技能的培训。

如果上述问题得到了解决，高等学校教师的教学将会有一个大的改观，比如，教师可以对大量信息进行储存、检索和再现，可以根据每个学生的需要安排教学，更好地进行因材施教，提高教育教学的效果。最重要的是，教师的角色会由信息的提供者变为教学过程的指导者和设计者。在现代教学手段的帮助下，教师可以像牛津大学的导师那样，观察学生的学习过程，设定学习目标，指出学习方向，以最少的投入达到最好的效果。比如：南缅因大学选修"普通心理学"课程的学生增加了许多，但讲授时间却减少了一半，取而代之的是互动式的网络学习活动以及教授和助教的个别指导。这样，教师可以从繁重的课前准备、组织教学和批改作业等劳动中解放出来，将更多的时间用于激发学生兴趣，启发学生思考，引导学生释疑，与学生共同讨论，针对不同的学生需要提供必要的帮助。

2. 学生学习手段的创新

学生学习是教学的重要方面，学习手段的创新应当是教育教学手段的重要组成部分。随着信息技术的普及和广泛使用，高等学校学生的学习手段也在不断地发生变化。如果高校能够提供必要的条件与信息化的环境，并给予学生计算机知识技能，那么，学生学习手段将实现重大创新，促进学习效率的提高。

首先，学生学习手段的创新可以让学生获得初次经验。如果借助于新的教学手段，学生可以在安全便捷的条件下获得初次经验。比如：美国布朗大学在地理系的授课过程中用了一套相关软件，学生反映很好："作为一名对气象学和地质学一无所知的新手，这个软件相当有效，在只有半个小时的时间里，我对这门学科就有了一个大致的了解。"[①] 其次，可以让学生的学习更为自由和开放。在传统教学中，即使在鼓励讨论的课堂上，许多学生尤其是课业成绩不良的学生不敢提问，也不敢回答问题。但在网络空间里，这种心理压力会小得多，每个人可以平等地参与并自由地进行讨论，使得学习更为民主化。最后，学生学习手段的创新还可以促进合作式学习。克里斯蒂娜•威廉姆斯就指出："网络学习最大的好处就是它促进合作学习，这是有效的、强大的学习方式。"这种方式无疑能够有力地推动学生的学习过程，促进知识的构建、观念的深化和能力的发展，而这些素质都是知识经济时代要求个体具备的。

3. 实施远程教育

1998年10月，联合国教科文组织世界高等教育会议在巴黎召开，会议通过的《21世纪高等教育世界宣言：行动与发展计划》中呼吁，"建立远距离教育机构和完善的高等教育虚拟体系，共同创造新的学习环境，使远距离教育能成为高质量的教育体系，

①王英杰，刘宝存.国际视野中的大学创新教育.太原：山西教育出版社，2005，156

从而服务于社会、经济发展、民主进程及社会其他方面，同时保证这些虚拟教育设施在区域化、洲际化或全球化的基础上，保留本地文化和社会的特征。”[①]由于具备诸多优势，网络环境下的远程教育模式已经出现，并在世界范围内迅速扩展开来。但是，在我国远程教育的开展并不普遍。无论从实现教学模式与手段的现代化、信息化还是优化教育教学资源来看，都应当加大投入，尽快广泛实施远程教育。在近期，我们可以在加大投资力度不断充实和完善必要的信息技术手段、普及相应知识和技术的同时，开通国内院校以及同国外著名大学之间的信息网络，使个别课程交互选修和相互认可，在传统高等教育模式基础上，实现部分创新。从长期来看，依托现有高等学校，特别是重点大学，创建网上大学，通过进一步的探索与尝试，逐步扩大网上教育的范围与规模，最终走向高等教育教学手段的全面创新。

①http://www.unesco.org/education /educprog/wche/declaration-eng.htm

第八章　高等教育科研创新

联合国教科文组织《学会生存》的报告中指出：“人是在创造活动中并通过创造活动来完善他自己的。”[①]自洪堡在两个世纪前倡导研究与教学相统一以来，教学与科研相结合逐渐成为大学教学的一项基本原则。在知识经济时代，在创新日益受到重视的今天，高等学校科研创新对于国家、社会和高等教育自身的意义越来越重大。作为学生，如果没有经过科研训练，不具备一定的科研能力就不可能成为优秀的“高级专门人才”，作为教师，没有科研依托，难以成为大师；作为高校，没有科研实力，就无法成为一流高校。正因如此，普西在《学者的时代》一书中就指出：“每一个规模较大的现代社会，无论它的政治、经济或宗教制度是什么类型的，都需要建立一个机构来传递深奥的知识，分析、批判现存的知识，并探索新的学问领域。换言之，凡是需要人们进行理智分析、鉴别、阐述或关注的地方，那里就会有大学”[②]。

第一节　科研创新的重要意义

高等学校科研是指“在高等学校中进行的在人文、社会和自然科学等领域的旨在探究真理的普遍理智创造活动”[③]。高等学校科研不仅是培养高级专门人才尤其是创造性人才的重要途径，而且对于师资队伍和学科建设，乃至国家和社会经济发展也有重要的促进作用。

---

①联合国教科文组织教育发展委员会.学会生存：教育史界的今天和明天.北京：教育科学出版社，1996，188

②[美]布鲁贝克.高等教育哲学.杭州：浙江教育出版社，1988，8

③谢安邦.比较高等教育.南宁：广西师范大学出版社，2002，263

一、高等学校科研创新有利于培养创造性人才

雅斯贝尔斯曾说："从事研究和专业知识不但具有增长智能的作用，而且可以激发对整体的意识，以及发展科学研究的态度。"[①]德国科学委员会在1988年颁布的《德国高等学校90年代发展展望》中也指出："大学将科研、教学和培养科学后继人才的工作结合在一起，这点是别处没有的。科研工作是进行科学培养工作和提高科学后继人才素质的前提。"[②]可见，高等学校科研创新对于创造性人才的培养具有重要意义，因此高等学校吸收学生参与科研过程非常必要。具体而言，体现在以下两个方面：

（一）可以使学生接触科学家，受到科研文化的熏陶

在高等学校进行科研创新，吸引学生参与科研创新工作，可以使学生受到科研文化潜移默化的影响与熏陶。美国学者哈尔斯太德曾指出："与老师一起搞科研，学生不仅能从他们自己的发现中学到知识，而且还可以从对导师的观察和导师的指导中受到熏陶，这些导师都是些学而不倦的人。对有效的科学教学至关重要的是，学生在和导师一起搞科研的过程中，都沉浸于潜心治学这种学习文化之中"[③]。

（二）有利于学生掌握科学研究的方法，提高科学研究能力和探索精神

高等学校的科研创新是学生拓展思维，培养创造能力的主要手段。学生在进行科学研究的过程中，其实验能力、项目设计能力、时间管理能力会不断提高。同时，与老师进行交流，可以培养学生非正式语言的表达能力，撰写研究论文又可以提高其写作能力等等。总之，在研究的过程中让学生掌握研究方法，提高科研能力，进而提高人才培养质量是高校科研创新的一个重要意义。

---

①雅斯贝尔斯.什么是教育.生活·读书·新知三联书店，1991，167

②国家教育研究中心.发达国家教育改革动向与趋势（第6集），北京：人民教育出版社，1999，464

③王英杰，刘宝存.国际视野中的大学创新教育.太原：山西教育出版社，2005，194

除此之外，高等学校让学生参与研究过程，还可以增强学生对于课题学习的理解，为学生进入研究生阶段奠定坚实的基础；陶冶学生的情感和人格，培养合作精神和技巧等等。正因为科研对于人才培养如此重要，才得到了美国斯坦福大学前校长的肯定："美国大学之所以好的一个因素就是它们赋予年轻学生参与的机会，而不仅仅是坐在教室里作知识的接受者，我在斯坦福大学致力于一项让大学一、二年级的学生都有机会参加教师的研讨课的改革"。

二、促进师资队伍建设和师资整体水平的提高

高校科学研究的创新是提高教师综合素质，促进师资队伍建设的重要途径。在知识更新迅速、信息传播全球化的现代社会，高校教师只有通过科研创新活动，长期保持创新的活力，才能深刻了解当前社会对于高校的动态需求，才能把握本学科的国内外发展趋势。同时，通过科学研究，也有利于教师准确地认识在其所教课程在各学科中的地位以及本课程与其他课程的关系，掌握课程内部的逻辑联系，从而把最新的现代科技成果及时反映到教学中去。可见，教师通过参加科研工作，可以优化自身的知识结构，提高学术水平，丰富教学内容，使知识、能力、素质全面发展的一体化教学思想得以深入贯彻。从教师的职业发展而言，曾任哈佛大学文理学院院长的H•罗索夫斯基就认为："每种职业都会面临由于长期努力而产生的厌倦情绪，而在高等教育界，对付热情消失的最健康、最有效的方法就是进行科研"。可见科研对于教师发展的重要意义。

三、有利于开拓学科建设的新路子，促进专业和学术水平的提高

一流的高校必有一流的学科，一流的学科离不开一流的科学研究。一个学科能否发展为重点学科，主要看其研究成果能否达

到国际或国内领先水平。在这一意义上，学科建设是学校深化内涵发展、提高核心竞争力的关键。另一方面，理论在教育改革发展中发挥着重要的先导性和基础性作用。先进理论的产生，得益于科研。控制论创始人维纳说过："在已经建立起来的科学领域的空白区上，最容易取得丰硕的成果"。现代的科学研究使我们看问题的角度多样化，多学科的交叉与综合，能经常碰撞出智慧的火花，多侧面、多角度的思考，能产生创新的思维。正是在这种科研的基础上，才催生了多种学科齐头并进和多学科的交叉与综合。

四、有利于开辟科学研究的新领域，促进国家社会发展

科研领域的生命力在于社会的需要和科研领域内在的活力。随着科学技术的发展，科研领域的形成和技术的突破更紧密地和社会需要联系在一起。在工程应用学科领域，如果单纯地按照学科的内在逻辑，很难形成独树一帜的研究领域。但是，如果从解决生产实践的技术难题入手，学术研究紧跟生产实际的发展，就能从中发现和形成新的研究方向，开辟新的研究领域。就高校自身而言，由于具有学科和人才方面的优势，已经成为开辟科学研究的新领域的主要基地之一。他不仅提供了大量的科研成果，还对国家的政治、经济发生着深远的影响。美国学者布鲁贝克关于高等教育的政治论观点指出，大学探索深奥的知识，不仅出于闲逸的好奇，而且还对国家有着深远的影响，能帮助人们解决当今社会中的复杂问题。正是在这一意义上，更应重视高等学校的科学研究，并通过有力的手段促进科研成果的转化。

第二节　科研创新的内容与途径

当今世界，科技经济发展迅猛，国力竞争日趋激烈，我国要在新时期实现经济腾飞、民族振兴，依靠的是科技与人才。当今的社会是知识经济的社会，发展知识经济，创新是灵魂，人才是根本，高新技术产业是支柱。高校是高素质人才培养的主要渠道，是知识创新的前沿阵地，是开创高新技术产业的重要方面军，处于十分关键的地位。高等学校要肩负起时代赋予的重任，就必须适应高校科技发展的潮流，认真研究我国高校科研创新的内容与途径，进行大胆改革和探索。

一、高等学校科研创新的内容

高等学校由于其特有的学科和人才优势，应义不容辞地承担起科研创新的重任。具体来讲，应主要做好以下几方面的工作：

（一）教学研究创新

国家强盛在于科技创新，科技发展在于人才，人才的培养靠教育。高等学校处于教育系统的最顶端，作为“培养高级专门人才”的机构，高校的重要任务之一是研究如何提高教育教学工作的有效性，以最少的时间、精力和物质投入，获取最大的人才培养效益，即探寻教育教学规律——这是学校组织的特殊职能。高校教育教学活动本身，其实是一项创新性的学术活动，高质量的教学就是高水平的学术活动的产物。如果大学只具有传播知识的职能，将永远处于社会的边缘，只有进行科研才能使大学成为名副其实的学术组织。正如美国斯坦福大学前校长在2002年北京举办的世界大学校长论坛上说：“一所仅仅是‘教学大学’的大学就像是高中的延伸或者是一个培训场所，不是我认为的真正意义上的大学”①。因此，教育教学研究是高校科研的重要组成部分，

①方黑虎等．论高校教师教学和科研相结合的利弊[J]．教育与现代化，2005,（2）:25～30

高校的教学工作必须提高其“研究性”。

（二）以基础研究为重点，积极开展交叉学科研究

高等学校有从事基础研究的优势并积累了丰富的经验，现在应重点解决未来经济社会中的基础理论问题，创立新的技术与方法，积极开展交叉学科研究。高等学校科研创新首先要加强基础研究是基于以下两个方面的考虑。一方面，基础研究是高新技术研究的先导和源泉，是一切应用研究的支撑和后盾。科技发展和社会进步的历史已经表明，基础研究的每次重大突破都会引发生产力的飞跃和人类社会生活的深刻变革。基础研究在整个科技中具有基础作用，基础研究的水平是国家科学技术水平的重要标志，也是提高高等教育水平的重要途径。另一方面，应该认识到，基础研究是高等学校的优势所在，在国家创新体系中，高等学校是发展科学的创新主体。如果说基础创新是知识经济发展的基础，那么，高等学校就是知识经济发展的动力源。因此，加强基础研究，加速科学发展，应当是高等学校科研创新的首要任务。

开展交叉学科研究研究也应成为高校科研创新的重要内容。当今世界是科学技术高度综合化的时代，各学科之间呈现相互渗透、相互交叉、相互融合的重要态势。任何重大的经济、社会和科技问题，如国际经济计划的制订、社会发展的预测、科技发展的全面规划、重要的经济政策和科技政策的制定都是复杂的综合性问题。从一些社会科学角度出发的人口控制、城市管理问题的解决，也需要借助于自然科学方法来研究。因此，为适应社会发展的需要，高等院校应将交叉学科研究作为科研创新的主要内容。

（三）重视技术创新，做好科研成果转化工作

科技一体化的趋势使高等学校应用性研究的比重不断增大，技术创新已经越来越成为高等学校科研创新的重要组成部分。虽然高校的科研优势是基础性研究，但是这并不否认高等学校在技术创新中的地位和作用。如果说近代高等教育的基本特点是科学成为高等学校研究和传授的主要内容，那么，近代技术进入高等学校并成为重要教学内容和研究对象，就是现代高等教育的特点之一。高等学校技术创新能力的增强是高等教育社会服务能力增强的重要基础。可见，无论从实现高等教育的现代化还是从应对知识经济的挑战上来看，高等学校都应把技术创新作为科研创新的重要内容。同时，高等学校必须加强科技成果转化工作，以此为现实的生产力服务。在这方面，高等学校应强化自己的科研和创新能力，努力获取领先优势，取得原创性成果并使之转化为生产力，从而孕育和催生出新的高科技产业。总之，高等学校应努力使科技创新与经济和社会的发展紧密相连，加强科技创新，加速科技成果的转化，以高新技术、高新技术产业服务于社会。

二、高等学校科研创新的途径

高等学校进行科研创新时，需要国家、社会和高等学校三方面的共同努力。

（一）从国家来看，要深化高校科研体制改革，形成有效的科研体系

深化高校科技体制改革，必须革除原有体制管得过多过死、条块分割的弊端，根据国家需要和不同性质的科技工作，建立分类重组、形成特色、促进校企结合的新体系。首先，要优化基础研究结构体系，形成一批知识创新骨干基地。学校要在全面规划布局的基础上，明确科研发展重点，注意形成学科特色、行业特色和地区特色。形成既协调发展又突出重点，既保持学科综合又各具特色、既有利于学习整体发展又有利于国家合理布局的学科结构体系。其次，要形成校企结合的技术开发体系，建设一批技术创新骨干基地。要大力推动校企结合，各级各类学校都要为本地区本行业的建设与发展服务，积极参与高新科技开发区的建设。要形成以市场为导向，以企业为主体，校企结合的技术开发新体制。再次，要创建有特色的知识产业体系，形成一批产业创新骨干基地，充分利用高校资源，组织多种形式科技服务。支

持高教系统中的有条件的公益性科技机构面向社会开放，开展有偿服务。鼓励创办具有自我发展能力，从事科技信息、咨询、培训、中介等业务机构，形成高质量、高水平的信息网络系统，为科技工作提供良好的服务。上述三者相互交叉，各有侧重。

（二）从学校来看，应积极进行高校科研管理创新

高校科研管理创新，必须是管理上的开放，即项目申报立项、成果鉴定、成果推广转化、实施开发等各个管理过程。高校的科研管理工作是否能持续稳步向前发展，是否体现创新，创新的含金量有多高，这是关键性的一步。

1. 选题创新

现代科技的发展要求科研实行多学科、跨领域、多部门协同攻关。这就要求高校科研管理者，广泛收集各类科研信息，进行分析整理，根据本校的具体情况，协助研究人员选择发展迅速、活跃的学科领域，确定突破口，选准研究方向。同时，要组织专家进行可行性论证，特别是对创新点的论证必须实际可行。

2. 项目实施过程创新

为科研服务、为课题服务是高校科研管理创新的宗旨。在项目研究过程中高校科研管理必须有创新的监督机制，不仅仅只是对项目经费的控制，还要依照原定计划监控研究的全过程，包括进度安排、人员调配、经费使用、仪器设备、督促检查等，这样随时掌握研究进展情况、资金使用情况，根据实际提出意见和建议，密切与科研人员联系，主动地、积极地、有效地向他们提供方便，以保证研究的顺利进行。

3. 成果鉴定与推广创新

成果鉴定是项目完成后的表现方式。高校科研管理在组织鉴定时，要特别注意该研究的创新成果是否达到了申请立项时的预期效果，充分运用创新观念和方法对成果有一个客观、准确的评价，为成果推广打下基础。就成果推广而言，如同桥梁纽带，将科研成果与企业创新连接在一起。因此，高校科研管理单位必

须灵活多变，通过产学研结合、发展高校科技中介机构等多种途径，提高高校科研成果推广力度。

（三）企业加强与高校合作，建立研究中心，创办高校科技园区

随着社会经济、科技的深入发展，高校与企业之间的联系日趋紧密。但是企业和学校的性质存在很大差异，二者追求的目标也不同。因此，二者之间合作需要政策的引导与支持才能走向合理的合作轨道。同时，二者合作研究应以应用研究为主，在坚实的理论研究基础上，促进高新技术开发脱颖而出。在组织形式上，要建立以知识创新为主体的研究中心，以技术创新为主的工程研究中心，以孕育高新技术产业为主的开发中心。同时，在高等学校比较集中的地区建立科技园区，以加速科研成果的转化，并为师生开展实践研究创造有利的条件与环境。

第三节　科研创新过程中需要处理好的几对关系

一、教学与科研的关系

教学是高校的基本任务，科研是高校的重要任务，科研和教学是高等学校的两个中心。高等学校教学与科研存在着深刻的内在联系。篇幅所限，仅从知识生成和人才培养两个角度阐述。

从知识的生成来说，二者是“源”与“流”的关系，也是基础与提高的关系。科学研究的成果，总结概括成各种知识体系，形成各个专业的教学内容，从这个意义上讲，科研是“源”，教学是“流”。从另一个角度来讲，二者是基础与提高的关系。任何发现总是以现有的知识为基础的，否定这个基础自然不会有创造。这样，高等学校的教学活动就成了攀登高峰之巅的不可逾越的阶梯。人没有通过教学获得的知识基础，就无法完成科研任务，从这个意义上讲，教学是科研的基础，科研是教学的发展与提高。从人才培养的角度讲，教学科研缺一不可。高级专门人才的培养离不开研究活动，在研究生培养中更是如此。教学过程中的知识往往是基础性的、全面性的，而研究往往是开创新性、探索性的。教学和科研都是对知识的传播，但是教学注重的是知识的整合与运用，科研则侧重对知识的探索与发现。优秀学生的培养从成功的教学与科研中都会受益。在科研基础上的教学和优秀教师的言传身教，可以使学生逐步掌握科研技巧，获得进行科研的有效方法。通过这种方式培养出的人才不仅能掌握现存的知识，而且能发现新知，是创造性的人才，是符合知识经济时代的人才。

在高等学校的实践中，人们已经接受了这样的观点：教师应根据创造性思维和个人的研究心得进行教学，科研应为教学服务，一切教学均应基于科研，科研包容在教学之中。因此，日本的学部、讲座都是教学与科研相统一的学术组织。法国的系级单位被称为“教学与研究单位”。美国、英国、加拿大等国家的高校教师90%以上都是身兼两职，既是教师完成教学任务，又是研究人员，完成科研任务。

可见，教学与科研相互依赖、互相促进，相辅相成，共同发展。正因如此，雅斯贝尔斯早就指出：“最为重要的是，教学严重依靠教学内容，而只有科研才能提供教学内容。因此，科研与教学相结合是大学重要的而不可或缺的基本原则。”[①] 教学与科研的辩证关系告诉我们，高等学校必须教学、科研两手抓，两手都要硬。在教学活动中，必须融入科学研究，使培养出的人才能够成为科研事业的后备军，为科学发展提供重要的人力资源。教育的发展也有赖于科研的支撑，科学研究以探索自然和社会的新理论、新知识不断丰富教育教学内容和手段，成为重要的知识源泉。同时，由于二者的辩证关系，其恰当结合是优化资源配置，发展科教兴国战略的最佳途径。因为在高校实践中，人才、资源、设备既可用于科研，又可用于教学；既出成果又出人才；一份投入两份收获，有利于综合效益的提高。因此，高校在贯彻科

①王英杰，刘宝存．国际视野中的大学创新教育．太原：山西教育出版社，2005，191

教兴国战略中，应采取以教兴科、以科兴教，科教结合振兴国家的发展方略。从指导思想、确定方向、选择课题到组织实施，都要坚持走教学与科研相统一的道路。

二、基础研究与应用研究的关系

科学研究分为基础研究和应用研究两类，蔡元培先生在谈到“学理”和“术用”两个方面时认为“学必借术以应用”，“术必以学为基本”，较早地揭示了基础研究与应用研究的关系。

客观地讲，基础研究和应用研究都有其自身的特点。基础研究的探索性、创造性强，但研究周期、应用周期相对较长。基础研究在整个科学技术发展过程中有着重要的作用，它是科学技术和生产发展的源泉，是高新技术产业的先导和源泉，是国家科学技术发展水平的重要标志，也是提高高等教育水平的重要途径。著名物理学家李政道就曾对基础研究的重要作用做过阐释：“没有20世纪上半叶基础科学在相对论、量子力学等方面的突破，就不会有整个20世纪经济文化的大发展。”

应用研究是更直接地为社会现实需要和经济建设服务的科学研究。自从威斯康星思想提出后，高等学校为社会服务的职能日益引起人们的重视，高等学校科学研究面向社会服务的性质也愈加突出，应用研究越来越多地引起人们的广泛关注。特别是理工色彩较浓的学校，更多地承担了国家建设中急需解决的新产品、新材料、新设备、新工艺、新方法等应用问题，以提高经济效益，加快建设速度，比较明显地反映了应用研究为社会现实需要服务的特点。

实际上，基础研究也好，应用研究也罢，都是科学研究的重要组成部分，在科学研究中，一部分研究课题是科学自身发展提出来的纯基础课题，另外一部分是大量的从社会、经济发展提出的面向实际的课题。理论上讲，基础研究与应用研究是相互支持相互促进的，基础研究的成果能够带动和促进应用研究的发展，同时应用研究也往往提出一些基础理论性问题。目前，基础研究向应用研究成果转化的时间越来越短，法国大学校长会议研究委员会主席让皮埃尔•卡阿奈在谈到大学科研时指出："往往最不能预料其用途的基础理论研究，常常显示出它应用的极其迅速"。因此，基础研究和应用研究应并行不悖。

就高等学校而言，拥有丰富的人才资源，学术思想活跃，学科门类齐全，适于进行自由探索式的、好奇心驱动的、多学科交叉的基础研究。高校通过多学科综合与合作，在一定意义上也适合开展具有目标导向性的应用基础研究。在西方发达国家，高校一般都以基础研究为核心，对应用研究也投入一定的人力和物力。即使每个国家处理二者的关系的措施有所差异，甚至有的国家还走过了曲折的道路，但是最终还是回到了符合高校存在规律和促进社会、经济持久发展的道路上来。在我国，高校的基础研究在改革开放以后取得了一定的成绩。但是，由于观念、体制等多方面的原因，我国高等学校对科研的投资状况仍然是应用和开发研究的比例大大超过基础研究。基础研究投资只占13.1%，应用和开发研究分别占59.3%和27.6%①。同时，与世界各国相比，基础研究的比重显得过低，长此以往，对国家的长远发展不利。因此，国家应该逐步改变对科学研究的投资方向，努力将基础研究的50%以上投入高等学校，鼓励高等学校利用自身的优势积极进行基础研究。此外，还应结合我国的实际情况，重视开展有应用前景和与经济建设紧密相关的基础研究，采用竞争、流动、联合的机制，正确处理好基础研究和应用研究的关系，以应用研究来"养"基础研究。总之，在处理基础研究与应用研究的关系时，既要考虑与我国经济发展需要相适应，又要考虑各个高校的不同条件，在此基础上统筹兼顾，形成特色。

①谢安邦.比较高等教育.南宁：广西师范大学出版社，2002，287

三、高校与企业的关系

高等学校与企业合作已经成为当今世界高等教育发展的一个重要趋势。高等学校与企业合作，既是高等学校发展的需要，也是企业自身发展的需要，还是国家科技、教育政策调整的结果。

随着知识经济的到来，国家的强弱、经济的发展越来越取决于科技发展水平和人才的创新能力。高等学校学科众多、人才荟萃，具有进行科学研究与开发，提供经济和社会发展所需人才的潜能与条件。因此，各国政府都把加强高等学校与企业的合作作为加速经济与科技发展，增强国际竞争力的重要措施。从高校方面来看，与企业进行合作，有利于科研面向经济建设，开展跨学科联合攻关；有利于企业对高校进行投资，改善学校的办学条件；还可以使广大教师了解生产需要，变革教育观念，改革教学方法，提高教学质量，使学生了解社会生产实际，提高其实践能力，具有良好的职业准备。德国总理赫尔佐克就认为，高等学校和企业合作有利于培养大学生，使他们尽快地接触实践，养就集体合作精神和解决问题的能力①。从企业的角度来看，有利于企业设备改造、技术更新、工艺改进及产品开发，也有利于企业从高校获取科研成果，并使之转化为生产力，提高企业竞争力。

正由于校企合作是一举多得的事情，因此世界各国都在加强校企合作，甚至以法律或行政法的形式保证校企合作的全面实施。在我国，为迎接知识经济的到来，顺应世界高等教育的发展趋势，也在积极进行校企合作，以促进科技成果的转化和经济的繁荣。固然，从目前的情况来看校企合作取得了一定的成绩，但是还存在以下两大问题：一是高校尚未从根本上形成校企紧密结合，主动面向经济、社会发展的有效体系和运行机制；校企之间短期课题、项目较多，而从长远考虑比较少，科技力量过于分散，低水平重复现象较为严重。二是在市场经济条件下，由于面临多种困难，多种选择，高校变得无所适从，不知该适合市场经

①中国驻德国使馆教育处.联邦德国教育简讯.1997，5

济的需要，还是不顾社会需要我行我素。

因此，我国的校企合作还有许多工作要做。就高校而言，应适应知识经济和市场经济的要求，依靠知识创新和科技优势尽快建立更多的科技企业，形成我国高科技的产业优势，不断扩大规模，增加数量，使之成为我国经济的新的增长点。同时，还应该按照市场经济的要求和现代企业制度的标准建设高等学校科技园区，提高经济效益和开发创新的能力，而不仅仅是与企业展开短期合作。此外，高校还应尽快走出校企合作的盲区，即：改变高校只顾眼前利益，盲目设置实用专业，盲目与企业合作办公司搞开发，忽视基础学科和教学工作，尤其是只重产品开发不重学科建设，只看合作项目经费不看合作层次的做法。否则，高校将沦为技术工厂和商业市场，不仅科技水平难以提高，而且高等学校的可持续发展也难以实现。

第三部分

高等教育创新的保障体系研究

第九章 高等教育创新的保障系统

高等教育改革与创新要顺利进行，必须依赖于一定的保障系统。一般来说，保障来自于三个方面：政府、社会以及高等学校内部力量。从某种意义上说，高等教育改革与创新的成败依赖于这三种力量的协调程度，协调程度越高，高等教育改革与创新成功的可能性越大；反之，高等教育改革与创新有可能只是一种美好的幻想。本章拟对三方面的保障作一粗浅探讨。

第一节 政府

政府在高等教育发展过程中应该发挥哪些作用？如何为本国的高等教育发展提供强有力的支持？这些问题是有关部门应该深入思考的问题，也涉及政府与大学的关系问题。洪堡在柏林大学计划中提出："大学始终是与国家的需要紧密相连的"，但是，"总的来说，国家决不应指望大学同政府的眼前利益结合起来；却应想大学若能完成他们的真正使命，则不仅能为政府眼前的任务服务，还会使大学在学术上不断提高，从而不断地开创更广阔的事业基地，并且使人、财、物力得以发挥更大的作用，其成效是远非政府的近前布置所能意料的。"① 因此，正确处理政府和大学的关系至关重要。菲利普•G•阿特巴赫也曾指出："大学是一些很脆弱的机构，如果他们想繁荣昌盛的话，既需要财政资助，又需要正确的政策环境。"② 可见，要想保证高等教育不断创新，从政府的角度来说，至少要做好两件事情，首先要提供正确的政策环境，其次要提供财政资助，本节主要就此展开论述。

①贺国庆.德国和美国大学发达史.北京：人民教育出版社，1998，207

②[美]菲利普·G·阿特巴赫.比较高等教育：知识、大学与发展.北京：人民教育出版社，2002，251

一、提供良好的政策环境

政府对大学来说，首先扮演着公共事务的管理者的角色。作为公共事务的管理者，包括大学在内的一切社会组织必然受到政府的控制。要实现高等教育创新，政府首先要提供良好的政策环境。“政策是一个人或团体或政府在一个具有障碍的环境与机会中所提出的一种行动纲领，意在利用机会，克服困难，以实现预定目标或目的”[①]，由政策推演到教育政策，“教育政策是教育行政当局针对目前社会需求和学生愿望而形成之问题及未来发展之趋势，依据国家教育宗旨与法令规章，确定方针、规划方案，经由法定程序，公布实施，以为行政部门或教育机构执行之准则”[②]。

从世界范围来看，不管是实行教育行政中央集权制的国家还是实施分权制的国家，都十分重视政策对高等教育的指导作用。“过去一二十年来，高等教育的发展是以众多的新政策和新改革为特征的。”[③]正确制定和执行政策，给高等教育发展提供良好的政策环境对于引导高等教育的发展至关重要，它可以领导、调控高等教育实践活动，使之依据一定的目标，朝着特定的方向发展。在现代，教育政策的范围越来越广泛，教育政策产生的影响也与日俱增。一个家庭的决策错了，最多导致一个家庭的不幸;一个地区、部门的政策就会影响一个部门和地区的发展。但现在教育活动的开放性和复杂性越来越高，很多的教育政策都需要国家来制定，一个国家的教育决策好坏不仅会影响到全国，而且还会影响到国际社会。特别是有影响的国家所做出来的决策，更是如此。

从理论上来看，任何政策的制定都是基于对某一活动、某种利益轻重缓急的主观选择。这种选择的基础就是价值追求。公平、法制、科学、效率是现代教育政策的价值基础[④]。公平是教育政策包括高等教育政策的价值追求，但是由于人们有不同的公

①吴志宏.教育行政学.北京：人民教育出版社，2000，196
②瞿立鹤.教育行政.茂昌图书有限公司，1992，127～128
③伯顿·克拉克.高等教育新论.杭州：浙江教育出版社，2002，244
④袁振国.教育政策分析与当前教育政策热点问题.复旦教育论坛，2003，1

平观，因此制定让所有人满意的高等教育政策是不现实的。法制是社会文明的支柱之一，但是不管法律条文有多么严格的说明，都会有双重标准，出于眼前利益的考虑的短期政策或非法政策也是屡见不鲜的。科学含义更加丰富，包括科学的态度、科学的内容、科学的形式，科学的方法等。以效率而言，高效无疑是政策追求的目标之一。但是高效与公平常常会有矛盾。什么是高效，缺少具体的指标也会导致对效率的不同理解。因此，虽然我们把公平、法制、科学、效率作为高等教育政策的价值基础，但在实践层面确实看到许多不尽如人意的现象。因此，国家教育行政主管部门应该自我反思，认真分析和研究现行高等教育政策，因为政策研究对于高等教育的认识有重要作用，特别有助于认识高等教育的变革或组织变革的过程。“因此，必须考察甚至强调政策分析的最新研究，即贯彻政策的分析研究。”[①]同时，反思现有政策的公平性、合法性、科学性和效率性，此基础上，制定教育行政法规，为各类大学的发展提供良好的政策平台。

作为公共法律、法规与政策基础，政府应对大学有着更清晰的认识。从中央到地方教育行政部门应该清楚，大学是重要的学术组织，担负着培养高级专门人才、发展文化及科学以及为社会服务的重要职能。它是社会各项事业的工作母机，高等学校的兴衰在很大意义上决定着国家的前途与命运。因此，各级教育行政部门，必须根据大学的本质特征，结合我国国情，科学合理地管理高等学校，在法规政策出台之前做好认真细致的调研工作，发挥公共政策的引领作用，给大学的发展提供良好的政策环境。

二、给大学提供财政资助

高等教育是耗资巨大的事业，它的发展必须靠外部的资源投入。按照亚当•斯密的观点，大学的经费来源有三种：一是政府（国家），二是大学，三是学生。政府拨款是高等教育投资的主

①伯顿·克拉克.高等教育新论.杭州：浙江教育出版社，2001，244

要来源。不仅公立学校的经费大部分来自政府，在美国、日本等国的私立大学，也接受着大量的政府资助。在各国高等教育经费来源中，各大学中政府拨款占经费来源的百分比，法国部属院校为89.5%，英国大学为55%，德国大学为68.5%，美国公立院校为59.3%，私立院校为18.4%①。当今世界，虽然各国政府都面临着日益严重的财政压力，但仍然极力增加对高等教育的投资，政府已成为高等教育最大的投资者。如果没有以政府为主体的投资，高等学校的发展就失去了雄厚的经济基础。“柏林大学正是有了可靠的资金保障，才能够跻身于世界一流大学之列，才能够确保科研水平的长盛不衰；霍普金斯大学正因为有了充裕的资金，才能够吸引一批一流的学者和学生，才能够向高深的学术领域进军。同时，大学资金的合理运用也是必须的”②。

我国与世界各国包括发展中国家相比，政府对教育包括高等教育的投资还处于一个较低的水平，因此，强化政府投入的法律政策保障体系势在必行。《中华人民共和国教育法》确定的“以国家财政拨款为主”的政府投入，始终是高等教育投资的主渠道。在我国，公立高校占绝大多数，高校经费投入仍主要依靠国家财政的情况下，国家总体教育投入的不足，必将极大地限制高等教育的投入。由于国家预算内教育经费占国内生产总值的比例一直徘徊在3%左右，造成了高等教育经费的极大不足。长此以往，必将影响我国高等教育的发展，最终影响整个国家的发展。我们应该清醒地认识到：政府永远是高等教育的主要投资者，而且无论高等教育如何采取多种渠道筹措经费，都不是说政府可以减少自己的主要投资者的义务和责任。另外，随着社会经济的不断发展，经济发展水平越高，国家对于高等教育的投入就越大，高等教育经费占教育总经费的比重也越大。

---

①曲恒昌.市场经济体制下我国高等教育经费筹措的原则与途径.全国比较教育研究会第七届年会论文

②[美]克拉克·科尔.大学的功用.南昌：江西教育出版社，1994，45

三、尊重大学的保守性

在现代，随着大学对于社会重要性的不断加强，国家加大了对教育的控制，正如美国著名高等教育学家科尔所说："联邦政府参与高等教育的意识不断增强，参与的事例日益增多，这在美国历史上还是第一次……学院和大学校长们如今像以往与州政府和工业界的巨头们打交道那样热切地与华盛顿政府交往。"①"高等教育越卷入社会的事务中就越有必要用政治的观点来看待它。就像战争的意义重大，不能完全交给将军们一样，高等教育也相当重要，不能完全交给教授们来决定"②。正因如此，政府通过立法、投资等各种方式来加强对高等教育的管理与控制，尤其是加大对高等教育的投入已经成为各国的共识，这一点在上文已有详细论述。但是，大家也看到，外部的投入绝不可能是无条件的，政府对高等教育进行投资，是要求高等教育为国家发展服务。在知识经济时代，高等教育对于国家的发展意义重大，休戚相关，因此政府必然会介入高等教育管理。正如菲利普•G•阿特巴赫所指出的："高等教育中的资金大部分来自政府，这就增加了政府和公众对学术机构如何使用他们所提供的资金这一问题的兴趣，因而要求对大学的目的和经营加以更大的控制。"③也就是说，高等教育领域"不仅仅是谁付账谁点唱，而且付账的方式也是怎么唱的决定因素。同理，支付经费的手段对高等院校及其内部行为者的行为也有着重要的影响"④。

众所周知，大学是以学术自治与自由为根基的，这是大学健康发展的最重要条件。大学的学术自治和自由越充分，大学的发展就越繁荣。正因如此，政府对大学的直接干预历来是学者们所戒备的，特别是在具有悠久自治传统的欧洲大学更是如此。正如

①[美]克拉克·科尔.大学的功用.南昌：江西教育出版社，1993，93
②布鲁贝克.高等教育哲学.杭州：浙江教育出版社，2001，32
③姚启和.高等教育管理学.武汉：华中科技大学出版社，2000，160
④[美]伯顿·克拉克.高等教育新论——多学科的研究.杭州：浙江教育出版社，2001，79

阿什比所指出的："经常完全是独立自主的大学，在实际生活中也到处要受到政府施加的压力。这些压力是由于对经费的考虑、对市场劳动力的需要以及对其他社会经济和政治因素的考虑造成的。"[①] 虽然，在有些时候政府的投资和干预不一定对大学的学术自由和自治不利，但是正如哈佛大学前校长博克所说："总的来看，如果政府随意地改变自己所作出的决定，左右大学的学术事物，其结果必将损坏高等教育的质量。造成这样的后果是基于多方面的原因：因为政府法规往往使需要不断试验和变革的丰富的学术活动变得千篇一律，缺乏多样性；因为教学和科研工作只有在外界无干扰的自由环境中才能开展得更好。"[②]布鲁贝克也指出："无论他们（政府）起的作用有多好，都毫无疑问地限制了学院和大学的学术自由"[③]。

因此，就大学和高等学校而言，通常向政府索要的是两样法宝：一是雄厚的资金支持，二是充分的学术自由。斯坦福大学校长斯帕尔认为，一流大学是符合三样条件的机构，这三个条件是："精选学生、主要致力于探索知识、富于批判性的追根究底的精神。"而要做到这一点，政府的研究基金支持是必不可少的。"假如不是第二次世界大战后政府的财政支撑，斯坦福大学不可能有今天的地位。"[④]可见，"就大学要求对教育事务拥有学校自治权和政府有义务维护公众利益而言，该采用怎样的指导原则才可能调和这二者之间的关系……这显然是一项艰巨的任务。"[⑤]这一问题随着知识经济的到来将越来越突出。

笔者以为，从政府的角度来看，要十分注意并尊重大学的保守性。阿什比认为："大学成为文化上传宗接代的机构，并且

---

①阿特巴赫.比较高等教育：知识、大学与发展.北京：人民教育出版社，2001，161
②德里克·博克.走出象牙塔——现代大学的社会责任.杭州：浙江教育出版社，2001，62
③布鲁贝克.高等教育哲学.杭州：浙江教育出版社，2001，33
④唐玉光，房剑森.高等教育改革论.南宁：广西师范大学出版社，2002，155
⑤德里克·博克.走出象牙塔——现代大学的社会责任.杭州：浙江教育出版社，2001，58

也和其他体系一样，具有极大的保守性。他们在向前演化的进程中，正经历着遗传体系经常遇到的进退两难的困境：一方面他们本身必须改变以适应社会新的形式，否则将遭受社会的抛弃；另一方面，他们在适应社会的改变中，又不能破坏大学的完整性，不然就将无法完成他们所承担的社会责任”①。

第二节 社会

高等教育改革与创新受社会系统的制约，也从中获得力量。拉塞克等指出：“一项改革能否得到普遍地接受，取决于这项革新会给某些集团留下什么样的印象。那些集团可能会从中看到对他们的权力带来的损害——他们的权力感到的威胁越小，这项改革被采纳的可能性越大；同样，这项革新的被接受，也取决于它所带来的好处可能在多大程度上超过它所招致的不便（这是一种相对费用）。”②如果说在以往的时间里，大学可以与社会保持一种若即若离的关系，那么，在即将到来的知识经济社会，则是不可能的。唐纳德曾说：“大学与社会处在动态平衡之中。一方面，作为社会历史及其最高文化的保存者，大学似乎是滞后的；另一方面，他们又被看作领导者，在新的知识领域探险，进行技术改进，同时又是新奇的、令人不安的思想温床。”③因此，一方面，社会对知识的依赖，使得社会无论情愿与否，都要把大学纳入其活动之中。另一方面，庞大的高等教育系统赖以生存和发展的经费不仅来自于政府，社会也成为向高等学校提供经费的重要力量。在本节中，我们主要阐述社会对于高等教育的支撑作用。

一、建立社会中介组织

如前所述，随着大学的社会作用越来越大，政府对大学不

①[英]阿什比.科技发达时代的大学教育.杭州：浙江教育出版社，1987，13

②拉塞克·维迪努.从现在到2000年教育内容的全球展望.北京：教育科学出版社，2001，279

③唐纳德.学术责任.北京：新华出版社，2002，329

可避免地要加强管理。但是大学自治和自由的传统对政府的管理有着本能的抵制。高等教育要创新，就要找到政府宏观管理和大学自主办学的结合点。建立社会中介组织是解决这一问题的好思路，能够发挥其在高等教育创新中的保障作用。具体而言，它主要有以下作用：首先，沟通作用。社会中介组织介于政府和社会之间，一般而言具有较强的专业性，且承担独立的法律责任，因而能够在高校与整个社会的沟通与联系方面发挥很大的作用。其次，协调作用。通过中介组织的努力，使高校与政府以及社会其他利益群体之间的关系保持一定的距离，从而减少冲突与矛盾，提高整个社会的亲和力。三是服务职能。社会中介组织的最基本价值在于它能为社会各个方面提供服务。在一个社会中，社会组织的相互服务功能越强，社会整合的作用就越大。各个社会群体和成员就越相互依赖，整个社会就越有凝聚力。四是行业自律和监督职能。通过行业协会指定行规或公约，进行同行业自我约束，减少行业内的恶性竞争，保证社会正常秩序。

从世界范围来看，中介组织主要有行业权益保护组织、监督高校行为的中介组织、评价性的中介组织和服务性机构。行业权益保护组织主要通过自上而下的方式组织起来，将原来政府行使的部分权力承担起来，从而有利于克服政府在行使这类权力中的弱点。伯顿•克拉克就曾指出：“大量的实践证明，当社会生活的各个领域都有了自律组织之后，政府就可以在更大的范围内只起间接管理作用。”[①] 如有的国家建立的大学校长联合会就属于这种组织。监督高校行为的中介组织主要负责保证高校的行为能够更大程度地满足公众的利益，以使公众对高等教育的满意程度不断提高。在这方面，监督高校行为的中介组织有着政府不可替代的作用，他们通过各种方式监督高校行为，保护社会公众的利益。评价性的中介组织的产生有其历史原因。在高等教育不断普及的现代社会，公众普遍关心如何选择“好”的高等教育，评价性的

①伯顿·克拉克.高等教育新论.杭州：浙江教育出版社，2001，77

中介组织通过其所开展的评估工作，反映高等教育的基本情况，为公众选择高等教育提供指导。同时，这种评价也会鼓励高校之间的竞争和促进高校自身的完善与发展。服务性机构主要从不同角度为高等学校提供各种类型的咨询和服务，推动社会人力资源的合理流动。从这些中介机构来看，正对保证高等教育的健康稳步发展作出越来越大的贡献。

在我国，虽然也有一些中介性组织，但多为政府部门附属机构，由于政事不分，很难发挥其应有的作用。随着我国高等教育事业的不断发展，高等教育管理体制改革的不断深入，有必要在政府与高等学校之间建立中介机构或中介组织，使之成为联系政府和高等学校的纽带和桥梁，既可以沟通政府和高等学校之间的关系，向政府提供信息，反映高等学校的要求；又可以避免直接管理产生的摩擦，还有利于决策的民主化与科学化。这是在今后一段时间，社会要做的一个主要工作。

二、积极举办高等学校

关于这一内容，虽然在我国高等教育体制改革中有所涉及，但在这里主要从社会角度出发谈一谈建立多种举办体制的益处。逐步建立以政府办学为主体、社会各界共同办学的体制，是我国高等教育体制创新的基本指导思想。推进这一进程，有助于改变我国办学体制过于单一化的局面，使办学体制朝多样化、多形式的方向发展。

从我国社会现实来看，除现有的中央政府与省级政府举办高等教育两种形式外，还可以发展中心城市的办学形式、民间私人资本的民营形式、公办民助形式、民办公助形式等多种形式。中心城市的办学形式是由地市一级甚至有条件的县一级举办高等教育，这种形式的办学体制有利于高等教育为地方的经济发展服务。民间私人资本的民营形式的办学体制有利于民间资本对高等教育事业的投入，这种形式的办学体制在我国还有很大的空间。

这类举办者，可以是单独的，可以是合伙的，性质是私营的。公办民助形式尤其对于政府财力支撑不足的高等学校有效解决办学经费具有重要意义。既可以将资本投入学校整体，也可以投入一个学院或专业，其形式上是混合制。就民办公助形式而言，是以民间资本为主，公立学校以多种形式参与活动，并占有一定份额的办学形式。对于解决多元办学初期的困难和问题，促进民间资本向高等教育转移具有重要意义。

办学体制说到底是一个谁出资办学的问题。笔者以为，无论谁是举办者，都需要按照法律规定办学才能取得合法性，都必须关注质量问题才能解决生存问题，保持活力。同时，为了鼓励社会办学，大力发展多种形式办学，政府需要提供相应的政策支持。比如，提供必要的基金做配套资金，进一步推动大学获得社会的捐赠；提供税收优惠政策，也就是说，私人投资高的高等教育应该得到政府优惠的税收政策支持。在这些方面，我们的工作几乎没有展开。在这一意义上，鼓励多种形式社会办学不是一蹴而就的事情，需要得到政府的大力支持才可能有更大的发展前途。

三、进行社会融资

在经济学上，融资通常是以借贷资金的形式出现的。贷款就其本源来说是一种提前支付行为，即通过将少数人的储蓄变为投资行为，使预期投入转变为现实的支付能力①。在国家处于大发展时期，这是一种吸收社会资金的重要方式。从目前来看，我国高等教育进行社会融资的途径主要有以下几种：

首先，争取国际教育资助。国际教育资助是由于国际合作的加强，国际机构对于发展中国家教育发展的资助。其目的是帮助发展中国家发展教育事业。根据联合国教科文组织1993年出版的《世界教育报告》的资料，经合组织官方发展援助对教育的资助在1990年达36.4亿美元，多边银行和基金会的教育资助1991年达

---

①张宗俊.现代大学制度.北京：中国社会科学出版社，2004，278

28.94亿美元，1995年，世界银行对教育的资助为24亿美元①。从发展趋势来看，如果世界经济发展势头良好，世界教育资助的数量未来将有一定增长。迄今为止，我国几乎全部省、市、自治区及大多数部委都参加了世界银行贷款项目，高等教育在这其中受到了很大的益处。

其次，成立教育金融机构。为吸收社会资金，可以成立教育信托投资公司和教育银行，这也是社会支持高等教育的重要方面。1994年，由原国家教委提出，并与财政部、国家计委、中国国际信托投资公司共同发起的中国教育科技信托投资公司正式开业。该公司成立后，以稳健的经营业绩和对一批教育企业的有力支持，证明了成立专门教育金融机构的正确性。同时，我国有关法规对此持肯定态度。《教育法》62条就规定："国家鼓励运用金融、信贷手段，支持教育事业的发展。"同时，建立教育银行也是进行社会融资的重要途径。通过教育银行的建立，可以吸纳社会闲散资金支持教育事业，通过金融手段加强对教育经费的宏观控制，提高其使用效率；便于调剂教育内部资金的余缺，支持效益高的项目；通过利润分配来支持教育事业。总之，成立教育金融机构对于包括高等教育在内的教育事业的发展大有好处。

第三，建立高等教育基金会。《中国高等教育改革和发展纲要》指出，要"充分发挥拨款手段的宏观调控作用。对于不同层次和科类的学校，拨款标准和拨款方式应有所区别。改革按学生人数拨款的办法，逐步实行基金制。"基金制的实施，有利于高校向独立的法人实体过渡；有利于政府将教育资源的统筹分配与必要的政策引导结合起来，促进政府政策目标的实现；有利于统一拨款标准，提高拨款的整体效益，体现公平、透明和有效的原则，实现高校之间的公平竞争。

第四，对学生继续合理收取学费。对接受高等教育的学生收取学费是当今大多数国家普遍实行的一种做法，其作用在于通过

---

①唐玉光，房剑森.高等教育改革论.南宁：广西师范大学出版社，2002，166

学生，将民间资金集中起来用以发展高等教育，这也是吸引社会投资的办法。近年来，我国在这方面已经迈出了可喜的一步，但问题是在收费的规范化、合理化方面还存在不足。在这方面，关键要制定针对不同类型的学校和专业，制定多层次、弹性化的收费标准。由于学校的性质不同、声誉不同、学科和专业也不同，校址不同，学生的培养成本和就业前景、未来收入都有一定的区别，因此，收费标准应该弹性化。事实上，收费高低是服从于市场规律的，在这方面应当把调节行为让给市场，政府则集中精力把握好监督与检查。

第三节 高等学校

高等教育要创新，其重要实施机构——高等学校也要发挥重要的作用，可以说，高等学校是支持高等教育创新的内部环境。目前，随着高等教育功能的多样化和规模的不断扩大，高等学校自身的管理问题日益突出。正如克拉克•克尔所说：“无论在什么地方，行政管理已经成为大学的一个更为显著的特征，这是普遍规律……由于机构变得更为复杂，行政管理的作用在使大学整体化方面变得更加重要了；由于学校同过去的外部世界的关系更加密切了，行政管理就承受了这些关系所带来的负担。”[①]由此可见，高等学校自身在管理方面必须不断变革，才能真正为高等教育的创新提供良好的内部环境。笔者以为，要实现这一目标，要从以下几方面入手：

一、充分发挥大学校长的行政领导作用

高等学校校长是高等教育改革与创新得以成功的重要因素。正因如此，哈佛大学前校长博克认为：“董事会一定要选择关心教学质量的校长，然后为校长组建一个行政机构，这个机构要能

①克拉克·科尔.大学的功用.南昌：江西教育出版社，1993，18

够使校长行使学校领导权。校长必须采取主动，明确宣布教育目标，同时鼓励和支持教师参与必要的教学改革”①。适应高等教育创新的需要，科尔指出，校长要“既坚定又不失礼貌，对别人敏感，对自己迟钝；既看到过去又能展望未来，而且牢牢地扎根于现在；既富有幻想，又明智稳重，既和蔼可亲又能大胆作为；既有广阔的视野又能有意识地究根求底；既是一个善良的美国人，又毫无畏惧地批判现状，在不伤害别人的情感下追求真理……”②这些要求同样适用于中国高等学校的校长。

1998年通过的《中华人民共和国高等教育法》，规定我国“国家举办的高等学校实行中国共产党高等学校基层委员会领导下的校长负责制。”这一条文规定了学校党委的领导职责，明确了党的领导和行政领导的关系，成为高校校长行使行政权力的主要依据。同时，《高等教育法》还明确规定了校长的职权：“高等学校校长全面负责本学校的教学、科学研究和其他行政管理工作，行使下列职权：（一）拟订发展规划、制定具体规章制度和年度工作计划并组织实施；（二）组织教学活动、科学研究和思想品德教育；（三）拟订内部组织机构的设置方案，推荐副校长人选，任免内部组织机构的负责人；（四）聘任和解聘教师以及内部其他工作人员，对学生进行学籍管理并实施奖惩或处分；（五）拟订和执行年度经费预算方案，保护和管理校产，维护学校的合法权益；（六）章程规定的其他职权。”③在知识经济时代，高等学校要成为保障高等教育创新的内部环境，就必须充分重视高校校长的以上职权。

当然，我们一方面强调校长的行政领导作用，另一方面也要防止权威的“特权”现象。无论如何，校长对促进教育改革有独特的作用。首先，学校领导比普通教师对促进教学改革有更大的动机。校长相信教育改革对评价他们的任职成绩非常重要。其

①[美]德里克·博克.美国高等教育.北京：北京师范大学出版社，1991，166
②克拉科.科尔.大学的功用.南昌：江西教育出版社，1993，19
③姚启和.高等教育管理学.武汉：华中理工大学出版社，2000，219

次，校长有特殊条件动员组织对改革的支持，部分是由于其独特的观点，部分是因为他们所任职务的权威。最后，校长有特殊能力执行改革计划[①]。

二、高度重视教师的作用

高等教育要创新，教师起着重要的作用。联合国教科文组织指出："教师是变革的动力，是促进东西方之间、南北之间相互了解的桥梁，是塑造新一代性格和思想的积极参与者。人类从来没有像今天这样痛切地感悟到教师在这些方面的重要作用。""改革的成败取决于教师的态度。教师并不反对改革，他们反对的是有人把改革方案交给他们去做的那种方式，更不用说把一个改革方案强加在他们身上了。因此，对教育工作者来说，十分重要的是使他们主动地参加教育改革。"[②]为充分发挥教师在高等教育创新中的积极作用，笔者以为，要重点做好以下工作：

首先，鼓励教师进修提高。众所周知，教师的继续教育是促进教育改革的持续动力。联合国教科文组织对于这一观点曾多次重申。如：《今日之教育，为了明日之世界》中指出，教师的继续培训是教育系统经常不断变革和革新的先决条件；《现代社会中的教师》也指出，为了使教师承担起在教育改革中的任务，在职培训显得日益必要。从世界范围看，各国都把加强教师培训作为师资队伍建设的重要途径，我国也不例外。为了进一步鼓励教师参加继续教育，不断提高素质，我们可以采取一些切实可行的措施。比如，以立法的形式保障高校教师进修提高；设立数量充足、种类繁多的高校教师进修机构；开办适应时代发展和高校教师专业提高的各种课程门类，供高校教师选修；建立高校教师定期进修的制度并采取相应的措施，把在职进修、学历提高、取得学位、提高待遇联系起来，激励教师进修提高。

①唐玉光，房剑森.高等教育改革论.南宁：广西师范大学出版社，2002，173
②联合国教科文组织国际教育发展委员会.学会生存——教育世界的今天和明天.北京：教育科学出版社，1996，222

其次，实行教师职务聘任期限制。教师队伍的素质在高等学校的发展乃至整个高等教育创新过程中意义重大。詹姆斯•杜德斯达就指出："教师是大学的主要学术源泉，教师的质量和责任心决定了大学各方面的优异程度，它影响到大学的学术活动、学生的整体质量、教学本身与学术的优异成绩、通过公益服务更广泛地向社会提供服务的能力，以及从个人和公共渠道吸引资源的能力。"[①]教师如此重要，因此，高等学校应随时发现某些教师可能存在的不称职情况，并在必要时辞退。同时，应该阻止教师过早地占有他们可终身担任的职务，建议在一个过渡阶段结束后，才能"终身"任命他们。因为"从理论上讲，终身教职是保护学术自由以及保护大学教师避免受到校内外政治影响的主要机制。从实践上讲，终身教职带来的工作安全感不但保护了优秀教师，也同样保护了那些没有能力的教师，使他们既排除了政治的干扰，又避免了大量的、在其他行业均可能导致失业的业绩问题。"[②]所以，有些国家首先考虑为教师提供两三个五年期合同，这对于促进合理竞争，并防止取得终身职位后不思进取的情况具有重要意义。

最后，应正确对待教师的"双重忠诚"现象。阿什比认为，"一方面，大学教师协会要求教师忠诚于他们服务的大学和他教育的学生；另一方面，教师的专业组织又要求忠诚于他致力的专业学术。在这两者之中，教师往往忠诚于后者。"[③]大学校长对教师在两种忠诚彼此矛盾时必须作出一定的让步。

要使高等学校真正成为高等教育创新的内部环境，除重视校长的行政领导和教师的重要作用外，还要处理好行政权力与学术权力之间的关系。行政权力与学术权力是高等学校统一整体不可分割的组成部分，二者相辅相成，共同服务于高校整体目标。学术权力的存在确保了大学教学、科研的基本属性；行政权力的作

①[美]詹姆斯·杜德斯达.21世纪的大学.北京：北京大学出版社，2005，123
②[美]詹姆斯·杜德斯达.21世纪的大学.北京：北京大学出版社，2005，125
③[英]阿什比.科技发达时代的大学教育.杭州：浙江教育出版社，1987，82

用在于协调高校内部各部门之间的关系。总之，对行政权力过分强调必然影响教师的积极性和创造性，而过分松散的学术权力有损于大学效率的提高和整体目标的实现。正是行政管理与学术管理的共同作用，才能保证大学在整体稳定有序的状态下不断发展。

综上所述，要保证高等教育创新的成功，必须得到多种力量的支撑，这里的多种力量，主要指政府、社会和高等学校。在这种保障体系下高等教育定能不断创新，获得不断发展。科尔就认为："对现代大学的主要考验仍然是看他如何明智而迅速地适应那些可能发生的重要事务。未来的名副其实的大学是那些已经迅速而有效地进行了调整的学校"①。

①克拉克·克尔.大学的功用.南昌：江西教育出版社，1993，76

后 记

夜色阑珊，书稿终于完成了。一种新生的喜悦使多少日子以来的疲惫荡然无存。这本书凝聚了硕士研究生学习阶段以及近几年的研究成果，是近几年来研究工作的总结。一段时间以来，我一直关注高等教育领域的创新问题，并在一些方面尤其是高等学校教学方面进行了一些探讨，发表了几篇关于高等教育教学的论文。由于我对于高等教育创新问题的研究时间不长，水平有限，对于很多问题的阐述未必准确，错误之处在所难免。希望同行给予批评指正。

在这本书即将出版之际，我首先感谢我的导师山西大学教育科学学院郭芬云老师，正是在她的指导下，我才开始了对高等教育创新的研究工作。郭老师平和的语言，细心的教导，严谨的科研态度使我受益匪浅。此外，在书稿的写作过程中，太原师范学院教育系的领导和老师也给予了支持与帮助，在此也表示衷心的感谢！同时，在本书的写作过程中，引用了大量的文献资料，在此向有关作者一并表示诚挚的谢意。